Sebastian Tippe

TOXISCHE MÄNNLICHKEIT

Erkennen,
reflektieren,
verändern

edigo
VERLAG

Für Jamie und Laurin!

1. Auflage 2021

ISBN 978-3-949104-01-5

Umschlaggestaltung: Irina Rasimus, Köln
Umschlagfotos: © Guenter Albers, Mix and Match Studio, Olivier Le Moal/shutterstock.com
Satz: Silvia Kretschmer, Düsseldorf
Druckherstellung: oeding print GmbH, Braunschweig

Die Zertifizierung mit dem V-Label garantiert ein 100 % veganes Druckprodukt.
Alle Bestandteile, wie Papiere, Farben, Lacke und Klebstoffe sind frei von tierischen Inhaltsstoffen.

Inhaltsverzeichnis

„Toxische Männlichkeit, die mit Gewaltbereitschaft, Dominanzgehabe und Kriegstreiberei einhergeht, ist nicht die Natur des Mannes, sondern, wie wir heute aus der Interdisziplinären Patriarchatskritikforschung wissen, Ergebnis des Missbrauchs von Männern durch das Patriarchat, denn nicht nur Frauen werden durch das Patriarchat missbraucht, sondern auch viele Männer. Es ist Zeit, dass wir uns gemeinsam von den patriarchalen Gehirnwäschedogmen befreien.“

Kirsten Armbruster. Autorin, Naturwissenschaftlerin & Patriarchatskritikerin

„Männer gewinnen ihre Menschlichkeit zurück, wenn sie sich vom traditionellen beschränkenden Männerbild befreien, und können sich dann aufs Neue mit sich selbst verbinden, mit anderen Männern, mit Frauen, mit ihrem Partner, mit Kindern und mit der Welt.“

Jens van Tricht, Autor von „Warum Feminismus gut für Männer ist“, Gründer von Emancipator, Aktives Mitglied der ‚Steering Committee‘

„Frauen leben im Durchschnitt fünf Jahre länger als Männer. Allein dieser Umstand sollte eigentlich Argument genug dafür sein, sich auch aus männlicher Sicht mit dem Zusammenhang von Fürsorge, Care-Arbeit und Selbstsorge zu beschäftigen. Die durchschnittlich kürzere Lebenserwartung von Männern ist ein Problem, das wir angehen könnten, würden wir uns trauen, das aktuelle Männlichkeitsbild schon bei der Erziehung von Kindern infrage zu stellen. Es setzt auf Unabhängigkeit, Abenteuer und Coolness und vermittelt schon kleinen Jungen: Sei alles, bloß kein Mädchen! Empathie und Rücksichtnahme dagegen sei weiblich, so vermittelt nicht nur Werbung, die sich um Babynahrung oder Erkältungsmedizin dreht. Langfristig führt dieses Rollenbild dazu, dass Männer meinen, Schmerzen aushalten zu müssen bzw. nicht zugeben zu dürfen, dass sie infolge (zu) spät zu fachärztlichem Personal gehen, höhere Risiken eingehen und

deshalb mehr Unfälle haben im Straßenverkehr und bei gewaltvollen Auseinandersetzungen. Anstatt Jungen andere Wege der Konfliktbewältigung oder des positiven Gefühlsausdrucks zu eröffnen, ihnen zu ermöglichen, Schwäche, Unsicherheit und Trauer zu zeigen, werden sie darin bestätigt, ein „echter Kerl“ zu sein“.
Almut Schnerring, Autorin von „Die Rosa-Hellblau-Falle. Für eine Kindheit ohne Rollenklischees“ sowie „Equal Care: Über Fürsorge und Gesellschaft“

„Das Patriarchat schadet allen Menschen – Frauen und Männern. Männer sind vordergründig Profiteure der einseitigen Machtverteilung. Das müssen sie auch reflektieren und lernen, sich zurückzunehmen, um sich von den Ideologien des Patriarchats zu befreien. Denn: Das traditionelle Bild des starken, ewig-potenten, erfolgreichen Mannes engt den Handlungsspielraum von Männern extrem ein. Nach wie vor fehlen für Jungen männliche Vorbilder, die ein vielseitiges Bild von Männlichkeit zeigen – zwischen den Abziehbildern des Superhelden und den angeblichen Opfern des Feminismus, die sich vor allem unter Väterrechtlern und Maskulisten zeigen. Dazu braucht es das Wissen um unsere vorpatriarchale Herkunft und unsere soziobiologische Veranlagung. Menschen haben nur aufgrund von Kooperation und Empathie in einer mutter- und damit lebenszentrierten (matrifokalen) Lebensweise so lange überleben können. Die massiven Probleme der heutigen Zeit wurzeln in der Entstehung des Patriarchats: Der Erkenntnis von Vaterschaft im Rahmen der Viehzucht vor ca. 6.500 Jahren. Dieser Zeitraum ist ein Wimpernschlag unserer Evolution, hat aber gereicht, uns an den Rand unserer Selbstzerstörung zu führen. Daher gehört auch Vaterschaft in der bis heute verherrlichten (sic!) und ideologisch verinnerlichten Form gehörig hinterfragt, damit wir wirklich tragfähige Konzepte des Zusammenlebens und Überlebens entwickeln können. Die heute noch auf wenigen Orten der Welt existenten matrifokalen Lebensgemeinschaften zeigen: Auch Männern geht

es deutlich besser in dieser eigentlich unserer Veranlagung entsprechenden Lebensform. Gewalt – insbesondere geschlechtsspezifische Gewalt – existiert nicht, wenn Frauen wirtschaftlich dominieren. Die Menschen sind insgesamt glücklicher.“
Rona Duwe, Patriarchatskritikerin

Vorwort von Christina Mundlos

Toxische Männlichkeit durchzieht unsere Gesellschaft in sämtlichen Bereichen. Die Auswirkungen spüren Frauen täglich. Egal, ob sie auf dem Bürgersteig ausweichen müssen oder die Beförderung nicht bekommen, ob sie vergewaltigt, belästigt oder gestalkt werden, ob sie ihre eigenen Bedürfnisse verdrängen und die aller anderen befriedigen müssen, ob sie mal wieder zum Hepeating des Kollegen applaudieren sollen oder massiv von Altersarmut bedroht sind. Ich selbst habe so gut wie alle der toxischen Verhaltensweisen von Männern, die im Buch beschrieben werden, schon erlebt. Viele davon mehrfach täglich. Diese Zustände sind eben nicht nur strukturell bedingt, sondern werden täglich von Millionen von Männern mit ihrem Alltagshandeln hergestellt und bestätigt. Wir könnten hier von DOING TOXIC MASCULINITY sprechen.

Dieses Buch ist ein Wegweiser für Männer, die Unterstützung brauchen bei der Suche nach all ihren toxischen und sexistischen Verhaltensweisen und der Veränderung dieser. Insbesondere der erste Teil bietet einen umfassenden Überblick über die verschiedenen Aspekte toxischer Männlichkeit. Im zweiten Teil geht es dann ans Eingemachte: Männer werden zu einer „Entgiftungskur“ aufgefordert, die es in sich hat. An schlechten Tagen befürchte ich, dass man das Gift vermutlich nur noch mit einem sehr großen Bunsenbrenner wegflammen kann. An guten Tagen setze ich auf den Einfluss der wenigen radikalfeministischen Männer wie Sebastian Tippe. Das vorliegende Buch ist daher ein sehr guter Anfang. Schlussendlich zeigen die vielfältigen Erfahrungsberichte von Frauen und Männern, dass toxische Männlichkeit mitten unter uns ist.

Es mag für Männer ein heilsamer Schock sein, wenn ihnen beim Lesen des Buches und der Auseinandersetzung mit dem Ausmaß toxischer Männlichkeit das Lachen vergeht. Leserinnen sollten aber gewarnt sein: Es empfiehlt sich nicht unbedingt, das Buch am Stück zu lesen, denn die Fülle an Benachteiligungen und das Ausmaß der Gewalt gegen unser Geschlecht kann sehr aufwühlen und belasten. Auch wenn viele Aspekte toxischer Männlichkeit bekannt sind, ist es bedrückend und frustrierend, sich mit allen gleichzeitig zu befassen. Ich habe bereits selbst sieben Bücher über Sexismus und Diskriminierungen geschrieben und musste beim Lesen pausieren, da das gesamte Bild, das aus den einzelnen Puzzle-Teilen entsteht, erschreckend ist. Deshalb ist dieses Buch so bitter nötig. Sebastian Tippe hält mit seinem Buch Männern den Spiegel vor und bietet damit einen Blick auf die negativen Einflüsse von toxischer Männlichkeit auf unsere Gesellschaft, die die meisten wohl lieber verdrängen möchten.

Es bleibt zu hoffen, dass dieses Buch von vielen Männern gelesen UND beherzigt wird. Auch, wenn vielleicht die weiblichen Leserinnen überwiegen werden. Männer werden von Sebastian Tippe zum Umdenken ermutigt. Frauen könnte die Lektüre dazu anregen, ihre angestaute Wut in feministische Aktivitäten zu kanalisieren. Zudem kann es entlastend wirken, dass sich ein Mann hier derart deutlich solidarisch mit Frauen positioniert. Schließlich bleiben feministische Statements von Männern oftmals Lippenbekenntnisse – spätestens, wenn es um die eigenen Privilegien geht. Das wird beispielsweise auch am Thema Pornografie und Prostitution deutlich. Selten sind Männer bereit, auf das Privileg zu verzichten, einen Frauenkörper kaufen und benutzen zu können. Tippe positioniert sich aber auch hier klar und bereichert sein Buch mit einem Bericht von Huschke Mau.

Darüber hinaus sind vor allem auch die Tipps und Methoden für die Mädchen- und Jungenarbeit sehr wertvoll und sollten daher bei SozialarbeiterInnen, Schulen und Jugendämtern Beachtung finden.

Das Buch stellt einen sehr wichtigen Beitrag dar für die Problematisierung und das Aufbrechen der schädlichen typisch männlichen Verhaltensweisen.

Christina Mundlos

1. Einführung in das Thema

1.1 EINLEITUNG

Toxische Männlichkeit – der Begriff ist in aktuellen Diskursen über übergriffiges Verhalten von Männern und (sexuelle) Gewalt gegen Frauen durch Männer in den sozialen Netzwerken, in journalistischen Artikeln, aber auch in anderen Formaten wie in Podcasts, im Radio oder TV angekommen und wird kontrovers diskutiert. Seit der #metoo-Bewegung, die ihren Anfang mit dem Weinstein-Skandal Mitte Oktober 2017 nahm und eine weltweite Bewegung anstieß, im Rahmen derer Mädchen und Frauen erstmals öffentlich das enorme Ausmaß sexueller Belästigungen und sexueller Übergriffe/Vergewaltigungen sichtbar machten, werden patriarchale Strukturen, strukturelle Benachteiligungen von Frauen und Sexismus sowie Gewalt durch Männer mehr und mehr thematisiert.

Die Firma Gillette präsentierte 2019 einen Werbeclip mit dem Titel „We Believe: The Best Men Can Be“, der problematische Anteile männlicher Sozialisation aufzeigt. Auffällig sind die enormen Gegenreaktionen auf den Clip und die Kommentare in den sozialen Netzwerken von Männern, die sich vehement gegen die Kritik an dem Konstrukt „Männlichkeit“ wehren. Der Begriff „Toxische Männlichkeit“ wird von vielen als Angriff gegen sie selbst, ihre „Männlichkeit“ und ihre Identität verstanden und als „Kampfbegriff“ abgetan. Es wird in den aktuellen Diskursen deutlich, dass Männer sich als pauschaler

Vergewaltiger an den Pranger gestellt fühlen. Vergewaltigungen stellen ein extremes Ausmaß des Kontinuums von toxischer Männlichkeit dar, denn natürlich sind nicht alle Männer Vergewaltiger. Das Kontinuum beginnt sehr viel früher und sehr viel differenzierter: bei alltäglichen Denk-, Verhaltens- und Präsentationsweisen. Und diese schaden nicht nur Frauen und anderen durch Männer diskriminierten Menschen, sondern auch ihnen selbst.

Es entsteht aktuell nach und nach ein gesellschaftliches Bewusstsein (mit enormen Gegenbewegungen) für alltägliche Situationen, in denen Männer toxisches Verhalten zeigen, bis hin zu der Erkenntnis, dass neben der Benachteiligung und Diskriminierung von Frauen, Gewalt gegen Frauen inklusive den Themen Prostitution, Pornografie, „Pick-Up-Artists“ und Incels, Amokläufe, Religionen, rassistisch und antisemitisch motivierte Gewalt, Massentierhaltung, Klimazerstörung sowie Regierungsoberhäupter wie Donald Trump, Wladimir Putin oder der nordkoreanische Diktator Kim Jong-Un Symptome einer patriarchalen Welt und toxischer Männlichkeit sind.

Das Thema, das in der Soziologie und in der Geschlechter- und Frauenforschung kein neues ist, erhitzt nun die Gemüter unter dem Label „Toxische Männlichkeit“.

Die gewaltigen Gegenreaktionen auf das Video von Gillette und andere öffentliche Infragestellungen von Männlichkeit sind erschreckend: Der Clip vom 14. 01. 2019 wurde bis Anfang 2021 rund 36 Millionen Mal angesehen und erhielt auf YouTube 800.000 Likes gegenüber 1,6 Millionen Dislikes. Ähnliche Erwiderungen waren zu beobachten, als Hannover als erste große Stadt Deutschlands in ihren Behörden genderneutrale Sprache einführte und somit vom generischen Maskulinum abwich, bei dem bisher Mädchen und Frauen mitgemeint sein sollten, ohne jedoch explizit genannt zu werden. Offensichtlich fühlen sich Männer bedroht, wenn Männlichkeit und die Vorstellungen von Männlichkeit thematisiert und kritisiert werden. Seit dem antisemitisch motivierten Attentat in Halle (Saale) vom 9. Oktober 2019, bei dem der Täter unter anderem dem Feminismus die Schuld an seiner Situation gab, um somit sein Handeln zu legitimieren, werden zudem verstärkt die Parallelen zwischen rechten, antisemitischen und antifeministischen Einstellungen auch abseits des Hörsaals und wissenschaftlicher Literatur diskutiert.

Sehr deutlich wurde die Angst von Männern um ihre Vormachtstellung, als die 16-jährige Klimaaktivistin und das Gesicht der Fridays-For-Future-Bewegung Greta Thunberg ihre Rede auf der UN-Klimakonferenz in New York am 24. September 2019 hielt und die weltführenden Politiker und Politikerinnen fragte, wie sie es wagen könnten, die Welt zu zerstören („How dare you?“). Greta Thunberg wurde daraufhin im Netz beleidigt aufgrund ihres Geschlechts, ihres Alters, ihres Aussehens, ihrer Größe, ihrer Herkunft, ihrer Zöpfe – die in Verbindung mit der NS-Zeit gebracht wurden – oder ihres Asperger-Syndroms. Es wurden in den sozialen Netzwerken Vergewaltigungs- und Ermordungsfantasien gepostet und eine ihr nachempfundene Puppe mit einer Schlinge um den Hals wurde an einer Brücke in Rom aufgehängt. Die Angriffe gegen Greta Thunberg sind persönlich, und sie kommen vor allem von Männern.

Als im Jahr 2020 die Corona-Krise die Welt in einen Ausnahmezustand stieß, wurden patriarchale Strukturen deutlicher denn je: Das Erziehungs-, Betreuungs-, Pflege- und Gesundheitssystem sowie der Einzelhandel mit Nahrungsmitteln werden auch in der Krise fast ausschließlich von Frauen gestemmt. Diese ermöglichen erst, dass das gesellschaftliche Leben und die notwendigen Versorgungen und Betreuungen aufrecht erhalten werden – und dies, während Frauen völlig unterbezahlt sind. Parallel waren es ebenfalls Frauen, die flächendeckend ehrenamtlich kostenlos Masken nähten und ihre Arbeit, wenn möglich, ins Home Office verlegten, während sie sich zeitgleich um die Kinder kümmerten und ihnen Hausunterricht erteilten. Der Großteil der Väter ging wie gewohnt der Lohnerwerbstätigkeit nach – auf der Arbeitsstelle oder ebenfalls im Home Office, nur meist ohne sich um die Kinder zu kümmern, sie zu fördern und zu beschulen. Teilweise verlegten Väter ihr Home Office sogar in Hotels anstatt nach Hause. Die patriarchale Gesellschaft ließ zudem viele Frauen, die ohnehin hilflos und ungeschützt waren, allein zurück. Darunter fallen vor allem Mütter, Alleinerziehende – also ebenfalls in der Regel Mütter – sowie beispielsweise Prostituierte. Erschreckend waren zudem die gewaltige Zunahme von häuslicher Gewalt durch Männer sowie Femizide. Das Corona-Virus legte den Finger in die Wunde und offenbarte die hässliche Fratze des Patriarchats.

Ich möchte mit Hilfe des vorliegenden Buches zur Auseinandersetzung mit all den Problemen männlicher Sozialisation ermutigen. Durch Reflexionsprozesse können sehr viele der problematischen Verhaltens- und Denkmuster durchbrochen und verändert werden. Ausschlaggebend dafür ist die Einsicht, dass das eigene Männlich-geworden-Sein problematische Anteile besitzt und es sich lohnt, diese näher zu betrachten und an ihnen zu arbeiten, um sie mit neuen Handlungs- und Denkoptionen zu überschreiben. Dies ist anstrengend und erfordert sehr viel Reflexion und Durchhaltevermögen. Eine Gesellschaft auf Augenhöhe ohne patriarchale Strukturen und ohne Gewalt durch Männer ist aber nur erreichbar, wenn männliche Geschlechterstereotype aufgebrochen und dekonstruiert werden. Dies führt nicht nur zu einer gleichberechtigteren und gewaltfreieren Gesellschaft, sondern auch dazu, dass die Lebenserwartung von Männern steigt. Es muss dabei jedoch nicht erst bei erwachsenen Männern, sondern bereits im Erziehungs- und Bildungssystem angesetzt werden.

Ich möchte alle Männer und Jungen, pädagogischen Fachkräfte, Erziehende, Feministinnen und Feministen, Politikerinnen und Politiker sowie Interessierte dazu einladen, sich mit Hilfe des vorliegenden Buches der eigenen toxischen Anteile (und denen der anderen) bewusst zu werden, um daran zu arbeiten, diese zu verändern, Privilegien soweit wie möglich abzulegen, das patriarchal geprägte gesellschaftliche System zu hinterfragen, andere Männer zu sensibilisieren und Frauen im Kampf um Gleichberechtigung zu unterstützen.

Wir (Männer) werden niemals nachfühlen können, was es bedeutet, auf allen Ebenen strukturell benachteiligt und permanent sexualisiert und objektiviert zu werden. Der erste Schritt für uns ist daher die Anerkennung von toxischer, mit Privilegien einhergehender Männlichkeit im patriarchalen und kapitalistischen System. Es ist ein Anfang, wenn wir beginnen, Frauen zuzuhören, ohne uns angegriffen zu fühlen, ihre Realität nicht infrage stellen und sie auf dem Weg zu einer gleichberechtigen Gesellschaft begleiten.

Es wird sicherlich frustrierende Momente geben, Momente, bei denen sich Lesende angegriffen fühlen, bei denen beschriebene Zustände abgestritten werden und gesagt wird, dass dies so nicht zutreffen würde. Es ist wichtig, sich für die Veränderungsprozesse Zeit zu nehmen. Die Erfahrungsberichte von Männern und Frauen sowie von Expertinnen und Experten sollen auf diesem Weg unterstützen.

Anmerkung: Ich verwende im vorliegenden Buch zum einen geschlechtsneutrale Bezeichnungen, zum anderen spreche ich aber ebenso explizit von Männern und Frauen. Dies ist wichtig, um die gesellschaftliche patriarchale Schieflage, die an Geschlechterzuschreibungen geknüpft ist, benennen zu können. Zudem werden jegliche Statistiken (Gehalt, Gewalt usw.) nach der gesellschaftlichen Dichotomie erhoben.

Auch, wenn das Ziel ist, die Verknüpfung von biologischen Aspekten (die nicht immer eindeutig sind, jedoch existiert eine bimodale Verteilung von Clustering-Eigenschaften) und der Annahme, wie sich Menschen verhalten sollen, was sie leisten können, wen sie lieben dürfen etc., aufzulösen, so leben wir aktuell in einer binär-eingeteilten Gesellschaft, deren Machtmechanismen eben durch die Aufteilung Mann – Frau funktionieren. Diese müssen klar benannt werden, um sie dekonstruieren zu können.

Ein in der Zukunft liegendes Ziel ist es, Zuschreibungen an Geschlechter abzubauen, wohlwissend, dass es Menschen gibt, die Kinder gebären können und andere mit Penis, die einen Beitrag zur Zeugung leisten. Das Problem ist nicht, dass wir sie Mann und Frau nennen, sondern dass wir ihnen bestimmte Fähigkeiten zuschreiben und eine ganz spezielle Performance von ihnen erwarten.

All diese Vorstellungen von Geschlechtern führen nur zu eingeschränkten Handlungsmöglichkeiten und Diskriminierung, Benachteiligung und Gewalt, jedoch nicht zu einer individuellen friedfertigen Entfaltung.

Ich wünsche auf dieser nicht einfachen Reise alles Gute.

Sebastian Tippe,
Hannover 2021

1.2 DIE SOZIALE KONSTRUKTION VON GESCHLECHT

Es gibt klare gesellschaftliche Erwartungen daran, wie „typische“ Männer und Frauen auszusehen haben, wie sie sich zu verhalten haben, was sie dürfen oder eben nicht dürfen und wozu sie fähig oder nicht fähig sind. Dieser Annahme liegt zu Grunde, dass bestimmte Attribute und Fähigkeiten naturgegeben an ein bestimmtes Geschlecht – entweder Mann oder Frau – gekoppelt und damit unveränderlich seien. Diese biologistische Argumentation ist mittlerweile wissenschaftlich hinreichend widerlegt. Aus der Soziologie und Geschlechterforschung ist bekannt, dass alle Menschen prinzipiell die gleichen Fähigkeiten besitzen oder erlernen können und vermeintliche biologische Unterschiede – von der Fortpflanzung abgesehen – kaum eine Rolle spielen. Carol Hagemann-White (1988, S. 224) verweist auf den „[…] erfolgreichen Nachweis, in der empirischen Forschung wie in der beruflichen und politischen Praxis, dass Mädchen und Frauen in der Tat über alle Fähigkeiten und Verhaltensweisen verfügen, die es bei Männern gibt“.

Geschlecht ist eine soziale Kategorie

Geschlecht wird daher im Folgenden nach Helga Bilden (vgl. 1991, S. 279–301) oder Raewyn W. Connell (vgl. 2000, S. 54 ff.) als soziale Konstruktion verstanden. Hagemann-White (1988, S. 229) konstatiert zudem: *„Die Zweigeschlechtlichkeit ist zuallererst eine soziale Realität.“* Das bedeutet, dass alle Fähigkeiten, Kompetenzen, Denkmuster und Verhaltensweisen ausschließlich sozialisationsbedingt sind. Nicht die Biologie erschafft Männer und Frauen, sondern unsere Vorstellung davon erschafft sie. Das bedeutet aber auch, dass diese sozialen

Kategorien veränderbar sind. Daraus folgt, dass auch toxische Männlichkeit sozial konstruiert und dementsprechend verändert werden kann und ablegbar ist. Bereits 1949 konstatierte Simone de Beauvoir (vgl. 2000 [1949]), dass Frauen nicht als Frauen geboren, sondern zu ihnen gemacht werden. Durch die Erkenntnis, dass nicht der menschliche Körper, also biologische Aspekte, sondern das soziale Miteinander unsere Geschlechteridentität produziert und reproduziert, entwickelten Candace West und Don H. Zimmermann 1987 das Konzept des Doing Gender (vgl. 1987, S. 125–151). Auch die Autorin Verena Brunschweiger (2013, S. 28 f.) schreibt dazu: *„[...] hier ist alles fragil, veränderbar, man spricht auch vom „Doing Gender", was den Konstruktionscharakter der Geschlechteridentität herausstellt: jede Handlung hat Einfluss darauf, nichts ist starr und unveränderlich. Männer und Frauen machen sich beständig durch ihre Alltagspraktiken zu als männlich oder weiblich erkennbaren Personen (oder werden dazu gemacht).“* Es wird dabei auch von Geschlechterrollen gesprochen. Der Berliner Autor Jochen König (2015, S. 41) führt dies wie folgt aus: *„Dabei besagt der Begriff zunächst einmal nur, dass das, was eine Person in ihrer Unterhose mitbringt, noch nicht abschließend festlegt, wofür sich diese Person interessiert, was sie gut oder weniger gut kann und welche Rolle sie innerhalb einer Partnerschaft, innerhalb einer Familie und innerhalb der Gesellschaft zu erfüllen hat. [...] Vieles ist ausgehandelt und wird tagtäglich neu verhandelt. Es lohnt sich also allemal, von Gender zu sprechen, von sozialen und nicht biologischen, eindeutig determinierten Geschlechterrollen.“*

Die Vorstellung des Rollenspielens hilft dabei, die Konstruktion von Geschlechterstereotypen zu verstehen, wobei diese viel weitreichender ist: Rollen können leicht wieder abgelegt werden, doch Sozialisation ist in unsere Persönlichkeit, in unser Denken und Handeln eingeschrieben, und es bedarf weitaus umfassender Veränderungsprozesse, um sich davon zu lösen.

Darüber hinaus sind vermeintlich biologische Unterschiede zwischen Männern und Frauen zum einen nicht so groß, wie die meisten Menschen glauben, zum anderen sind diese auch gar nicht so eindeutig. Zudem sind innerhalb einer Geschlechtergruppe die Unterschiede viel größer als zwischen ihnen. Ein Beispiel dafür ist die Körpergröße von Menschen: Der durchschnittliche Unterschied zwischen Männern und Frauen beträgt 14 cm – Frauen sind in Deutschland durchschnittlich 1,66 m groß gegenüber 1,80 m bei Männern (vgl. Laenderdaten.info). Die Spannbreite zwischen großen und kleinen Frauen und zwischen großen und kleinen Männern hingegen ist um ein Vielfaches größer. Auch der Autor Jens van Tricht (vgl. 2019, S 71–75) verweist in seinem Buch „Warum Feminismus gut für Männer ist" darauf, dass die Schnittmenge der Gemeinsamkeiten viel größer ist als die Unterschiede, die Unterschiede innerhalb jeder Geschlechtergruppe aber größer sind.

Geschlecht wird im englischsprachigen Raum anders als im deutschen – wenngleich eine solche Differenzierung auch in Deutschland zunimmt – unterteilt in Sex und Gender. Sex bezeichnet hierbei das biologische Geschlecht, während Gender die Geschlechtsidentität, also das soziale Geschlecht beschreibt sowie die damit verbundenen vermeintlichen Fähigkeiten, Kompetenzen, Präsentations- und Verhaltensweisen.

Anzumerken ist, dass das biologische Geschlecht unterschiedliche Ausprägungen aufweist: Brodda und Wellner (vgl. 1979, S. 93–126) weisen darauf hin, dass es neben den äußeren Geschlechtsmerkmalen weitere Aspekte zur Geschlechtsbestimmung, wie den Hormonspiegel, die Chromosomen, die inneren wie auch die äußeren Geschlechtsorgane gibt – die für den Großteil der Gesellschaft eine Zugehörigkeit ermöglichen, jedoch nicht für alle. Es ist sinnvoll, von einem bimodalen

Clustermodell auszugehen, auf das beispielsweise die Philosophin Kathleen Stock (vgl. 2019) verweist: Eine Vielzahl unterschiedlicher physiologischer Merkmale bringen insgesamt betrachtet zwei Verteilungen hervor, woraus sich die Zeugungs- und Fortpflanzungsmöglichkeit ergibt. Dabei existieren unterschiedliche Ausprägungen, wobei es auch Menschen gibt, die nicht dem bimodalen Cluster entsprechen (intersexuelle Menschen).

Stock schreibt (2018): *„Sex is not a spectrum. It's a bimodal distribution of clustering properties with predictable, causally explicable outliers.“* Weiter führt Stock (2019) wie folgt aus: *„That is, it's determined by possession of most or all of a cluster of particular designated properties – chromosomal, gametic, hormonal and morphological – produced via endogenous biological processes. The vast majority of us have all of the designated properties for a given sex; a smaller number have most; a tiny number – much smaller than typically reported – have some of both. “*

Intersexuelle Menschen sind biologisch nicht eindeutig dem einen oder dem anderen Geschlecht zuzuordnen.

Der Bundesverband Intersexuelle Menschen e.V. definiert Intersexualität wie folgt: *„Der Begriff Intersexualität bezeichnet biologische Besonderheiten bei der Geschlechtsdifferenzierung. Intersexuelle Körper weisen deshalb Merkmale vom weiblichen und vom männlichen Geschlecht auf. Es handelt sich also um Menschen, deren geschlechtliches Erscheinungsbild von Geburt an, hinsichtlich der Chromosomen, der Keimdrüsen, der Hormonproduktion und der Körperform nicht nur männlich oder nur weiblich ausgeprägt ist, sondern scheinbar eine Mischung darstellt.“* (Bundesverband Intersexuelle Menschen e.V.)

Hagemann-White (vgl. 1988, S. 229) weist darauf hin, dass es nicht darum geht, Körperlichkeit zu unterschätzen, aber eine Bewusstseinsschärfung im Hinblick auf die sozial konstruierte Dichotomie wichtig ist. Auch weist sie darauf hin, dass nicht alle Frauen ihre Regel bekommen oder Kinder gebären können.

Eine gesellschaftliche Veränderung muss dahingehend weiter vorangetrieben werden, dass biologische Geschlechter nicht an Verhaltens-, Denk- und Präsentationsmuster geknüpft sind. Geschlechterrollen müssen dekonstruiert werden mit dem Ziel, dass sich Menschen unabhängig von ihrer Biologie und den damit einhergehenden Zuschreibungen frei entwickeln können. Dabei müssen Erwartungen an das vermutete Geschlecht aufgelöst werden.

Aktuelle neurowissenschaftliche Untersuchungen der Professorin Gina Rippon (vgl. Rippon 2019) zeigen zudem, dass die Gehirne von Männern und Frauen kaum Unterschiede aufweisen. Männliche Gehirne sind größer, da Männer ohnehin durchschnittlich größer als Frauen sind. Jedoch kann an einem Gehirn nicht erkannt werden, ob es zu einem Menschen mit Penis oder einem Menschen mit Vulva gehört. In einem Interview konstatiert Rippon (Spencer 2019): *„There's nothing which I have found that would allow you to compare two brain images and say, ‚well that's a man and that's a woman'. It's not physically possible to say there is a male or female brain.“*

Die Erkenntnis, dass unsere Gehirne identisch sind, ist höchst interessant – auch im Hinblick auf trans Menschen, wie Rippon weiter erklärt: *„I have had transgender individuals or individuals wishing to transition asking if we can scan them – for instance, a man saying can you prove I have a female brain so I have a case for my transition. It doesn't work at that level.“*

Diese Ergebnisse bestätigen den aktuellen wissenschaftlichen Stand der Soziologie und Geschlechterforschung, dass das, was wir unter sozialen Geschlechterrollen verstehen, eine soziale Kategorie darstellt und somit veränderbar ist. Dies bedeutet, dass auch toxische Anteile überschreibbar und veränderbar sind.

Rippon erklärt zudem, dass das soziale Miteinander auch soziale Wirklichkeiten konstruiert, die dann wiederum Auswirkungen auf unser Gehirn haben: „*If you have an expectation of somebody, what we now know is it will change how the person views themselves, it will change the experiences the world exposes them to, like giving boys and girls different toys to play with, and it will change the attitudes that people have of those individuals. The type of games you play will change your brain. We know that from judo and juggling to violin and keyboard playing. By definition, moving the body differently according to the demands of the skill you are acquiring will change the brain. So not playing football will have a direct effect on the brain. But making sure we are doing the right things to stay part of our social group is also an important driver.*“ Es wird, wie Rippon weiter ausführt, ein Zusammenhang zwischen vermeintlich männlichen und weiblichen Gehirnen und geschlechtsspezifischen Fähigkeiten hergestellt, um eine Vormachtstellung von weißen Männern zu konstruieren: „*The idea of the gendered brain comes from the 19th century, says Prof Rippon, and it was used to prove the superiority of ‚white, upper class men‘ and justify their actions.*“

In diesem Zusammenhang der biologischen Betrachtung ist die Erkenntnis bemerkenswert, dass auch Männer Milchdrüsen besitzen. Sie sind nicht so ausgeprägt wie die von Frauen, können aber theoretisch Milch produzieren (vgl. Fem 2019a). Unter Zugabe von Hormonen kann die Milchproduktion bei Männern (und Frauen) ausgelöst werden. Dies wird induzierte Laktation genannt (vgl. Seelig). Diese Erkenntnis stellt das Verständnis von Frauen, die ihre Kinder mit Muttermilch versorgen können, und Männern, die dies nicht können, auf den Kopf. Daraus resultiert auch die Frage, ob es zu einem anderen früheren Zeitpunkt der Menschheitsgeschichte gängig war, dass Männer ebenso ihre Kinder mit Milch versorgten wie Frauen, ihre

Milchdrüsen aber im Laufe der Jahrtausende verkümmerten, da die Aufgabe des Stillens ausschließlich auf Frauen übertragen wurde und sich der Körper der Männer dementsprechend veränderte.

Auch aktuelle archäologische Funde widerlegen unsere Vorstellung, dass Männer ausschließlich Krieger und Frauen schon immer für Kinder zuständig waren. Beispielsweise wurde eine 1878 in einem Grab gefundene Leiche – aufgrund der beigefügten Waffen als männlich zugeordnet – 2017 nach 139 Jahren als weiblich identifiziert und somit als eine Anführerin der WikingerInnen (vgl. Patalong 2017). Die Patriarchatskritikerin, Naturwissenschaftlerin und Doktorin Kirsten Armbruster weist darauf hin, dass Männer in der Steinzeit eben nicht die familienernährenden Jäger gewesen sind, wie es jedoch die gängige Auffassung ist (vgl. Armbruster 2013, S. 30). Vielmehr ist heute bekannt, wie es Armbruster beschreibt, dass Frauen *„vor der Sesshaftigkeit durch das Sammeln von wildwachsenden Pflanzen, Nüssen, Früchten und durch das Stellen von Fallen für Kleintiere für den größten Teil der Nahrungsbeschaffung zuständig waren.“* Die menschliche Geschichte, die durch einen männlichen patriarchalen Blick dokumentiert und interpretiert ist, muss daher neu bewertet werden.

Der Philosoph und Soziologe Georg Simmel (1985, S. 200) schreibt: *„Wir messen die Leistung und die Gesinnung, die Intensität und die Ausgestaltungsformen des männlichen und des weiblichen Wesens an bestimmten Normen solcher Werte; aber diese Normen sind nicht neutral, dem Gegensatz der Geschlechter enthoben, sondern sie sind selbst männlichen Wesens.“*

Ich möchte an dieser Stelle noch ein interessantes Beispiel aus einem Gespräch mit einem Bekannten zur sozialen Konstruktion von Geschlecht anfügen. Mein Bekannter sagte zu mir: *„Es ist völlig klar, aus welchem Grund Polizisten fast* *ausschließlich Männer sind.*“ Ich fragte erstaunt nach seiner Begründung. Er erklärte mir: „*Das kommt aus der Geschichte der Menschheit. Männer mussten früher in der Steinzeit ihre Frauen und Kinder beschützen, weil sie halt biologisch stärker sind. Daher sehen auch heute noch Menschen instinktiv Männer als Beschützer – und Frauen eben nicht. Daher sind Polizisten männlich. Wir suchen uns automatisch diejenigen, von denen wir erwarten, dass sie uns beschützen können.*“

Diese abenteuerliche Erklärung ist leider keine Einzelmeinung, sie zielt auf besagte vermeintliche biologische Unterschiede zwischen Männern und Frauen ab und blendet die soziale Konstruktion und auch die Wandlungsfähigkeit von Geschlecht völlig aus.

Geschlechterstereotype

Kinder werden bereits vor der Geburt in Schubladen gesteckt. „Was wird es denn?“ ist eine der Fragen, die werdenden Eltern – vor allem Müttern – sehr häufig gestellt wird. Schon zu diesem Zeitpunkt werden Geschlechterstereotype produziert: „Es ist so unruhig und wild, es wird wohl ein Junge“, ist eine häufig verwendete Floskel. „Dein Kind scheint so ruhig zu sein. Das wird bestimmt ein Mädchen.“

Kinder kommen ohne eine Geschlechteridentität auf die Welt. Sie wissen nicht, wie sich ein „richtiger Junge“ oder ein „richtiges Mädchen“ in unserer Gesellschaft zu verhalten haben und was von ihnen erwartet wird. Zu diesem Zeitpunkt stehen ihnen noch alle Möglichkeiten und Chancen einer freien Entwicklung offen. Die Prägung durch geschlechterstereotype Vorstellungen beginnt bereits, bevor das Kind auf die Welt kommt: Kinderzimmer werden in rosa und blau eingerichtet, und es wird blaue und rosa Kleidung gekauft – dies ist für das Kind jedoch völlig irrelevant. Interessant ist, dass bis weit in das 20. Jahrhundert hinein rosa die Farbe der Jungen (vgl.

Süddeutsche Zeitung 2012) und blau die der Mädchen (vgl. Heine 2011) gewesen ist. Der Kapitalismus spielt dabei eine wichtige Rolle: Familien, die mehr als ein Kind bekommen, kaufen Kleidung bei unterschiedlichen Geschlechtern mehrfach: einmal in blau und einmal in rosa. Aber auch die Arten der Spielzeuge unterscheiden sich: Jungen bekommen sehr viel häufiger technische und aktive Spielzeuge geschenkt (zum Beispiel Autos), während Mädchen eher passive Spielzeuge (beispielweise Puppen) geschenkt bekommen, die sie sehr früh in die Care-Rolle zwängen.

Michael Meuser, Professor der Soziologie der Geschlechterverhältnisse von der TU Dortmund, (vgl. Döge, Meuser 2001, S. 15), schreibt zum Thema Aktivität vs. Passivität: *„Soziale Unterschiede sind nach der Unterscheidung männlich/weiblich codiert. Der weiblichen Welt des Innen und des Passiven steht die männliche des Außen und des Aktiven gegenüber. Alle sozialen Beziehungen werden im geschlechtlichen Code erfasst.“* Es ist hilfreich, sich das einmal bildlich vorzustellen: Wir nehmen zwei Schubladen und schreiben auf die eine „Junge“ und auf die andere „Mädchen“, die anderen unzähligen Schubladen lassen wir abseits liegen und ignorieren sie. Dann werfen wir dort bereits vor der Geburt Vieles hinein: In die eine Kiste werfen wir Action-Figuren, Waffen, blaue Strampler, die Jahreskarte für den Karateverein neben einen Fußball, einen Freifahrtschein für übergriffiges Verhalten, die Bewerbung für die Ausbildung als KFZ-Mechaniker oder Manager und eine Karte, auf der steht: „Um uns und um unsere Gefühle brauchen und sollten wir uns nicht so sehr kümmern“. In die andere Schublade werfen wir den pinken Strampler, Puppen, Küchenspielzeug, Glitzer, Schminke, ein Pony, Kleider, die Bewerbung als Erzieherin und schreiben „fürsorglich, liebevoll, empathisch und allzeit bereit“ auf eine Karte. Diese Schubladen sind eigentlich keine Schubladen, sondern ein Gefängnis, beziehungsweise ein

Korsett, in dem Menschen ihr Leben lang herumlaufen. Auch existieren für die meisten Menschen nur diese beiden Schubladen, die kaum verlassen werden können. Wer aus diesen Schubladen ausbricht, wird sanktioniert. Trägt der Junge ein Kleid, schminkt sich oder geht mit lackierten Fingernägeln in die Schule, bekommt er dies augenblicklich negativ zu spüren. Tritt ein Mädchen selbstbewusst auf, sagt seine Meinung und spielt gerne Fußball, dann wird ihm das Mädchensein abgesprochen. Wobei auch hier Unterschiede in der Bewertung gemacht werden: Sagt eine Frau auf der Arbeit ihre Meinung, ist sie unbequem und zickig, macht dies ein Mann, dann ist er durchsetzungsstark und eine Führungspersönlichkeit. Benennt ein Mann seine Gefühle, wird er als „Mädchen" verhöhnt.

Ich möchte dazu ein Beispiel aus meiner Arbeit aus den stationären Hilfen zur Erziehung nennen: In der Wohngruppe lebte ein Mädchen. Wir nennen sie hier einmal Pia. Pia spielte sehr gerne Fußball. Sie trainierte oft, unter anderem mit Jungen. Sie spielte in einem Verein und wollte an Turnieren teilnehmen. Pia war zudem sehr selbstbewusst, ließ sich nicht unterkriegen, hatte des Öfteren mit Jungen körperliche Auseinandersetzungen, verstand sich mit den meisten anderen Mädchen der Wohngruppe nicht besonders gut, und sie hatte eine etwas tiefere Stimme, als wir es von Mädchen gewöhnt sind. Daraufhin gab es hitzige Diskussionen des pädagogischen Fachpersonals in Teamsitzungen. Es wurde versucht, Pia in die Schublade „Mädchen" zu zwängen, doch sie schien nicht in diese zu passen. Somit kamen die pädagogischen Fachkräfte zu dem Schluss, dass es einen ganz einfachen Grund für das „merkwürdige Verhalten des Mädchens" geben müsste: Sie war eigentlich ein Junge. Ein Mädchen im falschen Körper. Diese Situation macht deutlich, wie schwer es Menschen fällt, sich von den Vorstellungen von Geschlechterstereotypen zu lösen. Einem Mädchen wird eher das Weiblich-Sein abgesprochen, als dass es akzeptabel ist, dass sie einfach Interesse an Fußball hat, aus Geschlechterzuschreibungen ausbricht und sich nicht unterordnet, sondern selbstbestimmt ihre Meinung und Interessen vertritt.

In der aktuellen Diskussion wird deutlich, dass der biologische Anteil, den ein Mann für eine Befruchtung leistet, enorm gering ist. Zudem ist unsere Gesellschaft auf das Modell Kleinfamilie geeicht. In populär-wissenschaftlichen und rechten Publikationen wird argumentiert, dass Jungen ein männliches Vorbild benötigen würden, um ein „richtiger Mann" zu werden. Damit werden gleichgeschlechtliche Paare und Alleinerziehende diskriminiert; es wird ihnen die Fähigkeit zu einer liebevollen und guten Erziehung abgesprochen. Dabei zeigen Studien ein ganz anderes Ergebnis: Christina Mundlos (2017a, S. 153) schreibt bezugnehmend auf die Ergebnisse der Studie „Gender Role Differences in College Students from One- and Two-Parent-Families": *„Bei einer amerikanischen Studie, in der Jugendliche untersucht wurden, die in Ein-Eltern-Haushalten aufwuchsen, stellte sich heraus, dass diese Kinder weniger stark zu geschlechtsspezifischen Verhaltensweisen neigten. Mädchen wurden als unabhängiger beschrieben und Jungen als sensibler, als dies in traditionellen Familien mit Mutter und Vater der Fall war. Wenn Kinder also nicht in einer herkömmlichen Mutter-Vater-Struktur aufwachsen, gibt es für sie keinen Grund anzunehmen, es gäbe Eigenschaften, die eher weiblich oder eher männlich wären. Ganz selbstverständlich erleben sie ja in ihrer eigenen Familie, dass ein Geschlecht alle Aufgaben und Funktionen abdecken kann. Dass Kinder sich also weniger stark genötigt sehen, in eine gesellschaftlich vorgegebene Geschlechterrolle passen zu müssen und alle ihre charakterlichen Anteile ausleben können, kann als Vorteil gesehen werden – ganz sicher aber stellt es keinen Nachteil dar."*

Definition Sexismus

In diesem Zusammenhang ist der Begriff Sexismus wichtig. Er ist omnipräsent und Teil patriarchaler Denkstrukturen. Sexismus beschreibt nach Dietrich Becker-Hinrichs und Renate Wanie (vgl. 1991) die Diskriminierung aufgrund des Geschlechts, die von einem ungleichen sozialen Status von Männern und Frauen ausgeht.

Mundlos (2017b, S. 36) schreibt: *„Sexismus erfolgt individuell, kulturell oder institutionell; es geht um (negative) Bewertungen von Personen aufgrund ihres Geschlechts; diese Bewertungen bewirken (auch wenn dies nicht unbedingt die Intention sein muss), dass der ungleiche Status von Männern und Frauen aufrechterhalten wird.“*

Beispielsweise ist die Annahme sexistisch, dass Frauen, einfach weil sie Frauen sind, „in die Küche gehören würden“ – es wird suggeriert, dass die Arbeit in der Küche eine reine „Frauensache“ wäre und Frauen daher keine Karriere machen könnten. Es ist jedoch nicht automatisch sexistisch, eine Frau in Unterwäsche abzudrucken, wenn die Unterwäsche damit beworben wird – doch kann auch diese Darstellung sexistisch sein, wenn damit das Schönheitsdiktat reproduziert wird. Es ist aber sexistisch, wenn das beworbene Produkt überhaupt nicht damit in Zusammenhang steht, die Frau aber in Unterwäsche abgebildet wird. Ein Beispiel wäre hier das Bewerben eines Motorrads mit einer Frau in Unterwäsche. Sexistische Werbung kann auf unterschiedlichen Plattformen gemeldet werden. Beispiele hierfür sind die Seiten des deutschen Werberats, abrufbar über www.werberat.de, sowie die Seite werbemelder.in. Zudem kann sexistische Werbung auf der Seite der Frauenrechtsorganisation TERRE DES FEMMES e.V. eingereicht werden (www.frauenrechte.de/unsere-arbeit/themen/frauenfeindliche-werbung/der-zornige-kaktus). Jedes Jahr wird der Negativ-Preis, der „Zornige Kaktus“ verliehen.

Das Erkennen der Verschränkungen von Sexismus, patriarchalen Strukturen und männlicher Sozialisation/toxischer Männlichkeit ist entscheidend für das Verständnis dafür, wie die hierarchischen gesellschaftlichen Machtstrukturen funktionieren und Mädchen und Frauen benachteiligen, objektivieren, sexualisieren und den Weg für Gewalt an Frauen ebnen. Dies wird durch das Durchdringen und Verstehen der folgenden Kapitel Stück für Stück aufgeschlüsselt und greifbarer.

Definition Diskriminierung

Es muss unterschieden werden zwischen der rechtlichen Definition von Diskriminierung und der soziologischen (vgl. Mundlos 2017b, S. 31 f.): Die Antidiskriminierungsstelle des Bundes definiert Diskriminierung nach der Formel: „Diskriminierung = Benachteiligung + geschützte Diskriminierungskategorie + kein sachlicher Grund". Mundlos (ebd.) verweist auf die Problematik, „dass diese Definition mit einem speziellen rechtlichen Bezugsrahmen arbeitet. Denn es handelt sich hierbei nur im Falle einer Benachteiligung aufgrund einer der vom AGG als geschützt beschriebenen Diskriminierungskategorien auch um eine Diskriminierung im juristischen Sinne. Es wird also lediglich die Frage beantwortet, was der Gesetzgeber aus rechtlicher Sicht als Diskriminierung erachtet. Diese Begriffserklärung ist daher keine überzeitliche und kulturell unabhängige Definition."

Mundlos (ebd.) verweist auf die soziologische Definition des Wörterbuchs der Soziologie (2002): *„[Diskriminierung] ist eine Ungleichbehandlung aufgrund bestimmter sozialbedeutsamer (Kollektiv-)Merkmale, wie rassisch-ethnische, nationale, religiöse Zugehörigkeit, Köpermerkmale (Hautfarbe, Behinderung), Geschlecht, Alter, soziale oder regionale Herkunft. […] [Negative Diskriminierung ist] die Benachteiligung sozialer Kategorien durch die Einschränkung oder Verweigerung von Zugängen* *(z. B. zur politischen Macht, zu Bildungseinrichtungen, auf dem Wohnungs- und Arbeitsmarkt […]).“*

Ich schließe mich der Auffassung an, dass die weiter gefasste Definition sinnvoll ist, um alle Formen von Benachteiligungen und Diskriminierungen zu erfassen. Beide Definitionen sind zwar wichtig, jedoch kann davon ausgegangen werden, dass eine unter die Kriterien der Antidiskriminierungsstelle fallende Diskriminierung ebenfalls von der soziologischen Definition erfasst wird. Problematisch wird es für Betroffene, wenn sie rechtlich gegen Diskriminierungen vorgehen wollen, die jedoch nicht vom AGG (Allgemeines Gleichbehandlungsgesetz) abgedeckt sind.

Definition von Männlichkeit

Um patriarchale Strukturen und toxische Männlichkeit besser verstehen zu können, ist es hilfreich, männliche Sozialisation und ihre Entstehung zu betrachten. Hegemoniale Männlichkeit und damit verbundenes toxisches männliches Verhalten hat seinen Ursprung im Patriarchat. Das Patriarchat entstand, wie Armbruster (vgl. 2013, S. 12) konstatiert, im Metallzeitalter (Kupfersteinzeit/Chalkolithikum) im Zuge des Pflugackerbaus (4.500 Jahre v. u. Z.) sowie der Pferdedomestikation (4.000 Jahre v. u. Z.). Das Männerbild, wie wir es heute kennen, entstand am Ende des 19. Jahrhunderts im Zuge der Industrialisierung – die Trennung zwischen Lohnerwerbstätigkeit und Haushalt sowie Kindererziehung gab es in Bezug auf die Geschlechter in dieser Zeit nicht. Männer und Frauen arbeiteten, wie es Mundlos (vgl. 2013, S. 21) beschreibt, als sogenannte Produktionseinheit bei der Bewirtung des Hofes und des Landes zusammen. Dies änderte sich im Zuge der Industrialisierung und des Hochkapitalismus. Es entstand das aktuelle, das traditionelle Männerbild. In diesem Zuge verschob sich auch die Familienzusammenstellung von der Groß- zur Kleinfamilie.

Die entstandene Trennung von Lohnerwerbstätigkeit und Haushaltstätigkeiten sowie Care-Arbeit nahm damit eine entscheidende Wende, die bis heute unsere Gesellschaft bestimmt, Frauen damit in finanzielle und rechtlich abhängige Positionen drängt und Männer emporhebt – und gleichzeitig toxische Männlichkeit nährt, produziert und reproduziert.

Armbruster (2010, S. 18) fasst unsere patriarchale Gesellschaft wie folgt zusammen: „*Tatsache ist, dass die Erde in der heutigen Zeit, bis auf ein paar Alibifrauen, von Männern geführt wird. Diese geschlechtsspezifische Einseitigkeit, in Form einer patriarchal-männlichen Dominanz, führt zu einer Schieflage unserer Gesellschaft. Und diese patriarchal-männliche Dominanz finden wir ja in der heutigen Gesellschaft wirklich überall. Überall auf der Welt sind Patriarchen in Führungspositionen: In den Theologien, in der Wirtschaft, in der Politik, in der Kriegsführung. Das Kapital liegt fast ausschließlich in den Händen von patriarchalen Männern, patriarchalen Männern gehört das Land. Und das Ergebnis von dieser patriarchal-männlichen Dominanz ist, dass das menschliche Leben, und das vieler anderer Spezies auf der Erde massiv bedroht ist. Probleme, wie ein von Menschen verursachter Klimawandel mit all seinen Auswirkungen, eine Versorgung mit sauberem Wasser, weltweit ein zu hohes Bevölkerungswachstum, viele Kriege militärischer und wirtschaftlicher Art, unser Finanzdesaster, das durch übermäßige Gier und damit verbundene Spekulationen ausgelöst wurde: All das sind Probleme, die uns hinlänglich bekannt sind und, wenn wir weiter hingucken, wissen wir auch, dass diese Probleme eben durch diese, heute weltweit herrschende, patriarchal männliche Dominanz bedingt sind.*“ Guido Zurstiege (vgl. 2001, S. 201) schreibt: „*In einer patriarchalen Gesellschaft ist es eben normal, Mann zu sein*“.

Um nun Männlichkeit und männliche Sozialisation zu definieren, zu verorten und greifbar zu machen, ist zunächst bedeutsam, dass es nicht die eine Männlichkeit gibt. Männlichkeit beschreibt ein Kontinuum von möglichen sozialisationsbedingten Denk-, Verhaltens- und Präsentations-/Performancemustern. Bestimmte Muster sind jedoch übergeordnet feststellbar – beispielsweise ein überdurchschnittliches Konkurrenzdenken, der Wettkampf unter Männern oder die Abwertung von Frauen. Männlichkeit entsteht im Sozialisationsprozess durch unterschiedliche Aspekte. Einer dieser Aspekte besteht in der Abgrenzung: Männlich zu sein bedeutet auf der einen Seite nicht schwach und auf der anderen Seite stark zu sein (vgl. Heimvolkshochschule: Alte Molkerei Frille 1988, S. 65 ff.). Da Weiblichkeit gesellschaftlich als schwach bewertet wird (wir kennen die Formulierung des angeblich starken und schwachen Geschlechts) bedeutet dies für die Jungen, nicht weiblich sein zu dürfen oder so zu wirken. Der französische Soziologe und Sozialphilosoph Pierre Bourdieu (vgl. 1997, S. 215) konstatiert, dass Männlichkeit immer in Abgrenzung gegenüber Frauen und anderen Männern verstanden werden muss, wobei Männer diejenigen sind, die gegenüber Frauen dominieren wollen. Schnerring und Verlan (2014, S. 119) schreiben dazu: *„‚Warmduscher', ‚Weichei', ‚Schwächling', ‚Muttersöhnchen' – Jungen lernen früh, dass es wichtig ist, sich von dem, was als weiblich gilt, zu distanzieren."*

Jungen spalten sehr früh grundlegende und wichtige Eigenschaften ab, die heute als vermeintlich weiblich gelten: Fürsorge, Selbstfürsorge, liebevoller Umgang, Empathie sowie ein gesunder Zugang zu den eigenen Gefühlen und der Umgang damit (vgl. Tippe 2019d). Jungen nutzen Bewältigungsstrategien wie Aggressionen und richten sie gegen andere, indem beispielsweise Hilflosigkeit abgespalten und auf andere übertragen wird (Externalisierungsprozesse) – die anderen werden zum Sündenbock gemacht (vgl. Schnerring/Verlan 2014, S. 121, bezugnehmend auf Böhnisch). Jungen verlernen (oder lernen erst gar nicht), *„sich zu öffnen und mitzuteilen“* (ebd.). Aus den Erwartungen an die männliche Geschlechterrolle können fehlende Empathiefähigkeit und fehlender Kontakt zu anderen resultieren, sowie Bewältigungsstrategien wie Action, Handeln, Kontrolle und Gewalt als Lösungsstrategie anstelle von emotionalem und kommunikativem Austausch (vgl. ebd.)

Dieter Baacke (1993, S. 845) schreibt: *„[...] und gleichzeitig entsteht eine Furcht des Mannes vor der Verbindung der Frau als einer Fremden, die durch Empfängnis und Gebären unmittelbaren Bezug zur Natur hat. Damit bleiben der Frau die Ursprünge menschlicher Emotionen zugänglich, während der Mann früh lernt, diese zu unterdrücken und die Beschäftigung mit sich selbst und dem eigenen Körper zu vermeiden durch Externalisierung. Der Gebärneid des Mannes gegenüber der Frau wird kompensiert durch Intelligenzleistungen, Rationalität, Veräußerung der spontanen Antriebe in die Organisation gesellschaftlicher Zustände in Form von Machtausübung und Gewalt.“* Böhnisch und Winter (Baacke 1993) konstatieren, dass der Ausdruck von Gefühlen als weiblich eingeordnet wird, was insofern problematisch ist, da Jungen Gefühle unterdrücken und somit nur einen mangelnden Selbstbezug erworben. Es wird daraus resultierend kein gesunder Umgang mit Ablehnung, Frustration oder Misserfolg erlernt. Weitere Komponenten der männlichen Sozialisation bestehen darin, dass Jungen kein Opfer sein dürfen und auch nicht „anders“ sein sollen – zum Beispiel transsexuell oder queer –, dass Jungen nicht hilflos wirken und nicht behindert/beeinträchtigt sein sollen sowie nicht homosexuell sein oder so wirken dürfen (vgl. Mannigfaltig e.V. 2007, S. 49).

In der pädagogischen Jungenarbeit wird bezüglich männlicher Sozialisation meist auf den Teilaspekt der Abgrenzung zu Weiblichkeit verwiesen. Es wird dabei völlig ausgeblendet, dass es für Jungen und Männer sehr lukrativ ist, in einer patriarchalen Gesellschaft männlich zu sein und männlichen Geschlechterstereotypen zu entsprechen, da sie allein durch das Vorhandensein eines Penis und ihrer männlichen Präsentation Privilegien erhalten, die Frauen verwehrt bleiben.

Jungen lernen, dass sie über Mädchen und Frauen stehen, aber auch über homosexuellen, transsexuellen, transgender, queeren, nonbinary oder intersexuellen Menschen sowie Menschen mit Behinderungen und Beeinträchtigungen, vermeintlich Schwachen wie wohnungslosen oder körperlich unterlegenden Menschen etc. und allen, die nicht dem „männlichen Ideal“ entsprechen. Dazu gehören auch die soziale oder regionale Herkunft, das Alter oder das Gewicht. Sie eignen sich an, dass ein „richtiger Mann“ vor allem stark und hart ist, sich nimmt, was er will und immer weitermacht, selbst dann, wenn er eigentlich nicht mehr kann, dass es nicht so wichtig ist, sich um sich selber und die eigenen Bedürfnisse und Gefühle oder die anderer kümmern. Sie wollen unfehlbar, unbesiegbar, aber niemals hilflos oder überfordert, immer der Beste sowie permanent erfolgreich sein und das Sagen haben. Ihnen sollen die Frauen zu Füßen liegen, und sie wollen besonders und überragend sein, die Kontrolle haben und (sexuell) leistungsfähig sowie zeugungsfähig sein.

Selbst gesetzte Ziele sollen durch einen festen Willen auch unter ungünstigen Bedingungen erreicht werden – dahinter steht die problematische Annahme, dass jeder Mann ein „echter Kerl“ werden kann oder es selber verschuldet hat, wenn er dieses Ziel nicht erreicht (vgl. Meuser 2001, S. 229).

Der Autor Jens van Tricht (2019, S. 19 f.) stellt geschlechterspezifische, sozial konstruierte Stereotype einander gegenüber:

Männlich	**Weiblich**
hart	weich
rational	emotional
stark	schwach
kompetitiv	verbindend
überzeugen	verstehen
arbeiten	versorgen
penetrieren	empfangen
sprechen	zuhören
wissen	fragen
tun	sein
Macht	Ohnmacht

Jungen lernen ihre als unmännlich geltenden Unsicherheiten und Emotionen zu verdrängen und zu ignorieren. Die daraus resultierenden Ambivalenzen sind ein perfekter Nährboden für Gewalt, Wut, Aggressionen und Gewalt gegen sich selbst und gegen andere.

Jens van Tricht (2019, S. 113 ff.) schlüsselt den Teilaspekt der permanenten sexuellen Bereitschaft von Männern im patriarchalen Geschlechterkontext, bei dem sich mehrere der genannten Aspekte männlicher Sozialisation miteinander verschränken, wie folgt auf: *„Der bloße Besitz eines Penis reicht vielen Männern noch nicht. Er muss auch eine Erektion bekommen können. Und mit besagter Erektion müssen Männer schließlich etwas tun. Sex haben, und zwar nicht einfach irgendeinen Sex, sondern Heterosex. Und damit sind wir noch nicht am Ende der Forderungen. Es muss schon richtiger Beischlaf sein, also mit Penetration. Alle anderen Formen des Heterosexes werden* *doch in erster Linie als ‚Vorspiel' für das eine, das richtige, das wirklich Männliche gesehen. Und damit nicht genug, denn auch wenn gevögelt wird, müssen Männer darin eine aktive Rolle spielen. Ein Mann wird nicht gevögelt. Ein Mann vögelt! [...] Männlichkeit als Konstrukt, als Performance, als Idee, der wir alle dauernd Gestalt, Inhalt und Bedeutung verleihen, ist eng mit dem gesellschaftlichen Verständnis von (Hetero-)Sexualität verbunden. Männer bekommen, was Frauen und Sex betrifft, eine simple Botschaft mit auf den Weg: Wenn du mit einer Frau zusammen bist, musst du immer Lust haben. Wenn du Lust auf Sex hast, musst du immer einen Steifen bekommen. Wenn du einen Steifen hast, muss immer penetriert werden. Und dafür braucht ein Mann dann – in vielen Fällen – eine Frau. Aber was tun, wenn er zwar Lust auf Sex hat, sie aber nicht? Keine Lust auf Sex zu haben, wird dann zu einem Problem gemacht, da Lust auf Sex zu haben schließlich die (männliche) Norm ist."*

Dabei steht die männliche Befriedigung im Zentrum, aber nicht die Befriedigung der Frau oder eine gleichberechtigte befriedigende Erfahrung. In den Kapiteln über Männer und Sexualität wird dies weiter vertieft.

Schnerring und Verlan (2014, S. 119) konstatieren: *„Ein Zusammenspiel von Bildern in Werbung und Fernsehprogramm, Spielzeugauswahl, Aufschriften auf T-Shirts, Kommentare beim Essen und vieles mehr halten das Klischee des starken Mannes am Leben. Die Verbreitung verzerrter und unrealistischer Männermodelle führt dazu, dass mit einem gesunden Männerkörper fast ausschließlich Fitness, Kraft und Ausdauer verbunden werden, eben alles was hart macht."* Dies erklärt, warum Jungen und Männer sich durch Begriffe wie „Schlappschwanz" abgewertet fühlen: Wer Erwartungen an die männliche Geschlechterrolle nicht erfüllt, ist somit unmännlich und erhält dementsprechende Bewertungen. Wenn du dich nicht so und so verhältst, dann bist du unmännlich und somit nicht potent.

Sport spielt daher für viele Jungen eine wichtige Rolle. Sie gehen oftmals sportlichen Aktivitäten nach und besuchen ab einem gewissen Alter Fitnessstudios oder nutzen, wenn sie beispielsweise noch nicht alt genug sind oder sich dies nicht leisten können, Geräte zu Hause. Die eigene Gesundheit steht dabei selten im Vordergrund.

Guido Zurstiege (2001, S. 213) schreibt dazu: *„Am Beispiel der Bedeutung des Sports für die Zurschaustellung von Männlichkeit tritt dieses Spannungsverhältnis besonders deutlich zu Tage. Denn auf der einen Seite bieten sich mit der Darstellung sportlicher Aktivitäten neue Gelegenheiten, den männlichen Körper in Szene zu setzen. Auf der anderen Seite bietet jede Form der sportlichen Betätigung ebenso ausreichend Gelegenheit, Leistung und Leistungsfähigkeit – zwei wesentliche Komponenten traditioneller Männlichkeit – zu demonstrieren.“*

Jungen verfolgen das Ziel, dem männlichen „Idealbild“ so nahe wie möglich zu kommen. Damit versuchen sie, Unsicherheiten zu verstecken und zu kompensieren, sie versuchen, sich dadurch sicher und selbstbewusst zu fühlen, die Kontrolle – auch über den eigenen Körper – zu haben, das Gefühl, durch körperliche Überlegenheit andere Menschen einschüchtern und notfalls auch durch Körperkraft besiegen zu können. Zudem ist der Begriff des Körperpanzers hier entscheidend: Der Aufbau von Muskulatur fungiert als Schutz und versteckt das dahinterliegende unsichere Ich der Jungen und Männer. Auch hier verlaufen die „Ideale“ und Sozialisationen von Jungen und Mädchen diametral zueinander: Während Jungen Körpermasse aufbauen, um stark und unangreifbar zu erscheinen und viel Raum einzunehmen, sollen Mädchen besonders dünn sein, wenig, klein und unsichtbar und möglichst wenig Raum einnehmen. Ergänzt wird dies dadurch, dass Jungen und Männer häufig Kampfsporttechniken erlernen sowie Waffen besitzen und diese auch benutzen.

Jungen haben eine durch die Umwelt und durch die Medien geprägte Sehnsucht danach, besonders und außergewöhnlich zu sein. Ein Held. Diese Sehnsucht verschränkt sich mit dem kaum zu erreichenden männlichen „Idealbild", welches sie permanent versuchen zu erreichen, sowie mit den selbst gemachten Opfererfahrungen. Denn: Jungen und Männer sind selbst häufig Opfer von Gewalt – fast ausschließlich durch andere Jungen und andere Männer. Daraus ergibt sich für sie die Ambivalenz, nicht so zu sein, wie sie glauben, sein zu müssen, selbst aber Ohnmachtserfahrungen zu erleben. Um diese Ohnmachtserfahrungen zu überwinden, werden viele Jungen selbst Täter und leben so in einem ambivalenten Spannungsverhältnis zwischen Täter- und Opfererfahrung.

Die wenigsten Männer entsprechen jedoch dem männlichen „Idealbild". Trotzdem profitieren die meisten Männer von den patriarchalen Strukturen hegemonialer Männlichkeit. Dieses Phänomen nennt Connell (vgl. 1995) die „patriarchale Dividende". Einhergehend mit der Vorstellung, besonders und außergewöhnlich sein zu wollen, werden dazu ganz im Sinne patriarchaler Machtverhältnisse Zuschauerinnen benötigt, „die dem Mann das vergrößerte Bild seiner selbst zurückwerfen, dem er sich angleichen soll und will" – Virginia Woolf spricht dabei von „schmeichelnden Spiegeln" (vgl. Bourdieu 1997, S. 203).

An dieser Stelle möchte ich von einem persönlichen Erlebnis berichten, um zu verdeutlichen, wie Jungen und Männer Weiblichkeit abwerten, um sich selber aufzuwerten: Als ich zusammen mit einem Hilfstrainer vor einigen Jahren Training gab, beschimpfte mein Kollege bei einem Aufwärmspiel die jugendlichen Jungen, wenn sie einen Gegenpunkt zuließen, mit den Worten: „Ihr Pussies!" Auf Grund der dargelegten Mechanismen männlicher Sozialisation wird dabei deutlich, aus welchen Gründen diese Formulierungen als Beleidigung für Jungen funktionieren: Der Trainer spricht den Jungen durch seine sexistische Zuschreibung ihre vermeintliche Männlichkeit ab, mehr noch betitelt er sie bei Misserfolg als weiblich und als weibliches Geschlechtsorgan. Gleichzeitig bedeutet dies, dass nur der Sieg männlich sein kann, da der Misserfolg mit Weiblichkeit assoziiert wird. Dies trifft die Jungen tief in ihrer Angst und Unsicherheit, nicht so zu sein, wie es von ihnen erwartet wird: nämlich männlich und vor allem nicht weiblich, da Weiblich-Sein mit Schwach-Sein gleichgesetzt wird. Dies hat natürlich nicht nur für die Jungen, sondern auch für die Mädchen einen nachhaltigen negativen Effekt – vor allem, da sie täglich mit Zuschreibungen und Stereotypen konfrontiert werden. Dabei entsteht bei den Jungen die Angst, sozial ausgegrenzt und abgelehnt zu werden, woraufhin sie sich oft noch übergriffiger, aggressiver und rücksichtsloser verhalten.

Was ist toxische Männlichkeit?

Toxische Männlichkeit beschreibt problematische Einstellungen, Denk- und Verhaltensweisen, die sozialisationsbedingt an die traditionelle Männerrolle gekoppelt und eng mit patriarchalen Strukturen und hegemonialer Männlichkeit verknüpft sind und mit denen Jungen und Männer anderen und/oder sich selbst kurzfristig, mittelfristig oder auch langfristig schaden, andere diskriminieren, ausschließen und benachteiligen.

Die bereits vorgestellten Aspekte männlicher Sozialisation bereiten den Nährboden für toxisches Verhalten von Jungen und Männern oder sind bereits toxisch. Zunächst eine gute Nachricht: Da Geschlecht vor allem eine soziale Kategorie ist, kann toxische Männlichkeit, also problematische Denk-, Verhaltens- und Präsentationsweisen, aufgrund männlicher Sozialisation auch verändert werden.

Zusammenfassend ist zu sagen, dass ein Teil toxischer Männlichkeit der übergriffige und gewalttätige Umgang mit anderen ist: Aus der Unterdrückung von Emotionen und dem daraus resultierend nicht gelernten Umgang mit diesen sowie aus dem häufigen Fehlen von gewaltfreien Lösungsstrategien resultieren Wut, Frustration und Ohnmachtsgefühle. Aus der Kombination mit Aggressionen und dem Wunsch, der männlichen Rolle zu entsprechen, Privilegien zu erhalten, die andere nicht haben dürfen, um sich selber aufzuwerten sowie alles Unmännliche abzustoßen, resultieren Übergriffe und Gewalt gegen Frauen sowie gegen alle anderen.

Zudem richten sich die Aggressionen auch gegen die Männer selbst und gegen andere Männer. Vermeintlich männliche Attribute, wie Härte, andere Menschen einschüchtern, Wettkampf, sich vergleichen und sich täglich mit anderen messen sowie ein stetiges Konkurrenzdenken, stehen im Mittelpunkt. Ziel für Männer ist es, permanent der Beste zu sein, Kontrolle zu gewinnen und diese zu behalten, nicht nachzugeben und keine Fehler einzugestehen. Dies wird versucht zu erreichen durch Leistungsfähigkeit, Belästigung und Grenzen ignorierendes Verhalten, Abwertung anderer, Raumaneignung, (sexuelle) Gewalt, risikoreiches Verhalten, Objektivierung und Sexualisierung, Bedrohung und Einschüchterung auch durch das Unterbrechen von Frauen, die eigene Präsentation als Allwissender oder das Ausgeben der Ideen von Frauen als die eigenen.

Guido Zurstiege (2001, S. 202) schreibt: *„Einen Schritt weiter gehen einige Vertreter sowohl der angloamerikanischen als auch der deutschen Männerforschung, die die momentan vorherrschende Männerideologie als schädlich für alle Männer ansehen.“*

Toxische Männlichkeit ist zu unterteilen in *strukturelle* sowie in *individuelle* Aspekte:
Strukturell bedeutet, dass die patriarchalen Strukturen hegemoniale Männlichkeit produzieren und somit Männer in allen Lebensbereichen bevorzugen, während Frauen strukturell benachteiligt werden.

Frauen verdienen weniger als Männer und erhalten ferner seltener die Möglichkeit, in eine Führungsposition zu gelangen oder werden am Arbeitsplatz diskriminiert, beispielsweise weil sie Kinder haben oder welche bekommen könnten.
Individuell bedeutet, dass Männer individuell übergriffig werden, Frauen (und andere marginalisierte Gruppen) abwerten, andere (sexuell) belästigen und benachteiligen, gewalttätig werden, sich nicht um sich und ihre körperliche und psychische Gesundheit kümmern, Raum einnehmen, der ihnen nicht zusteht oder (Ex-)Partnerinnen mit Kindern, Care-Arbeit und Haushalt alleine lassen. Es steht die individuelle Entscheidung und Tat des Einzelnen im Fokus.

Individuelle und strukturelle Anteile bedingen sich dabei gegenseitig und existieren in einer Wechselwirkung: Patriarchale Strukturen erschaffen eine hegemoniale, toxische individuelle Männlichkeit, jedoch sind es wiederum eben diese individuellen Anteile von Männern und die daraus hervorgehenden bewussten Entscheidungen – beispielsweise Männer in Einstellungsverfahren zu bevorzugen und Frauen zu benachteiligen –, die strukturelle patriarchale Bedingungen (re-)produzieren. Durch gesellschaftliche Vorstellungen und die tägliche (Re)Produktion von Geschlechterstereotypen, eingebettet in eine patriarchale Gesellschaft, wird männliches Verhalten, das dazu dient, Ambivalenzen und Unsicherheiten auszuhalten und zu kompensieren und von den mit Männlichkeit einhergehenden Privilegien zu profitieren, toxisch.

Simmel (1985, S. 201 in Döge/Meuser 2001, S. 11 f.) bringt es auf den Punkt: Er verweist auf den Zusammenhang zwischen Herren und Sklaven in Bezug auf Geschlechterverhältnisse. Es gehört *„zu den Privilegien des Herrn, dass er nicht immer daran zu denken braucht, dass er Herr ist, während die Position des Sklaven dafür sorgt, dass er seine Position nie vergisst.“*

Da toxische Männlichkeit Denk- und Verhaltensmuster von Männern negativ prägt und einen enormen gesellschaftlichen Schaden anrichtet, wird dringend eine psychologische und therapeutische Auseinandersetzung mit dem Thema benötigt. In den USA veröffentlichte im Jahr 2018 der nordamerikanische Psychologenverband „American Psychological Association“ (APA) erste Richtlinien für die Auseinandersetzung mit problematischen männlichen Geschlechterstereotypen (vgl. APA 2018). *„Die Psychologen warnen darin: ‚Beschränkte Vorstellungen von Männlichkeit, die Aggressivität, Homophobie und Frauenfeindlichkeit betonen, können Jungs dazu veranlassen, einen Großteil ihrer Energie in schädliches Verhalten umzulenken, wie Mobbing, Spott gegenüber Homosexuellen oder sexuelle Belästigung – und nicht in gesunde schulische und außerschulische Aktivitäten.‘ Männlichkeit sei dann schädlich, so die Psychologen, wenn sie die eigene Stärke überhöht, Frauen und andere Männer, die nicht den Rollenklischees entsprechen, hingegen abwertet. Die Geschlechterforschung hat dafür den Begriff ‚toxische Männlichkeit‘ geprägt, was letztlich meint, dass die Art und Weise, wie Männlichkeit definiert und ausgelebt wird, allen schadet: Frauen, der Gesellschaft – aber vor allem auch Männern selbst. Männlich zu sein heißt in diesem Weltbild: keine Schwäche zeigen, Emotionen im Griff haben. Wut ist erlaubt, Fürsorge und Verletzlichkeit haben wenig Platz, stattdessen muss Männlichkeit immer wieder neu unter Beweis gestellt werden, körperlich und geistig, im ewigen Kräftemessen des Leistungskapitalismus – im Job wie im Privaten. Ein Mann muss risikobereit sein, mutig und stark.“* (Dörr 2019)

Robert Connell (vgl. 2000, S. 98) hat das Verhalten von Männern gegenüber anderen in vier Kategorien eingeteilt: *Hegemonie* (Männer, die Zugang zur patriarchalen Macht besitzen – dies sind in der Regel weiße heterosexuelle Männer), *Unterordnung* (Männer, die die hegemoniale Männlichkeit untergraben könnten, wie Männer mit vermeintlich weiblichen Eigenschaften oder homosexuelle Männer), *Komplizenschaft* (Männer, auch wenn sie nicht der aktuellen Norm männlicher Vorstellung entsprechen, profitieren von der patriarchalen Dividende – sie gehen aber daraus resultierend teilweise Kompromisse mit Frauen ein) sowie *Marginalisierung* (Männer, die zwar vom Patriarchat profitieren, selber aber auch Diskriminierungen beispielsweise aufgrund ihrer Hautfarbe erleben (Schwarze Menschen/People of Color).

Der Begriff „Toxische Männlichkeit"

Der Begriff, der heute in feministischen und soziologischen wie psychologischen Kontexten Bestandteil akademischer Auseinandersetzungen bezüglich geschlechterspezifischen Verhaltens und Gewalt ist, hat seine Idee in der mythopoetischen Männerbewegung der 1980er- und 1990er-Jahre. Terry A. Kupers führte den Begriff der toxischen Männlichkeit in einem an TherapeutInnen und PsychologInnen gerichteten Aufsatz ein, um die problematischen Verhaltensweisen von Männern im System von Gefängnissen zu benennen (vgl. Kupers 2005, S. 713–724).

Der Begriff toxisch kommt aus dem Englischen und bedeutet giftig. „Toxische Männlichkeit" beschreibt also eine „giftige Männlichkeit". Giftig impliziert hierbei, dass Männlichkeit für andere, aber auch für den Mann selbst giftig ist. Schädliches und tödliches Gift ist per se nicht Teil des Menschen/des Mannes (oder der gesellschaftlichen Strukturen), es entsteht durch männliche Sozialisation und durch patriarchale Strukturen –

und kann ausschließlich durch aktives Handeln abgebaut werden, da das Gift der Sozialisation und der patriarchalen Strukturen permanent wirkt und sich nicht eigenständig zersetzt. Der Begriff der toxischen Männlichkeit ist eine „zielführende Krücke“, unter der alle problematischen Denk- und Verhaltensweisen toxischer Männlichkeit subsumiert und mittlerweile allgegenwärtig im öffentlichen Diskurs thematisiert werden. Durch den Begriff wurde ein schwer zu fassendes Problem diskutierbar und thematisierbar – es wurde fassbar.

Es wird in dem Zusammenhang von schädlichem Verhalten von Männern auch von „toxic masculinity“ gesprochen oder auch von „kritischer Männlichkeit“. Während ersteres die englische Original-Bezeichnung darstellt, ist der Begriff „kritische Männlichkeit“ ebenfalls nur ein Oberbegriff und stellt wie toxische Männlichkeit nur eine Krücke dar. Denn: Die Männlichkeit an sich kann niemals kritisch sein, höchstens der Umgang mit ihr. Aber auch hier geht es darum, durch Begrifflichkeiten nur schwer fassbare soziologische Erkenntnisse in Worte zu fassen, damit sie in die Öffentlichkeit transportiert und thematisiert werden können. Jedoch fehlt hier aus semantischer Sicht die Benennung der problematischen Anteile männlicher Sozialisation, der für andere Menschen und die Männer selber schädlich ist. Semantisch sinnvoller wäre beispielsweise die Formulierung „kritische Männerforschung“.

Es wird immer wieder die Frage aufgeworfen, ob es eine nicht toxische Männlichkeit überhaupt geben kann. Das grundsätzliche Problem besteht vor allem darin, dass bestimme Fähigkeiten nur dem einen oder nur dem anderen Geschlecht zugeschrieben werden. Durchsetzungsfähigkeit ist beispielsweise zunächst keine problematische Eigenschaft, doch durch die Zuschreibung an Männer wird sie Frauen abgesprochen, beziehungsweise werden durchsetzungsstarke Frauen als unangenehm und hysterisch bewertet, Männer hingegen als selbstsicher und zielorientiert. Toxisch wird das Verhalten, wenn beispielsweise Durchsetzungsfähigkeit als Mittel eingesetzt wird, durch welches andere Menschen oder der Mann selber kurz-, mittel- oder langfristig zu Schaden kommen, andere benachteiligt oder patriarchale Strukturen (re)produziert werden.

2. Wo zeigt sich toxische Männlichkeit?

Toxische Männlichkeit zeigt sich in allen Lebensbereichen – individuell sowie strukturell. Damit einzelne Aspekte im vorliegenden Buch schneller gefunden werden können, sind die Bereiche untergliedert in:

- Männer als Gewalttäter
- Männer im öffentlichen Raum
- Männer am Arbeitsplatz
- Männer und Sexualität
- Männer in der Familie und Partnerschaft
- Männer und ihre Gesundheit

Diese Einteilung wird auch im Kapitel mit den Lösungsansätzen für den eigenen Umgang mit toxischer Männlichkeit für eine einfachere Orientierung beibehalten.

2.1 MÄNNER ALS GEWALTTÄTER

Gewalt ist ein männliches Phänomen. Bedingt durch die männliche Sozialisation und patriarchale Strukturen sind es fast ausschließlich Männer, die gewalttätig werden – gegenüber anderen Männern, gegenüber allen marginalisierten Menschen und gegenüber Frauen. Zu beachten ist, dass sich das Risiko, Gewalt zu erfahren, erhöht, wenn sich unterschiedliche Diskriminierungsformen miteinander verschränken und somit potenzieren (Intersektionalität[1]). Beispielsweise potenziert sich das Risiko einer Frau, Gewalt zu erleben, wenn sie zudem Schwarz und lesbisch ist und eine Beeinträchtigung hat.

Häusliche Gewalt und Femizide

Die Zahlen der kriminalstatistischen Auswertung des Bundeskriminalamts (vgl. 2018) zur Gewalt in Partnerschaften sind erschreckend: 2017 wurden 138.893 Menschen statistisch erfasst, die in Deutschland von ihrem Partner oder Ex-Partner misshandelt, gestalkt, bedroht oder getötet wurden. Darunter waren 113.965 Frauen (82 %). Im Jahr 2018 stieg diese Zahl auf 114.393 an (vgl. Suhr 2019). Die Dunkelziffer wird laut ExpertInnen um einiges höher sein.

Die Bundesfamilienministerin Giffey verwies zudem auf die hohe Zahl an getöteten Frauen: 147 Frauen sind 2017 von ihrem Partner oder Ex-Partner getötet worden (vgl. Bundesministerium für Familie, Senioren, Frauen und Jugend 2018b), also an ca. jedem zweiten bis dritten Tag eine Frau. 2018 ermordeten Partner oder Ex-Partner 122 Frauen (vgl. Suhr 2019). 2019 starben durch männliche (Ex-)Partner 135 Frauen (vgl. One Billion Rising 2019). Die Zahl der Femizide sowie häuslicher Gewalt ist Anfang 2020 noch einmal im Kontext der Ausgangsbeschränkungen aufgrund des Corona-Virus gestiegen. Es ist wichtig zu benennen, dass die Gewalt sich nicht nur auf die Partnerin erstreckt, sondern meist auch Kinder mit einschließt – selbst beim Femizid töten die mordenden Männer oftmals auch ihre Kinder oder versuchen dies. Es ist davon auszugehen, dass die tatsächlichen Zahlen viel höher sind. Wenn Totschlag dazu gerechnet wird, dann tötet allein in Deutschland jeden Tag ein Mann eine Frau.

Anmerkung: Viele Männer ermorden ihre Ex-Partnerin, da sie es nicht ertragen, dass sich ihre ehemalige Partnerin von

1 *Überschneidung und Gleichzeitigkeit von mehreren Diskriminierungsformen.*

ihnen getrennt hat – nach der Devise: „Es wird sich nicht von Männern getrennt, sondern Männer trennen sich von Frauen.“ Männliche Geschlechtervorstellungen spielen hierbei eine große Rolle: Männer müssen die Macht in allen Lebensbereichen, so auch in der Partnerschaft und Familie innehaben. Sie entscheiden, ob und wann eine Beziehung vorbei ist. Trennen sich Frauen von ihrem Partner, kollidiert dies mit dem „männlichen Kontrollanspruch“, was in den schlimmsten Fällen darin endet, dass Männer ihre Ex-Partnerin ermorden – nach dem Motto: „Wenn ich sie nicht haben kann, dann darf sie auch niemand anderes haben.“

All dies sind dann Fälle, die in der Presse als Familiendrama oder Beziehungstat deklariert werden, um patriarchale Strukturen und Gewalt an Frauen zu verschleiern und zu verharmlosen. Im Januar 2020 wurde verkündet, dass die Deutsche Presse-Agentur (DPA) verharmlosende Begriffe, die den Opfern eine Mitschuld suggerieren, nicht mehr verwenden wird: Darunter fallen die Begriffe Beziehungsdrama, Familientragödie, Familiendrama und Ehetragödie. Froben Homburger (DPA-Nachrichtenchef) twitterte (Frauensicht.CH 2020): „Drama und Tragödie rücken Mord und Totschlag in die Nähe eines schicksalhaften Geschehens, in dem Opfer- und Täterrolle zu verschwimmen scheinen: Ist der Täter nicht auch irgendwie Opfer (etwa einer zerrütteten Beziehung) – und hat das Opfer daher nicht auch Anteil an der Tat?“ Auch Begriffe wie Sex-Täter oder Sex-Attacken werden verboten, da durch die Verwendung dieser Begriffe vermittelt wird, dass sexualisierte Gewalt etwas mit Sex und natürlichen Bedürfnissen zu tun habe, wodurch verschleiert wird, dass es sich dabei um Gewalt handelt. Es stellt sich die Frage, was ein „Sextäter“ getan hat? Hat er Sex gehabt? Es wird deutlich, dass die Gewalt an Frauen durch derartige Formulierungen unsichtbar gemacht wird.

Ein weiterer Aspekt, der die Täter bei Gewalt gegen Frauen unsichtbar macht, ist die Verwendung des Passivs: Es wird in den Medien geschrieben, dass Frauen von Männern getötet, angegriffen oder vergewaltigt werden – jedoch nicht, dass Männer Frauen getötet, angegriffen oder vergewaltigt haben. Die Täterschaft wird durch das Passiv relativiert und heruntergespielt – die Wirkung auf Lesende ist eine andere als bei der Verwendung des Aktivs.

Sexuelle Gewalt

Laut dem Bundesministerium für Familie, Senioren, Frauen und Jugend (vgl. 2004, S. 29) wurde fast jede siebte Frau (13 %) in Deutschland bereits vergewaltigt, hat eine versuchte Vergewaltigung erlebt oder sexuelle Nötigung – einige davon mehrfach. 40 % der befragten Frauen gaben an, sexuelle oder körperliche Gewalt seit ihrem 16. Lebensjahr erfahren zu haben, 58 % sexuelle Belästigung, 42 % psychische Gewalt und 25 % körperliche oder sexuelle Gewalt (oder beides) durch den aktuellen oder Ex-Partner. Täter bei sexueller Gewalt sind bis zu 99 % männlich und weniger als 1 % weiblich, bei sexueller Belästigung sind 97 % männlich und 2 % weiblich (vgl. TERRE DES FEMMES b). 94 % aller Vergewaltigungsopfer sind Mädchen oder Frauen (vgl. Britzelmeier 2016). Die vermeintlich hohen Zahlen von Falschbeschuldigungen liegen gerade einmal bei 3 % (vgl. TERRE DES FEMMES b).

Das Bundesministerium für Familie, Senioren, Frauen und Jugend (vgl. 2018a) konstatiert, dass bei Vergewaltigungen und sexueller Nötigung in Partnerschaften die Opfer zu fast 100 % Frauen sind. Amnesty International kommt zu dem Ergebnis, dass jede fünfte Frau körperliche oder sexuelle Gewalt erlebt hat (vgl. Van Aaken 2001). Davon angezeigt wird aber laut dem Bundesministerium für Familie, Senioren, Frauen und Jugend (vgl. 2004, S. 19) nur ein Bruchteil – in Deutschland beträgt die

Zahl der Anzeigen gerade einmal 8 %. Da viele Frauen mehrfach vergewaltigt werden, bedeutet dies, dass weniger als 5 % aller Sexualstraftaten überhaupt angezeigt werden, nur jede 13. der überhaupt bekannten und angezeigten Vergewaltigungen endet mit einer Verurteilung (vgl. TERRE DES FEMMES b). Das sind weniger als 1 %. Bei einer EU-Umfrage sagten 77 % der Befragten aus, dass der Täter kein Unbekannter gewesen war (vgl. Britzelmeier 2016).

Das Ausmaß ist viel höher

Diese Zahlen spiegeln bei Weitem nicht das wirkliche Ausmaß der (sexuellen) Gewalt gegen Frauen wider. Es fehlen Vergewaltigungen im Kontext von Prostitution, von Pornografie sowie von Gewalt unter der Geburt. Es fehlen Situationen, die beispielsweise durch K.-o.-Tropfen oder unter Narkose herbeigeführt wurden und die im Nachhinein für Frauen oftmals gar nicht einordbar sind, da sie sich nicht richtig an das Erlebte erinnern können. Auch fehlen detaillierte Erinnerungen an Missbrauchserfahrungen aus der Kindheit, die meist weitestgehend abgespalten wurden. Darüber hinaus muss berücksichtigt werden, dass Vergewaltigung in der Ehe erst seit 1997 in Deutschland als Straftatbestand eingestuft wird und 2004 (!) den rechtlichen Status des Offizialdelikts[2] erhielt (vgl. Mundlos 2013, S. 176). Viele ältere Generationen von Frauen sind damit aufgewachsen, dass sie „eheliche sexuelle Pflichten" zu erfüllen hätten und ordnen dies bei Befragungen auch dementsprechend ein. Geprägt durch Pornografie ist das heutige Sexualleben viel gewalttätiger als noch vor 20 Jahren. Junge Mädchen berichten, dass Analsex, Cumshots[3] oder Deep

2 *Ein Offizialdelikt ist eine Straftat, die selbstständig von der Staatsanwaltschaft verfolgt wird. Vor 2004 war Vergewaltigung in der Ehe ein Antragsdelikt. Dies bedeutet, dass die Staatsanwaltschaft nur auf Antrag der Betroffenen handelte. Beispiele für Antragsdelikte sind Beleidigung, üble Nachrede, unbefugter Gebrauch eines Fahrzeugs oder Verleumdung.*

3 *Ejakulieren auf den Körper, auf das Gesicht oder beispielsweise ins Auge der Partnerin.*

Throats[4] beispielsweise zum „Standard-Programm“ gehören und von ihnen erwartet werden. Ebenso, dass Frauen von Männern gewürgt werden oder dass Männer, ohne dass Frauen dies wissen, kurz vor dem Samenerguss heimlich das Kondom abziehen (Stealthing). All diese Formen von sexueller Gewalt gegen Mädchen und Frauen sind nicht in den Befragungen und Fragebögen berücksichtigt. Die Soziologin Mundlos schlägt vor, dass Frauen am Ende ihres Lebens unter Berücksichtigung einer eindeutigen Definition von sexueller Gewalt befragt werden. Die Definition muss den Frauen vorher mitgeteilt werden. So kann ein valides Ergebnis erzielt werden. Nur dann ist es möglich, tatsächliche Zahlen zu sexueller Gewalt zu erheben.

Abschließend ist anzumerken, dass auch die Zahlen zu sexueller Belästigung fragwürdig sind. Es wird keine Frau geben, die noch keine sexuelle Belästigung und keinen Sexismus erlebt hat. Das wäre ungefähr so, als wenn behauptet würde, dass nur ein gewisser Prozentsatz Schwarzer Menschen Rassismus erfahren hätte.

Gewalt in der Corona-Krise

Die Professorin für Global Health der technischen Universität München (TUM) Janina Steinert und die Doktorin Cara Ebert vom RWI – Leibniz-Institut für Wirtschaftsforschung führten im Kontext der Corona-Krise vom 22. 04. – 08. 05. 2020 bezüglich des Vormonats (Zeitraum der strengsten Kontaktbeschränkungen) eine repräsentative Online-Befragung mit 3.800 Frauen im Alter von 18 bis 65 Jahren durch und kamen zu folgenden Ergebnissen: 3,1 % der befragten Frauen gaben an, mindestens einmal körperliche Gewalt durch beispielsweise Schläge erlebt zu haben, es gab in 6,5 % der Haushalte körperliche

4 *Eine Form des Oralverkehrs, bei der der Penis so tief wie möglich in den Rachen eingeführt wird.*

Bestrafungen der Kindern, 3,6% der Frauen gaben an, vergewaltigt worden zu sein, 3,8% der Frauen berichteten, von ihrem Partner bedroht worden zu sein, 2,2% der Frauen durften nicht ohne die Erlaubnis des Partners das Haus verlassen, bei 4,6% der Frauen regulierten die Partner ihre sozialen Kontakte – auch online (vgl. Ebert/Steinert 2020). Erschreckend ist, dass diese Zahlen die Ergebnisse von nur einem einzigen Monat sind! Zudem zeigt es die Dimensionen toxischer Männlichkeit. Um das Ausmaß der Zahlen zu verdeutlichen: Wenn die Vergewaltigungszahlen auf 12 Monate hochgerechnet werden, würde das unter den Corona-Umständen bedeuten, dass innerhalb eines Jahres 43,2% aller Frauen, also fast jede 2. Frau, vergewaltigt wurde. Wenn sich Familien in Quarantäne befanden, erfuhren 7,5% der Frauen körperliche Gewalt und 10,5% der Kinder – verbale Konflikte erlebten 30,59% der Frauen. Wenn Familien finanzielle Sorgen hatten, erfuhren 8,4% der Frauen Gewalt und 9,8% der Kinder – 33,16% hatten verbale Konflikte. Wenn ein Erwachsener in Kurzarbeit war oder die Lohnerwerbstätigkeit verlor, erfuhren 5,6% der Frauen und 9,3% der Kinder Gewalt; wenn einer der Erwachsenen depressiv war oder Angst hatte, erfuhren 9,7% der Frauen und 14,3% der Kinder körperliche Gewalt – 43,12% gaben an, dass sie verbale Konflikte erleiden mussten. In Haushalten mit Kindern unter zehn Jahren erfuhren 6,3% der Frauen und 9,2% der Kinder Gewalt – verbale Konflikte erlebten knapp 39,09% der Frauen. Eine hohe Anzahl an Frauen gab zudem an, dass sie Angst vor ihrem Partner hat (vgl. ebd.).

Schutz für betroffene Frauen: Frauenhäuser und Schutzwohnungen

Um Frauen und ihre Kinder zu schützen, die von ihrem (Ex-)Partner häusliche Gewalt erlebt haben, werden *Frauenhäuser* benötigt. Die Bundesregierung hat sich mit der Ratifizierung der Istanbul-Konvention dazu verpflichtet (vgl. Schlapeit-Beck

2018). Jedoch existieren in Deutschland nur 350 Frauenhäuser und 40 Schutzwohnungen, sodass beispielsweise am Stichtag im März 2018 in drei Bundesländern nicht ein freier Platz für betroffene Frauen zur Verfügung stand. Zudem sind nur 10 % der Frauenhäuser behindertengerecht. 1.500 Familienzimmer fehlen bundesweit. Finanzierungen müssen jährlich beantragt werden und sind nicht kostendeckend, es besteht kein Anspruch auf Fördermittel durch Land und Kommune, Eigenleistungen der Träger durch beispielsweise Spenden werden vorausgesetzt. Frauen mit Einkommen müssen Sozialleistungen beantragen oder sich verschulden, da die Plätze teurer sind als ein durchschnittliches Einkommen. Zudem wird eine Aufnahme für betroffene Frauen oftmals problematisch, wenn sie kein Anrecht auf Sozialleistungen haben und die Aufenthaltsdauer durch Kostenträger begrenzt wird (vgl. ebd.). Da Frauen Opfer von Männern werden, oftmals stark traumatisiert sind und Frauenhäuser Schutzorte für betroffene Frauen darstellen – sie sind für Außenstehende nicht einsehbar und auch die Adressen sind geheim – müssen diese Schutzräume auch ausschließlich Frauen vorbehalten bleiben.

Täglich werden vor allem in sozialen Netzwerken hitzige Debatten darüber geführt, ob auch trans Frauen in die Schutzräume von Frauen gelassen werden sollten. Dies ist in keiner Weise empfehlenswert. Zum einen haben trans Frauen in ihrer Kindheit eine männliche Zuschreibung und somit auch männliche Sozialisation erfahren, zum anderen ist der Großteil der trans Frauen biologisch männlich. Dies kann betroffene Frauen, die Gewalt durch Männer – und speziell bei sexueller Gewalt auch durch den Penis – erfahren haben, retraumatisieren und ihnen ihre Schutzräume nehmen. Darüber hinaus wäre, wenn biologische Männer in die Schutzräume von Frauen dürften, dieser auch für trans Frauen kein Schutzraum mehr. Transsexuelle Menschen sind unbestreitbar ebenfalls von

Diskriminierung und Gewalt betroffen, doch müssen für sie eigene Schutzkonzepte geschaffen werden, damit der Schutzraum von Frauen nicht verloren geht. Andernfalls könnten von Gewalt betroffene Männer ebenfalls im Frauenhaus aufgenommen werden. Dies verdeutlicht, dass der Sinn von Frauenhäusern dadurch ad absurdum geführt werden würde.

Strafvollzug

Die Zahlen zu Häftlingen bestätigen das Geschlechterbild: Inhaftierte Straftäter sind fast ausschließlich männlich (Statistisches Bundesamt 2019a):

	2015	**2016**	**2017**	**2018**
Strafgefangene insgesamt (einschließlich Sicherungsverwahrte)	52.412	50.858	51.643	50.957
Männer	49.307	47.733	48.609	48.026
Frauen	3.105	3.125	3.034	2.931

Das bedeutet zudem, dass Männer und toxische Männlichkeit den Staat und somit alle Steuerzahlenden bezüglich der Inhaftierungskosten enorm viel Geld kosten. Beispielsweise waren im Jahr 2018 nur 5,75 % der Inhaftierten Frauen und 94,25 % der Inhaftierten Männer.

Die Kosten für einen Häftling unterscheiden sich nach Bundesland, nach der Schwere der Tat sowie den daraus resultierenden Haftbedingungen. Ein Häftling kostet beispielsweise laut dem Ministerium für Justiz des Landes Nordrhein-Westfalen (vgl. 2018) in NRW durchschnittlich 135,65 Euro pro Tag, Schwerverbrecher in der Sicherheitsverwahrung kosten 450 Euro pro Tag (vgl. Tunk 2018). Dies bedeutet, dass bei einem Tagessatz von 135,65 Euro ein Häftling in NRW über 4.000 Euro pro Monat und 49.512 Euro pro Jahr kostet. Schätzungen gehen davon aus, dass der Vollzug in Deutschland den Staat in etwa 4 Milliarden Euro pro Jahr kostet (vgl. ebd.). Noch gar nicht berücksichtigt sind die Kosten für Opferentschädigungen, Therapiekosten, Gerichtskosten sowie generelle Justizkosten im Kontext der Straftat, Kosten für die Arbeit der Polizei sowie anfallende Kosten für Unterhaltsvorschüsse. Außerdem fehlen dem Staat durch Strafgefangene bis zu einer Milliarde Euro Sozialeinnahmen und Steuern. Das Fazit ist daher sehr alarmierend: Toxische Männlichkeit belastet unsere Gesellschaft und den Frieden unserer Welt auf allen Ebenen und kostet zudem noch enorm viel Geld.

Gewalt unter der Geburt

Die erste, oftmals traumatische Gewalterfahrung erleben Menschen bereits bei ihrer Geburt. Das freudige Erlebnis wird zu einem gewaltvollen. Die Soziologin und Feministin Mundlos hat dieses Thema, bei dem patriarchale Strukturen durch Gewalt an gebärenden Frauen überdeutlich sind und doch permanent unsichtbar gemacht werden, 2015 enttabuisiert und in die Öffentlichkeit gebracht. Es handelt sich dabei zum einen um strukturelle, aber auch um die individuell ausgeübte Gewalt des geburtshilflichen Personals. Es ist sehr bezeichnend, dass Krankenhäuser mit vaginalen Geburten ein Minusgeschäft machen, jedoch das in der Regel nicht notwendige Schneiden am Körper der Frau dazu führt, dass Krankenhäuser Geld verdienen.

Geburtshilfliches Personal verübt dabei an Frauen psychische Gewalt (die Gebärende wird angeschrien, ausgelacht, beleidigt, bedroht/unter Druck gesetzt) und physische Gewalt (Eingriffe ohne Aufklärung, ohne Einwilligung oder gegen den ausdrücklichen Willen der Gebärenden, medizinisch unnötige Interventionen, heimliche Gabe von Wehenmitteln ins Badewasser, Kneifen und Ohrfeigen der Gebärenden, gewaltsames Auseinanderdrücken der Beine, permanente vaginale Untersuchungen, Fixieren, falsches Kristellern und in dem Zusammenhang Springen auf den Bauch der Gebärenden (beispielsweise von einer Leiter) (vgl. Mundlos 2015)).

Die Soziologin geht von mindestens 40 – 50 % aller Geburten aus, bei denen Gewalt gegen die Gebärende angewendet wird. Das bedeutet, dass bei 1,6 Geburten pro Gebärende das Risiko für die einzelne Frau, Gewalt zu erleben, bei durchschnittlich 80 % liegt. Bei einer Online-Umfrage des Stern aus dem Jahr 2019, an der über 10.000 Frauen teilgenommen haben, gaben 56 % der befragten Frauen an, Gewalt unter der Geburt erlebt zu haben, 91 % gaben an, nicht oder nicht genügend über Eingriffe aufgeklärt worden zu sein (vgl. stern TV 2019). Dies stellt ebenfalls Gewalt dar. Würde eine medizinische Fachkraft bei einer Untersuchung jemanden, ohne die Erlaubnis der Patientin/des Patienten einzuholen und ohne sie/ihn aufzuklären, plötzlich ihr/sein Bein aufschneiden, dann erfüllte dies den Tatbestand der Körperverletzung. Unter der Geburt wird dieses Grundrecht täglich verletzt. Gewalt unter der Geburt ist eine der Säulen des Patriarchats: Gewalt gegen Frauen, gegen ihre Gebärfähigkeit, gegen ihren Körper und ihre Sexualität und gegen das Kind. Gebärende sind durch Gewalt unter der Geburt häufig traumatisiert. Aber auch die Kinder und Väter werden traumatisiert. Zudem tragen viele Frauen und Kinder körperliche, oft lebenslange Schädigungen davon. Dies bedeutet, dass mindestens jeder zweite Mensch bereits bei der eigenen Geburt patriarchaler Gewalt ausgesetzt gewesen ist, die ihn oftmals ein Leben lang prägt – und oftmals wissen die späteren Erwachsenen nicht einmal, dass sie eine traumatische Geburt erlebt haben und psychische Folgen ein Resultat von Gewalt unter der Geburt sind.

Mundlos hat am 25.11.2019, dem Tag gegen Gewalt an Frauen/Tag gegen Gewalt unter der Geburt (Roses Revolution Day), einen Brandbrief zum Thema Gewalt unter der Geburt an den Bundespräsidenten Frank-Walter Steinmeier gesendet. Unterschrieben haben: Der Bundesrat werdender Hebammen, die Bundesarbeitsgemeinschaft kommunaler Frauenbüros und Gleichstellungsstellen, die Gründerin & Vorstandsvorsitzende von Medica Mondiale e.V, (Mädchen-)Beratungsstellen, Hebammen, Hebammenschülerinnen, Doulas, TherapeutInnen, der Deutsche Fachverband der Hausgeburtshilfe, Vorstandsmitglieder von Greenbirth e.V., Polizeibeamte, die Geschäftsführerin des Institut für psychosoziale Gesundheit, Initiative gerechte Geburt und viele weitere Vereine und Personen (vgl. Mundlos 2019). Sie erläutert im Brandbrief unter anderem die Ursachen für Gewalt unter der Geburt, die Auswirkungen und die Häufigkeit sowie die Verantwortung, die Deutschland in Bezug auf die Durchsetzung „der Rechte von Frauen im Zusammenhang mit Schwangerschaft und Geburt hat, die sich aus der Istanbul-Konvention, der CEDAW, der Resolution des Europarats vom 3.10.2019 und dem Nationalen Gesundheitsziel zwingend ergeben." (ebd.).

Sie nennt explizite Forderungen an die Bundesregierung:

- Anerkennung der Existenz von Gewalt gegen Gebärende seitens der Bundesregierung
- Bedarfsgerechte Vergütung in der Geburtshilfe statt Fallpauschalen – analog zur Pflege
- Einrichtung von Landespräventionsstellen „Gewaltfreie Geburtshilfe" in jedem Bundesland
- Einrichtung einer koordinierenden Bundespräventionsstelle „Gewaltfreie Geburtshilfe"
- Bildung einer Bundeskommission zur Verhütung von Gewalt in der Geburtshilfe.

Im Brandbrief werden die umzusetzenden Ziele und die genauen Inhalte/Aufgaben differenziert erläutert. Auch die WHO sowie Human Rights in Childbirth weisen seit Jahren auf die Gewalt hin, die Frauen im Zusammenhang mit Schwangerschaft, Geburt und Wochenbett erleben.

Genitalverstümmelungen von Mädchen

Eine weitere entsetzliche Form der Gewalt gegen Mädchen und Frauen ist die Genitalverstümmelung, auch FGM (Female Genital Mutilation) genannt.

Dabei werden die weiblichen Geschlechtsteile verletzt, indem sie teilweise oder ganz entfernt werden, um die sexuelle Lust von Frauen zu verhindern (vgl. Desert Flower Foundation). Die Verstümmelung, meist ohne Betäubung und unter katastrophalen hygienischen Bedingungen, wird in der Regel vor der Pubertät bei Mädchen zwischen vier und acht Jahren mit einer Schere, Rasierklinge, einem Messer oder einer Glasscherbe (meist nicht desinfiziert) durchgeführt, aber auch vermehrt bei Säuglingen. Es gibt vier unterschiedliche Formen der Genitalverstümmelung: Bei Typ Drei wird den Mädchen die Klitoris und die Schamlippen herausgeschnitten, anschließend werden die Schamlippenstümpfe zusammengenäht, sodass nur ein kleines streichholzgroßes Loch zum Urinieren und für das Menstruationsblut gelassen wird (vgl. ebd.).

Zu den gesundheitlichen Schädigungen schreibt die Desert Flower Foundation (ebd.): „Weibliche Genitalverstümmelung hat gravierende gesundheitliche (physische und psychische!) Auswirkungen. Unmittelbar nach dem Eingriff kann es zu schweren Blutungen, Entzündungen, Tetanus, Blasenlähmung oder Blutvergiftung kommen – Folgen, die nicht selten tödlich enden. Auch HIV/AIDS kann über nicht gereinigte Instrumente übertragen werden. Neben dem psychischen Trauma, das der Eingriff hinterlässt, und dem Verlust sexueller Empfindung, klagen die Opfer langfristig oft über Schmerzen beim Urinieren und während der Menstruation. Das Sitzen oder Gehen kann durch das Scheuern der Kleidung an den Narben oder auftretende Druckstellen zur Qual werden. Zysten, Abszesse, Infektionen der Blase und Inkontinenz können auftreten. Auch Unfruchtbarkeit gehört zu den möglichen Langzeitfolgen. Der Geschlechtsverkehr wird häufig als schmerzhaft empfunden. Bei der Geburt eines Kindes kann es zu verstärkten Blutungen und Geweberissen kommen. Die Geburt kann länger dauern als üblich, Kaiserschnitte sind häufig.“

Laut der Desert Flower Foundation, bezugnehmend auf die WHO, sind weltweit 200 Millionen Mädchen und Frauen von FGM betroffen, in Europa leben eine Million betroffene Mädchen und Frauen. Vor allem werden Mädchen in Nordost-, Ost- und Westafrika beschnitten, sowie im Nahen Osten und in Südostasien. Die Praktik wird aber auch durch Menschen ausgeführt, die nach Europa, Kanada, Australien, Neuseeland und in die USA eingewandert sind und in derem Kulturraum FGM weiter verbreitet ist. Auf ihrer Homepage weist die Foundation darauf hin, dass alle 11 Sekunden ein Mädchen auf der Welt beschnitten wird und jedes dritte durch den Eingriff stirbt.

In Deutschland sind ca. 70.000 Mädchen – plus Dunkelziffer – von Genitalverstümmelung betroffen, in Somalia sind es laut TERRE DES FEMMES e. V. 98 % aller Mädchen, in Eritrea 83 % (vgl. Tagesspiegel 2019).

Brustbügeln

Eine weitere Perversion ist das sogenannte Brustbügeln. Es ist in Westafrika (Togo, Ghana, Benin, Nigeria, Guinea, Äquatorialguinea) und vor allem in Kamerun verbreitet. Das Brustbügeln richtet sich gegen Mädchen und Frauen, gegen ihren Körper, ihre Weiblichkeit und ihre Sexualität. Es stellt Gewalt sowie Menschenrechtsverletzungen dar (vgl. TERRE DES FEMMES 2016). Die Frauenrechtsorganisation TERRE DES FEMMES e. V. schreibt: „Dabei werden jungen Mädchen, wenn ihr Brustwachstum einsetzt, im Feuer erhitzte, heiße Steine, Stößel oder Holzspachtel über die Brüste gerieben. Oft müssen die Mädchen zusätzlich ein enges Elastikband um die Brust tragen, das gerade noch genug Platz zum Atmen lässt. Ziel ist, das Brustwachstum der Mädchen zu unterdrücken oder aufzuschieben, damit diese möglichst lange unattraktiv für Männer bleiben."

Studien über die Häufigkeit gibt es bisher kaum – nur in Kamerun wurden im Auftrag der GIZ und in Zusammenarbeit mit dem „Institut pour la Recherche, le Développement socio-économique et la Communication" (IRESCO) in den Jahren 2006 und 2013 zwei Studien zum Thema durchgeführt. Waren im Jahr 2006 noch 23,8 % der Mädchen in Kamerun betroffen, so ist die Zahl bis 2013 auf 11,8 % gesunken. Dies ist vor allem auf Aufklärungskampagnen vor Ort zurückzuführen. [...] Allerdings schwanken die Zahlen innerhalb Kameruns stark: So sind im Norden Kameruns nur 7 % der Mädchen und Frauen betroffen, während es rund 53 % in der Littoral-Region rund um Douala sind." (ebd.) Wie die Frauenrechtsorganisation weiter ausführt, sind die psychischen und physischen Folgen und Schäden für die Mädchen und Frauen enorm: „Neben den starken Schmerzen während der Prozedur selbst sind auch die kurz- und langfristigen Folgen des Brustbügelns für die Mädchen und Frauen schwerwiegend. Narben, Zysten und Abszesse in der Brust, Infektionen und Fieber, starker Juckreiz, Anomalien der Form, ungleichgroße Brüste, eine Verkleinerung des Volumens und Hängebusen sind häufige körperliche Folgeschäden. Außerdem können viele Betroffene später nicht mehr oder nur mit großen Schwierigkeiten stillen. Dies bringt die jungen Mütter zusätzlich in eine wirtschaftlich schwierige

Lage, da Babyfläschchen und insbesondere Milchpulver in Westafrika nur sehr schwierig und teuer zu bekommen sind. Besonders gravierend sind die psychischen Folgeschäden, oftmals posttraumatische Belastungsstörungen. Betroffene Frauen berichten von Panikattacken und einem verminderten Selbstwertgefühl bis hin zum Selbsthass. Sie verstecken ihren Körper und möchten nicht berührt werden. Das führt häufig zu Problemen in der Partnerschaft.“ (ebd.) Die Gründe sind, wie TERRE DES FEMMES e. V. konstatiert, patriarchal geprägt: Es geht um Kontrolle über die sexuellen Beziehungen der Mädchen und um einen vermeintlichen Schutz vor Übergriffen, Vergewaltigungen und Frühschwangerschaften. „Letztlich sind es also die Mädchen, die für die Angst vor männlichen Übergriffen mit der Verstümmelung ihrer Brust zahlen müssen.“

Die Jagd

Das Bild des (männlichen) Jägers ist ein archaisches, wobei es dieses – wie es in den gesellschaftlichen Köpfen verankert ist – so nie gegeben hat. Das Bild des Jägers ist Teil toxischer Männlichkeitsvorstellungen und findet sich in vielen Bereichen wieder: Von der Tierjagd bis hin zu der toxischen Formulierung „Jagd nach Frauen“, wobei in diesem Kontext perverserweise der Zusammenhang zum Töten von Tieren durch die Formulierung „Jagd nach Frischfleisch“ hergestellt wird. Dies ist eine Weiterführung toxischer männlicher Einstellungen und Verhaltensweisen und reiht sich in Vergewaltigungen und Femizide ein. Weitere aus der Tierjagd entlehnte Formulierungen, die ebenfalls auf Frauen angewendet werden, sind: „Beute machen/Beute erlegen“ oder „auf die Pirsch gehen“. Der Begriff „Stalking“ stammt ursprünglich ebenfalls aus der Jägersprache und steht dort für das Jagen oder auch Hetzen. Die männliche Zuschreibung beim Töten – ähnlich wie es in allen Bereichen von Kampf, Krieg und Mord der Fall ist – schlägt sich auch in den Zahlen der Jagdscheine nieder: Kurz vor der Jahrtausendwende waren 99 % aller Tierjagenden mit einer offiziellen Erlaubnis Männer, im Dezember 2019 lag der Anteil immerhin noch bei 93 % Männern (vgl. Jagdverband e. V. 2019).

2.2 MÄNNER IM ÖFFENTLICHEN RAUM

Männer nehmen auf vielfältige Art und Weise Raum ein, der ihnen nicht zusteht. Oft wird aggressives oder wildes, raumaneignendes Verhalten von Jungen automatisch dem männlichen Geschlecht zugeordnet. „Boys will be boys" oder im Deutschen: „So sind Jungen halt"/„Jungs bleiben Jungs" suggeriert, dass Jungen bestimmte Verhaltensweisen aus biologischen Gründen zeigen, weil sie eben Jungen sind. Dabei werden jedoch die Faktoren und das Wissen um männliche Sozialisation und deren Konstruktion völlig ignoriert. Diese wird täglich durch das soziale Umfeld, Bildungseinrichtungen oder durch die Medien produziert und reproduziert und ist bereits im Kindergarten beobachtbar. Mädchen wird gesagt, dass sie nicht so wild sein sollen, dass sie sich nicht dreckig machen und auf ihr Kleid aufpassen sollen. Sie werden bereits in jungen Jahren auf ihren Platz verwiesen: Nicht laut sein, sich keinen Raum nehmen, nicht wild sein, nicht kämpfen. Aber sie sollen auf ihr Äußeres achten. Jungen hingegen wird genau diese Rolle, die Mädchen nicht haben dürfen, die ihnen aberzogen wird, zugeschrieben. Ausbrechen dürfen die Kinder aus diesen Zuschreibungen nicht. Umso älter sie werden, desto härter fallen die Sanktionen aus.

Manspreading/raumaneignendes Verhalten

Im Zusammenhang mit dem Begriff Manspreading wird auch von Raumaneignung gesprochen. Um dieses Verhalten zu beobachten, reicht es, sich in eine Straßenbahn zu setzen. Während Frauen versuchen, möglichst unsichtbar zu sein und wenig Raum einzunehmen, also mit überschlagenen oder eng aneinander liegenden Beinen zu sitzen und die Hände und

Arme eng am Körper zu halten, sitzen Jungen und Männer oft breitbeinig auf ihren Sitzen und nehmen viel mehr Platz in Anspruch, als ihnen zusteht, wodurch sie anderen hingegen ihren Raum wegnehmen, sie damit belästigen und stören. In Österreich haben die Wiener Linien eine Kampagne gestartet, um auf Manspreading in öffentlichen Verkehrsmitteln hinzuweisen und dafür zu sensibilisieren (vgl. DER STANDARD 2019).

Am 22.11.2019 postete die Siegerin des Eurovision Song Contest Lena Meyer-Landrut auf Instagram (vgl. 2019) ein Foto, auf dem sie breitbeinig auf einem Stuhl sitzt. In der rechten Hand hält sie ein Handy ans Ohr, während sie sich mit der anderen Hand in den Schritt greift. Dazu postete sie: *„Du hast dicke Eier (du bist mutig). Du muschi! (Du Feigling). Was ist das für ein Sprachgebrauch, das männliche Geschlecht als stark und positiv zu bezeichnen und das weibliche als schwach?! Ich finde, das können wir mal aus unseren Köpfen löschen, oder es girls erlauben zu sagen: ‚ich hab dicke Eier.‘* ♥“

Manspreading ist bei weitem nicht das einzige Verhalten, bei dem sich Jungen und Männer mehr Raum nehmen, als ihnen zusteht. Ich möchte drei Beispiele nennen, um raumaneignendes Verhalten zu verdeutlichen, welche ich im Jahr 2019 selbst erlebt habe:

1. Ich saß mit meiner Lebensgefährtin im Flugzeug. Bereits beim Boarding fiel uns eine Gruppe von mindestens elf jungen Männern auf, die sehr laut waren und durch die sich unterschiedliche Mitreisende gestört fühlten. Als wir im Flugzeug saßen, änderte sich dies nicht, ganz im Gegenteil wurden die Männer, die direkt in den Reihen vor uns saßen, immer lauter. Sie tranken selbst mitgebrachten Alkohol, schrien durch das Flugzeug und beleidigten andere Gäste. Als eine weibliche Mitarbeiterin der Fluggesellschaft sie darauf ansprach,

machten sich die Männer über sie lustig. Andere Fluggäste fühlten sich ebenfalls gestört. Mehrere wendeten sich an die Verursacher. Diese jedoch pöbelten als Reaktion die Mitreisenden höchst aggressiv an. Die Situation drohte zu eskalieren. Ich ging daraufhin in den hinteren Teil des Flugzeuges, um Hilfe beim Flugpersonal zu erbitten, hatte aber gleichzeitig auch die Sorge, dass die Männer dies mitbekämen und sie gewalttätig gegen mich, meine Lebensgefährtin oder andere werden würden. Ohne Hilfe würde die Situation auf jeden Fall eskalieren. Die weiblichen Flugbegleiterinnen hielten mittlerweile bewusst Abstand zu den alkoholisierten Männern. Ich bewunderte die Mitarbeiterin, die die Gruppe von angetrunkenen und aggressiven Männern anfangs angesprochen hatte. Ich hätte mich dies nicht getraut. Ein Mitarbeiter sprach die Männer schließlich an. Er drohte ihnen an, dass das Flugzeug im nächstgelegenen Flughafen zwischenlanden würde, sie dann von Bord gehen müssten und auch die Polizei informiert werden würde. Die Gruppe von Männern wurde kurzzeitig leiser, bestellte beim Personal Alkohol, den sie anstandslos erhielten und machte sich lauthals über die Aussage des Stewards lustig. Mittlerweile beschwerten sich immer mehr Gäste. Es folgte eine Ansage per Lautsprecher vom Piloten, der die Aussage des Stewards wiederholte. Die Männer waren nun insgesamt etwas ruhiger. Absurd wurde es noch einmal nach dem Auschecken. Am Taxi-Stand vor dem Flughafen standen an die 100 Menschen in einer Reihe. Da bemerkten wir die Männer aus dem Flugzeug, die ungeniert an den Wartenden vorbeigingen, um einen Mitarbeiter des Flughafens anzusprechen, der daraufhin hektisch weglief und für die Gruppe einen Van/Taxi besorgte, damit sie vor allen anderen abfahren konnten.

2. Am Strand badeten TouristInnen und spielten kleine Kinder. Plötzlich kam eine Gruppe von ca. 20 jugendlichen Männern,

die nun begannen, Sprint-Serien im seichten Wasser den Großteil des Strandes hinunter zu laufen. Damit belästigten sie andere Badegäste, spritzten Kinder permanent nass, liefen direkt zwischen Pärchen durch, die gerade ins Wasser gingen und rannten beinahe ein ca. einjähriges Kind um. Dies hinderte sie jedoch nicht daran, ihr Verhalten auch die kommenden 20 Minuten fortzuführen.

3. Eine Gruppe von jungen Männern (allem Anschein nach Bodybuilder) verhielt sich sehr auffällig, da sie offen und ungeniert auf die Brüste von allen Frauen starrten, die oben ohne am Strand lagen. Zwischenzeitlich gingen sie ins Wasser, um mit einem harten Volleyball im Bereich, in dem Badegäste badeten und Kleinkinder spielten, Schmetterbälle auszuführen. Alle Badegäste mussten dann zwangsweise den großräumigen Bereich im Meer meiden, um sich nicht in Gefahr zu begeben. Hätten sie eines der Kinder oder auch Erwachsene getroffen, dann hätte dies aufgrund der enormen Härte des Balles sicherlich zu einer Verletzung geführt.

Diese drei Beispiele stehen repräsentativ für unzählige Situationen, die ich in allen Lebenskontexten regelmäßig beobachte oder von denen mir berichtet wird. Sie sind das Ergebnis männlicher Sozialisation. Es gibt natürlich viele weitere Beispiele: Männer, die auf den Boden spucken, die mit lauter Musik ihrer Musik-Box durch die Innenstadt oder U-Bahn rennen, Männer, die im öffentlichen Raum laut schreien und (spielerisch) kämpfen und somit andere Menschen stören und belästigen – oder auch ängstigen.

Um auf „Boys will be boys" zurückzukommen: Es ist eine sehr einfache Antwort auf problematisches, aggressives und wildes Verhalten zu sagen: „Jungen sind halt so". Damit wird die Möglichkeit ausgeblendet, Geschlechterstereotype und deren Konstruktion zu hinterfragen und das eigene Verhalten zu ändern sowie eine Verhaltensänderung von anderen, wie beispielsweise den eigenen Kindern, zu bewirken.

Manspreadingwalk

Das patriarchale Muster des Manspreadings setzt sich auch beim Gang von Männern fort: Jungen gehen bereits im Kindergartenalter breitbeinig, als ob sie etwas zwischen ihren Schenkeln hätten, und setzen ihre Füße mit den Spitzen nach außen gedreht möglichst weit auseinander auf. Spätestens ab dem Jugendalter ist der Manspreadingwalk flächendeckend zu beobachten.

Mansplaining

Die Schriftstellerin Rebecca Solnit veröffentlichte 2003 auf der Webseite www.tomdispatch.com einen Essay (Men explain things to me; facts didn't get in their way), in dem sie von einer Situation aus dem Jahr 2003 berichtete. Dieser Text wurde auch in ihrem Buch „Men explain things to me" publiziert. Sie berichtet von einem Erlebnis auf einer Party. Der Gastgeber dieser Feier, ein älterer wohlhabender Mann, sprach sie an, da er gehört hatte, dass sie Autorin ist. Solnit berichtete, dass sie kürzlich ein Buch über Eadweard Muybridge veröffentlicht hatte. Der Gastgeber unterbrach sie und fragte, ob sie von dem erst kürzlich erschienen Muybridge-Buch gehört habe, wartete ihre Antwort nicht ab, und hielt ihr einen Vortrag über das Buch. Solnit sowie ihre Freundin versuchten ihm immer wieder mitzuteilen, dass Solnit die Autorin des Buches sei, was erst nach mehreren Versuchen gelang. Die Wortschöpfung Mansplaining stammt laut Solnit nicht von ihr, ihr Essay sei aber eine Initialzündung gewesen. Mansplaning steht für das Verhalten von Männern, Frauen die Welt zu erklären, vor allem, da sie davon ausgehen, dass sie sowieso mehr wissen würden als Frauen.

Whataboutism und Derailing

Weitere Formen übergriffigen und sexistischen Verhaltens in der Kommunikation sind Whataboutism und Derailing. Beim Whataboutism lenken vor allem Männer von der eigentlichen Diskussion/der Kritik ab, indem sie auf vermeintlich andere Missstände verweisen, wodurch Frauen diskreditiert, die Argumente jedoch nicht widerlegt werden. Berichten beispielsweise Frauen davon, dass sie am Arbeitsplatz sexuell belästigt werden, dann reagieren Männer nicht selten mit der Antwort, dass sie auch einen Mann kennen, der ebenfalls schon sexuell belästigt wurde, Männer ja auch diskriminiert werden und sie mindestens genauso stark von Sexismus und Benachteiligung betroffen seien wie Frauen. Somit wird vom eigentlichen Thema abgelenkt, dieses negiert und kleingeredet. Beim Derailing ist es das Ziel, die Kommunikation entgleisen zu lassen – im Netz beispielsweise durch die Verwendung von Fake-Profilen, die sich gegenseitig unterstützen, um eine Mehrheit vorzutäuschen, und rhetorische Mittel wie Totschlagargumente oder Strohmannargumente einsetzen, um ganz bewusst eine Eskalation herbeizuführen.

Hepeating

Hepeating (Wortmischung aus „he" („er") + „repeating" („wiederholt")) beschreibt eine Technik, bei der Männer Gedanken und Ideen von Frauen aufgreifen, um sie dann als die eigenen auszugeben und dafür die Anerkennung und das Lob oder gar die Beförderung zu kassieren. Diese manipulative Technik ist äußerst perfide, wenn bedacht wird, dass die Leistungen und Ideen von Frauen permanent belächelt und nicht ernst genommen werden. Der Begriff wurde von der Physikerin Nicole Gugliucci (vgl. Windmüller 2017) auf Twitter vorgeschlagen: „Meine Freunde haben ein Wort kreiert: hepeated. Wenn eine Frau eine Idee äußert, die dann ignoriert wird, aber wenn ein Mann das Gleiche sagt, finden es alle toll." Im Jahr 2017 wurde ihr Beitrag bereits 65.000 Mal geteilt und 208.000 Mal gelikt (vgl. ebd.). Der Internet-Clip „Der Mietmann – ein Garant für Erfolg" visualisiert Hepeating. Die Protagonistin des Videos bemerkt an ihrer Arbeitsstelle, dass Männer ihre Aussagen ignorieren, wiederholt jedoch ein Mann ihre Worte, wird er dafür gefeiert. Daher mietet sie sich einen Mann, der dann alles, was sie sagt, wiederholt. Die Mitarbeiter nehmen sie daraufhin wahr und reagieren auf sie (beziehungsweise auf das, was ihr Mietmann sagt) – zudem wird sie befördert.

Marginalisierung weiblicher Expertinnen am Beispiel Corona

Es ist leider nicht ungewöhnlich, dass wir von männlichen Experten Probleme und Lösungen erklärt bekommen – durch die Medien entsteht der Eindruck, als gäbe es gar keine weiblichen Expertinnen. Besonders auffällig und öffentlich thematisiert wurde dies in der Corona-Krise. Zwei Studien der MaLisa Stiftung beschäftigten sich mit Geschlechtergerechtigkeit in der Corona-Krise und kamen zu folgenden Ergebnissen (vgl. Berggren/Prommer/Stüwe 2020): Im Fernsehen waren 78 % männliche Experten zu sehen, in Online-Berichterstattungen wurden 93 % männliche Experten erwähnt und weibliche nur zu 7 % (Forscherinnen wurden nur zu 5 % genannt, Virologinnen nur zu 4 %). In den untersuchten Online-Medien kamen 70 % Männer und 30 % Frauen vor. Im medizinischen Bereich waren es fast ausschließlich Männer, die zu Wort kamen, obwohl rund die Hälfte der ÄrztInnen weiblich ist (2018 gab es 45 % Ärztinnen und im Bereich Virologie, Infektionsepidemiologie und Mikrobiologie waren 45 % Frauen). Von den befragten ärztlichen Fachkräften und Forschenden mit Leitungsfunktion waren jedoch nur 5 % Frauen, 95 % der Befragten waren also männlich. Bei VirologInnen ohne Leitungsfunktion lag der Frauenanteil bei gerade einmal 27 %, also waren 73 % männlich, bei VirologInnen mit Leitungsfunktion waren nur 7 % weiblich und 93 % männlich. 94 % aller Befragten im Bereich Epidemiologie und Infektionsforschung waren ebenfalls männlich und nur 6 % waren Frauen. Interessant ist auch, zu welchen Themen männliche und zu welchen Themen weibliche ExpertInnen befragt wurden: Zu dem Thema Soziales wurden 69 % Männer und nur 31 % Frauen befragt, beim Thema Politik wurden 76 % Männer und nur 24 % Frauen befragt, zum Thema Kultur waren es 80 % Männer und nur 20 % Frauen, beim Thema Pflege wurden 83 % Männer und nur 17 % Frauen befragt, beim Thema Medizin waren es ebenfalls 83 % Männer und 17 % Frauen, zum Thema Wirtschaft genauso. Nur beim Thema Bildung gab es eine Annährung: 55 % der Befragten waren Männer und 45 % Frauen. Es wird deutlich: Es sind Männer, die als Experten in Erscheinung treten und in der Öffentlichkeit stehen, obwohl es ebenso oder besser qualifizierte Frauen gibt. Doch erhalten diese nicht die Möglichkeit, ebenfalls als Expertinnen aufzutreten. Daher muss davon ausgegangen werden, dass nicht unbedingt die besten ExpertInnen in der Öffentlichkeit gehört und wahrgenommen werden, da die meisten der qualifizierten Frauen dort gar nicht präsentiert sind.

Sprache

Frauen werden in der deutschen Sprache durch die Verwendung des generischen Maskulinums unsichtbar gemacht, also die Benutzung der männlichen Form für alle[5]. Sprache beeinflusst unsere Wahrnehmung und unsere Realität, sie prägt und konstruiert diese. Studien zeigen, dass sich Mädchen und Frauen nicht angesprochen fühlen, wenn Berufe männlich konnotiert sind. Sie erlernen diese Berufe seltener und trauen

5 *Beispiel: Die Lehrer (gemeint sind aber Lehrer und Lehrerinnen).*

sich meist nicht zu, diese erlernen zu können. Bettina Hannover, Psychologin und Professorin für Schul- und Unterrichtsforschung an der Freien Universität Berlin, führte mit ihrem Kollegen Dries Vervecken zwei Studien mit 591 Kindern (sechs bis zwölf Jahre) aus deutschen und belgischen Klassen durch (vgl. Vervecken/Hannover 2015, S. 76–92) und kommt zu folgendem Ergebnis (Diversitymine 2015): *„Unsere Ergebnisse zeigen: geschlechtergerechte Sprache verstärkt die Zuversicht von Kindern, in traditionell männlichen Berufen erfolgreich sein zu können. […] Mit der systematischen Verwendung solcher Sprachformen – zum Beispiel durch Lehrkräfte und Ausbildende – kann also ein Beitrag dazu geleistet werden, mehr junge Leute für eine Karriere in diesen Berufen zu motivieren.“* In dem Musik-Video „Sichtbar sein“ (vgl. Lu Likes 2018) wurde die Problematik, dass Mädchen und Frauen durch die Verwendung des generischen Maskulinums unsichtbar gemacht und nicht angesprochen werden, visualisiert und vertont.

Ein interessantes Gedankenexperiment dazu bietet folgende, im Internet kursierende Geschichte (Hennemann 2012): *„Ein Vater fährt mit seinem Sohn zum Fußballspiel, doch mitten auf einem Bahnübergang bleibt ihr Wagen stehen. In der Ferne hört man schon den Zug pfeifen, verzweifelt versucht der Vater, den Motor anzulassen, aber vor Aufregung schafft er es nicht. Das Auto wird vom Zug erfasst. Ein Rettungswagen jagt zum Unfallort und holt die beiden ab, doch der Vater stirbt noch auf der Fahrt ins Krankenhaus. Der Sohn lebt, muss aber sofort operiert werden. Er wird in den OP-Saal gefahren, wo schon die diensthabenden Chirurgen warten. Als sie sich jedoch über den Jungen beugen, sagt jemand vom Chirurgenteam mit erschrockener Stimme: ‚Ich kann nicht operieren – das ist mein Sohn!‘“*

Die Geschichte irritiert, nicht wahr? Wie kann der tote Vater seinen Sohn operieren? Die Lösung ist einfach und simpel: Gar nicht. Es ist die Mutter, die ihn operieren soll. Durch die

Verwendung des generischen Maskulinums – aber auch durch das Bild, dass gutes medizinisches Fachpersonal männlich sei – gehen wir beim Lesen davon aus, dass es sich hierbei um einen männlichen Chirurgen anstatt um eine Chirurgin handeln muss.

Objektivierung/Sexualisierung

Frauen werden vielfach objektiviert und auf „weibliche Reize" reduziert und sexualisiert, sei es in Filmen, Serien, Videospielen, Zeitschriften, Hörspielen, Comics oder in der Werbung. In kaum einem Film fehlt beispielsweise die obligatorische Duschszene, in der die Frau nackt zu sehen ist, häufig gleich zur Einführung der Figur, was jedoch für die zu erzählende Geschichte völlig unerheblich ist. Es wird die Botschaft übermittelt, dass Frauen vor allem eins sind: Zu benutzende (Sex-)Objekte, aber keine Menschen auf Augenhöhe. All dies hat natürlich Auswirkungen auf unser Denken und unser Handeln, beeinflusst unsere Sicht auf Frauen und unterstützt die hierarchischen Unterschiede der Geschlechter. Dies ist ein perfides Werkzeug des Patriarchats und zeigt sich in allen Lebensbereichen, bis hin zur Pornografie und Prostitution in ihren extremsten Ausprägungen.

Dick Pics

Viele Männer scheinen als einen Volkssport anzusehen, was jedoch nichts anderes ist als sexuelle Belästigung: Das ungefragte (!) Versenden von Dick Pics, also Fotos vom meist erigierten Penis, an Frauen – ob über Dating-Plattformen wie Tinder, bei Facebook, WhatsApp oder per E-Mail. Mittlerweile zeigen immer mehr Frauen Männer an, die ihnen ungefragt derartige Fotos senden, und machen die Täter namentlich öffentlich. Jede zweite Frau zwischen 18 bis 24 Jahren hat bereits ungefragt ein Penis-Foto erhalten (vgl. EMMA 2019).

Ein aktuelles Vorbild ist Inge Bell (stellvertretende Vorstandsvorsitzende bei TERRE DES FEMMES e. V.), die juristisch gegen den Täter vorging, der ihr im Jahr 2017 ungefragt über Facebook sechs pornografische Fotos – unter anderem von seinem erigierten Penis – gesendet hatte (vgl. ebd.). Inge Bell gewann und der Täter wurde bestraft.

Unter www.dickstinction.com kann in Deutschland eine Strafanzeige gegen Täter, die Dick Pics verschicken, gestellt werden.

Schwangerschaftsabbruch

In der Debatte um Schwangerschaftsabbrüche ist es höchst erstaunlich (oder eben nicht), dass es vor allem Männer sind, die in der Öffentlichkeit darüber diskutieren und im Bundestag darüber abstimmen wollen, was Frauen mit ihrem Körper machen. Es ist Teil toxischer Männlichkeit, über Frauen und ihre Körper zu bestimmen. Da aus biologischer Sicht einer der großen Unterschiede zwischen den Geschlechtern die Gebärfähigkeit ist, sitzt der Gebärneid von Männern sehr tief. Es passt nicht zur hegemonialen Männlichkeit, dass Männer kein Leben gebären können. Also versuchen sie, Frauen Beschränkungen, Verbote und Hindernisse aufzubürden, so dass es am Ende doch wieder Männer sind, die über eine mögliche Geburt oder einen Schwangerschaftsabbruch entscheiden.

Erklärung der Paragrafen:

- § 218 StGB (vgl. Strafgesetzbuch § 218) beschreibt das Strafmaß bei einem Schwangerschaftsabbruch. Für die durchführenden Personen, im Gesetz „Täter“ genannt, bedeutet dies eine Freiheitsstrafe bis zu 5 Jahren – wenn die Schwangere den Schwangerschaftsabbruch selber vornimmt, bedeutet dies für sie eine Geldstrafe oder eine Freiheitsstrafe bis zu einem Jahr.

- § 219 StGB (vgl. Strafgesetzbuch § 219) beschreibt die Möglichkeit der Beratung für „Schwangere in einer Not- und Konfliktsituation“, die auch Grundlage für einen Schwangerschaftsabbruch darstellt: *„[...] [dass] ein Schwangerschaftsabbruch nur in Ausnahmesituationen in Betracht kommen kann, wenn der Frau durch das Austragen des Kindes eine Belastung erwächst, die so schwer und außergewöhnlich ist, dass sie die zumutbare Opfergrenze übersteigt.“*
- § 219a StGB (vgl. Strafgesetzbuch § 219a) beschreibt das Strafmaß bei öffentlichen Hinweisen darauf, dass Schwangerschaftsabbrüche vorgenommen werden können: *„[Wer] [...] anbietet, ankündigt, anpreist oder Erklärungen solchen Inhalts bekanntgibt, wird mit Freiheitsstrafe bis zu zwei Jahren oder mit Geldstrafe bestraft.“*

Aktuell wurde der Paragraf 219a in der Öffentlichkeit heftig diskutiert. Im Fokus der Medien stand Kristina Hänel, selbst Fachärztin für Allgemeinmedizin und Notfallmedizinerin (vgl. Wikipedia: Kristina Hänel). Es liefen drei Ermittlungsverfahren gegen Hänel, beim dritten wurde sie vom Amtsgericht Gießen am 24.11.2017 wegen des Hinweises darauf, dass sie Schwangerschaftsabbrüche vornimmt, zu 40 Tagessätzen in Höhe von je 150 Euro verurteilt. Hänels Berufung wurde vom Landgericht Gießen verworfen, worauf sie in Revision ging. Nachdem das Oberlandesgericht Frankfurt am Main das Urteil am 03.07.2019 aufhob, da der § 219 im März 2019 zu Hänels Gunsten geändert worden war, verurteilte das Landgericht Gießen Hänel im Dezember 2019 erneut, diesmal zu 25 Tagessätzen zu je 100 Euro (vgl. ebd./Spiegel Panorama 2019). Es folgten öffentlich geführte Debatten um die Abschaffung des § 219. Die Änderung des Paragrafen führte dazu, dass ärztliche Fachkräfte nun darüber informieren dürfen, dass sie Schwangerschaftsabbrüche vornehmen, jedoch dürfen sie keine weiteren Informationen veröffentlichen. Dies wird öffentlich kritisiert, da Mädchen und Frauen weiterhin keine Informationen über Schwangerschaftsabbrüche erhalten können. Kristina Hänel setzt sich weiterhin für die Streichung von § 219a ein (vgl. Fischer 2019). Sie hat das Erlebte als Tagebuch dokumentiert und als Buch veröffentlicht (vgl. Hänel 2019).

Die Sicht von betroffenen Frauen scheint in der Politik, wenn überhaupt, nur eine völlig untergeordnete Rolle zu spielen. Es wird nicht danach gefragt, was die ungewollte Schwangerschaft mit den Frauen macht, was das für sie und ihr Leben bedeutet, welche Opfer und Einschränkungen sie hinnehmen müssen und was dies für Konsequenzen mit sich bringt, es wird nicht nach den Wünschen und Sorgen der betroffenen Frauen gefragt, stattdessen wird eine gegenteilige Studie geplant (Spiegel Gesundheit 2019): „Die von Bundesgesundheitsminister Jens Spahn (CDU) geplante und vom Kabinett bewilligte Studie zu den psychischen Folgen von Abtreibungen würde mit einem Etat von fünf Millionen Euro der teuerste Forschungsauftrag des Ministeriums der letzten zehn Jahre.“ Das Geld, das an anderer Stelle für Frauen und ihre Gesundheit dringend benötigt wird (beispielsweise für Beratungsstellen für Betroffene von Gewalt unter der Geburt, für Forschung zu Krankheiten, die fast ausschließlich Frauen betreffen wie Lipödem, Endometriose etc.), wird somit in eine völlig sinnlose Studie gesteckt. Dabei sollte nicht die Frage sein, welche psychischen Folgen eine Abtreibung mit sich bringt, sondern die, welche psychischen Konsequenzen es für Frauen hat, wenn sie nicht abtreiben dürfen. Es wird wie in allen Bereichen über Frauen und ihre Belange hinweg entschieden – und dabei war es mal wieder ein toxisch eingestellter Mann, der dies getan hat.

Alice Schwarzer (2019, S. 6) schreibt: „Er ist der mit den Smarties. Der Mann, der während der Debatte um die Freigabe der „Pille danach“ anno 2014 uns Frauen erklärt hat, dass so eine Pille schließlich kein Smartie sei. Da war er noch der „gesundheitspolitische Sprecher" der CDU/CSU. Inzwischen ist er Gesundheitsminister und holt als solcher jetzt ganz groß aus: Er hat sich vom Kabinett fünf Millionen Euro gewähren lassen für eine Studie, die etwas untersuchen soll, was weltweit in den vergangenen Jahrzehnten schon zig Mal untersucht und eindeutig beantwortet wurde. Auch wenn er persönlich die Antwort nicht wissen kann, so sollte er doch als Minister die Ergebnisse der internationalen Studien zu seinen Fragen kennen."

Gender Data Gap

In Hotels/Hotel-Pools, Schwimmbädern, Firmen, Universitäten, Turnhallen, Tagungszentren etc. ist der Weg zu den Toiletten oder zu den Umkleidekabinen für Frauen immer weiter als für Männer. Die Toiletten und Umkleiden für Frauen liegen meist abgelegener als die der Männer, obwohl es Frauen sind, die im Gegensatz zu Männern in Gefahr sind, dass Männer sie sexuell belästigen, gewalttätig gegen sie sind oder sie vergewaltigen. Auch müssen Frauen, da sie sich im Gegensatz zu Männern hauptsächlich um die Kinder kümmern, oder aufgrund ihrer Periode, diese Wege vielfach häufiger als Männer gehen.

Da in der Regel Männer diese Gebäude entwerfen und bauen, ist es auch der männliche Blick, der dabei einen enormen Einfluss hat. Es wird dabei nicht an Frauen und an ihre Lebensrealitäten gedacht, sondern es wird sich an Männern orientiert. Es soll den Männern gut gehen und es werden ihnen daher Privilegien geschaffen, die Frauen nicht erhalten – ganz im Gegenteil steigt bei ihnen dadurch das Risiko, Opfer von Gewalt und Belästigung zu werden. Die Ausrichtung auf Männer wird auch in den meisten Hotels an Stuhl- und Tischhöhen oder an der Höhe der Badezimmerablage oder Spiegelhöhe deutlich: Anstatt ein Maß zu nehmen, das für alle Menschen gut nutzbar ist, wird die Durchschnittsgröße von Männern als Orientierung genommen. Da Frauen- und Männertoiletten in der Regel gleich groß sind, Frauen aber keine Urinale nutzen können, sind Männertoiletten mit weitaus mehr Möglichkeiten, auf die Toilette zu gehen, ausgestattet, als es bei Frauentoiletten der Fall ist. Auf Frauentoiletten wird der Raum, der bei Männern für Urinale bestimmt ist, nicht oder für Wickelkommoden für Kinder genutzt. Die Schuld für lange Schlangen an den Frauentoiletten geben Männer jedoch Frauen. Frauen müssen daher viel länger warten, bis sie für sich (und häufig für ihre Kinder) eine der wenigen freien Kabinen nutzen können, während Männer viel weniger Zeit aufwenden müssen und viel schneller auf die Toilette gehen können, sich jedoch perfiderweise über Frauen lustig machen oder schlecht über sie reden, weil diese – verständlicherweise – oft mehr Zeit benötigen. Neben der strukturellen Benachteiligung spielt auch eine Rolle, dass Urinale sehr unhygienisch sind. Dies wird unter „Männer und ihre Gesundheit“ weiter erläutert. Daher wäre eine bauliche Umstrukturierung sinnvoll und gerecht, um Frauen nicht zu benachteiligen. Beispielsweise könnten Frauentoiletten von vornherein größer geplant werden, damit sie ähnlich viele Toiletten wie Männer beherbergen können und Frauen nicht so lange warten müssen.

Auch sollten Männer ebenfalls für das Wickeln von Kindern verantwortlich sein. Daher wäre eine weitere Möglichkeit, die ohnehin unhygienischen Urinale abzuschaffen und dort für Väter einen Wickeltisch anzubringen. Aber auch in allen anderen Lebensbereichen werden Frauen nicht berücksichtigt. Beispielsweise sind Crash-Test-Dummies, die für die Gefahren und Folgen eines Autounfalls genutzt werden, für Männer (Größe von 1,75 m und Gewicht von 78 Kg) ausgelegt. Dies kritisiert unter anderem die Unfallforschung der Versicherer (vgl.

Goslar Institut 2020). Die Gefahr wird darüber hinaus erhöht, da Frauen aufgrund ihrer Größe ihren Sitz weiter nach vorne stellen müssen, um das Gas-, Brems- und Kupplungspedal betätigen zu können. Dadurch ist der Abstand zur Instrumententafel zu gering, was bei einem Unfall zu einem hohen Risiko für schwere Verletzungen an den Füßen, Knien, Oberschenkeln und Becken führen kann (vgl. Vieweg 2016). Auch Sicherheitsgurte in Autos, wie es in sozialen Netzwerken und Internetforen von Frauen immer wieder kritisiert wird, richten sich, selbst in der untersten Einstellstufe, an durchschnittlich große Männer. Frauen werden nicht berücksichtigt, was bei einem Unfall fatale Folgen haben kann. Zudem sind die Gurte für Frauen unbequem, da sie bei durchschnittlich großen Frauen selbst auf unterster Einstellung in den Hals einschneiden. Das Vorhandensein von weiblichen Brüsten und deren Bedeutung für die Konstruktion von Autogurten wurde bei der Konzipierung der Gurte völlig vernachlässigt.

Rap

Toxische Männlichkeit ist auch in der Musik, insbesondere im Rap, sehr häufig vertreten. Vor allem der Frauenhass und die Verherrlichung von Gewalt an Frauen sind im Rap überproportional repräsentiert. Symptomatisch hierfür werden hier einige Beispiele der Rapper Farid Bang und Kollegah vorgestellt (vgl. Songtextemania: Farid Bang):

„Wir ballern die Ghetto-Huren“
„Eine Nacht mit uns, du trägst Prothesen und Krücke,
du siehst die andern Fotzen heim renn‘“
„Und die Bitches heute wollen Jungfrau bleiben, 2 Optionen,
Arsch oder Mund auf, Kleines“
Farid Bang & Kollegah, Dynamit

„Vorsicht, du Bitch. Wenn du nicht willst, dass dein Gehirn nachdem dich 'ne Ohrfeige trifft auf fünf Bordsteine spritzt"
Farid Bang & Kollegah, Stiernackenkommando

„Lass die Fotzen bisschen zappeln, denn der Knockout kommt am Ende"
Farid Bang & Kollegah, Gamechanger

„Dein Chick ist 'ne Broke-Ass-Bitch, denn ich fick' sie, bis ihr Steißbein bricht"
Farid Bang & Kollegah, Ave Maria

Um auf den Frauenhass und die Verherrlichung von Gewalt gegen Mädchen und Frauen in Songs, Texten, Posts und Kommentaren aufmerksam zu machen, startete TERRE DES FEMMES 2020 ihre Online-Kampagne #unhatewomen. Es folgen einige Beispiele für Texte von Rappern, die dort veröffentlicht wurden (vgl. unhate-women):

„Schlag dir die Zähne raus, man hört nur noch dein Fotzengeschrei. Logge mich ein bei Instagram, es wird auf Story geteilt."

„Bring deine Alte mit, sie wird im Backstage zerfetzt. Ganz normal, danach landet dann das Tape im Netz."

„Es ist Kampfgeschrei, was nachts aus unserem Schlafzimmer dringt, weil dank mir in deinem Gleitgel ein paar Glassplitter sind."

„Die Bitch muss bügeln, muss sein. Wenn nicht, gibt's Prügel, muss sein."

Für diejenigen, die diese frauenverachtenden Kommentare kritisieren, ist dies leider nicht ungefährlich: So kritisierte eine Frau die problematischen Songtexte von Fler bei Instagram, worauf dieser ein Kopfgeld auf sie aussetzte. Darüber hinaus erhielt sie etliche Hasskommentare (vgl. T-Online.de).

Hörspiele

Das Geschlechterbild von Kindern wird durch sexistische Inhalte in den Medien nachhaltig negativ beeinflusst und geprägt. So auch durch den Konsum von Hörspielen: Die drei ???, TKKG (Junior), Conny oder die Die drei ???-Kids haben eins gemein: Es werden sexistische und frauenverachtende Inhalte produziert. Besonders problematisch ist dabei die Kinder- und Jugendserie „Die drei!!!“, die sich laut Homepage der Verantwortlichen speziell an Mädchen richtet. Beispielsweise werden Mädchen in der ersten Folge von Jungen als „aufgehübschte Tussen“, „rumstolzierende Möchtegern-Models“, „drei Engel für Charlie-Verschnitte“, „blöde Kuh“, „eingebildete Plantschkuh“, „arrogante Zicke“, „Madame“, „Heulsuse“, „Mädels, die in den Kindergarten gehören“, „Luder“ und „Mädchen im Hühnerstall“ bezeichnet (vgl. Tippe 2019b). Auch die Titel der Folgen sind stereotyp angelegt: Gefahr im Fitnessstudio, Kuss-Alarm, Gefahr im Reitstall, Duell der Topmodels, Herzklopfen, Küsse im Schnee, Stylist in Gefahr, verliebte Weihnachten, Skandal auf dem Laufsteg, Hochzeitsfieber!, Liebeschaos, Tanz der Herzen, das geheime Parfüm (vgl. ebd.).

Eine weitere bekannte Hörspielserie, die sich laut der Verantwortlichen speziell an Jungen richtet, ist „Die drei ???-Kids“. Auch diese ist höchst problematisch, da sie sexistische Geschlechterbilder produziert. Erschreckend ist dabei die absolut ungleiche Geschlechterverteilung (Tippe 2019a): *„Bis zur Hörspielfolge 71 gibt es 872 Rollen. Davon sind 742 (!) männlich und nur 130 weiblich. Das bedeutet, dass auf sieben männliche*

Rollen nur eine weibliche Rolle kommt, auf vierzehn männliche Rollen zwei weibliche Rollen und so weiter. 85,09 % aller Sprechenden der Serie sind männlich und nur 14,91 % weiblich. Das bedeutet, dass pro Folge durchschnittlich 10,45 männliche Sprecher zu hören sind gegenüber 1,83 weiblichen Sprecherinnen.“

Die Kriterien des Bechdel-Tests besteht die Serie in der Regel nicht. Der Bechdel-Test (oder auch Bechdel-Wallace-Test) geht auf die amerikanische Cartoon-Zeichnerin und Autorin Alison Bechdel zurück und wird verwendet, um auf Geschlechterstereotype in Spielfilmen hinzuweisen. Folgende Kriterien werden beim Bechdel-Test berücksichtigt:

- Gibt es mindestens zwei Frauenrollen?
- Sprechen sie miteinander?
- Unterhalten sie sich über etwas anderes als einen Mann?
- Wenn es mehrere Frauenrollen gibt, haben sie auch alle einen Namen?

Die Themen von Folge 43 – Duell der Ritter sind beispielsweise (vgl. ebd.):

- Zwangsheirat der minderjährigen Tochter
- Herrschaft über den Willen der minderjährigen Tochter
- absolute Gehorsamkeit der Tochter gegenüber ihrem Vater mit starken Parallelen zum Stockholm-Syndrom
- bewusste Grenzüberschreitungen und Ignorieren von Grenzen, die vorher klar benannt wurden
- Misshandlung der Tochter
- völlige Resignation gegenüber den perfiden Machtvorstellungen von Männern
- Aufgeben eigener Bedürfnisse für die der Männer
- stereotype Darstellung von Geschlechterbildern
- Objektivierung von Frauen.

Eines der ganz seltenen positiven Beispiele im Hörspielsektor ist die Serie Bibi Blocksberg. Die kleine Hexe aus Neustadt, erfunden von Elfie Donnelly und heute von Gabrielle Salomon vom Unternehmens KIDDINX produziert, sagt dem Patriarchat den Kampf an. Gemeinsam mit ihren Freundinnen und der rasenden Reporterin Karla Kolumna zeigt sie selbstbewusst, selbstbestimmt, mutig und rebellisch, dass sie sich von Männern nichts sagen lässt.

2019 führte ich ein Interview mit Frau Salomon und Frau Donnelly, die neben Bibi Blocksberg auch Benjamin Blümchen und Elea Eluanda erfand. Über Bibis Vater Bernhard Blocksberg sagte Frau Donnelly (Tippe 2019c): *„Bernhard ist ein Weichei. Anders kann ich es nicht ausdrücken. Er ist ja eifersüchtig auf die Kräfte seiner Frauen, die ihm immer wieder seine männliche Ehre ankratzt und ihn oft als den freundlichen Deppen, der er ja ist, demaskieren. Armer Bernhard … Ich hatte in meinem Leben einige Vorbilder dieser Art.“*

Weiter hatte Frau Donnelly interessante Gedanken zum Thema Konstrukt Männlichkeit: *„Aber leider ist das sogenannte starke Geschlecht, in Wahrheit das Schwache, Gebärunfähige, nicht Ausgleichen-Könnende, in der Mehrzahl, weil es sich vordrängt. Bei jedem Fernsehbericht über kriegerische Auseinandersetzungen, egal ob brutales Blutvergießen stattfindet, ob bei Demonstrationen oder Vollversammlungen – immer noch muss Frau ihresgleichen mit der Lupe suchen.“*

Elfie Donnelly gab abschließend Mädchen folgende Worte mit auf den Weg: *„Lass dich nie unterkriegen, auch wenn du nicht hexen kannst. Du bist genauso viel wert wie jeder andere Mensch auf dem Planeten. Sei frech, ohne andere zu verletzen. Sei wach und keine Mitläuferin. Finde heraus, was d i c h glücklich macht und erfülle nicht die ungelebten Träume deiner Eltern. Du bist Du.“*

Mit Bibi Blocksberg existiert eine Hörspiel-Serie auf dem Markt, die Kindern positive Geschlechterbilder vorlebt und patriarchale Strukturen infrage stellt. Die Kinofilme zu „Bibi und Tina" sind hiervon ausgenommen, da sie sehr sexistische problematische Rollenbilder (re)produzieren.

Filme und Serien

Es ist nicht verwunderlich, dass patriarchale Strukturen und toxische Männlichkeit auch in Filmen vorherrschend sind. Ob RegisseurInnen, DrehbuchautorInnen, HauptdarstellerInnen oder allgemein SchauspielerInnen: Es ist eine Männerdomäne. Genres wie Action-Filme werden von hypermaskulinen Männern dominiert, Frauen werden zur Nebensache – sie werden zur Deko degradiert. Die wenigen Frauenfiguren, die dort vorkommen, werden als zu rettendes Opfer oder als Liebhaberin dargestellt. Aber auch in anderen Genres werden sie sexualisiert oder objektiviert und sind dem Schönheitsdiktat unterworfen. Übergewichtige Schauspielerinnen wie Melissa McCarthy erhalten so gut wie keine ernsthaften Rollen. Sie spielen vor allem in Komödien mit, in denen ihr Gewicht thematisiert und sich (subtil) darüber lustig gemacht wird. Umgekehrt ist dies selten der Fall: Übergewichtige Männer werden nicht permanent nach ihrem Gewicht beurteilt und haben vielfältige Präsentationsmöglichkeiten.

Meuser (Döge und Meuser 2001, S. 12) schreibt: *„Die Frau wird ständig an ihr Frausein erinnert, erlebt ihr Handeln nahezu durchweg als geschlechtlich konnotiert, sie handelt in gewisser Weise als Geschlechtswesen, der Mann hingegen handelt nur in bestimmten Situationen als Mann, ansonsten aber als Mensch."* Die Annenberg School for Communication and Journalism an der University of Southern California in Los Angeles untersuchte die 1.100 einträglichsten Filme aus den Jahren 2007 bis 2017 und kam für das Jahr 2017 zu folgendem erschreckenden Resultat (Vahabzadeh 2018): *„48.757 Figuren, die tatsächlich Text haben, zählten die Autoren der Studie. 30,6 Prozent* *von ihnen waren Frauen; 29,3 Prozent gehörten Minderheiten an; und nur ein Prozent war homosexuell. Frauenrollen seien zudem nach wie vor stark sexualisiert.*" Hinter der Kamera war das Ergebnis noch katastrophaler: Bei den 1.100 ausgewerteten Filmen waren von den 1.223 RegisseurInnen gerade einmal 3,3 % Frauen und 5,2 % Schwarze Menschen (vgl. ebd.). Die Darstellungen von Heldinnen und Helden sind stereotyp arrangiert: Batman, Superman, Iron Man oder Aquaman sind in der Regel durchtrainierte, breitschultrige männliche Kämpfer. Weibliche Superheldinnen wie beispielsweise Wonder Woman werden hingegen sexualisiert dargestellt und sind meist untergewichtig. Wir stellen uns dies einmal umgekehrt vor: Batman, mit einem BMI von 17, mit hochhackigen Schuhen, Ledertanga, wehenden langen blonden Haaren, bauchfrei und rosa Lippenstift und Nagellack, ist bereit, seine Gegner mit der Peitsche des Verderbens zu vermöbeln. Wir würden über diese Darstellung lachen. Frauen werden jedoch permanent so dargestellt. Sie werden so präsentiert, wie sie in einer patriarchalen Welt von Männern gewünscht werden.

Vielleicht erinnern sich noch einige an den Film „Bridget Jones – Schokolade zum Frühstück". Die Schauspielerin Renée Zellweger, die in dem Film aus dem Jahr 2001 die Hauptrolle spielte, wurde dort als „Moppelchen" eingeführt. Ihr Gewicht machte ihr zu schaffen, dies wurde immer wieder thematisiert. Zuschauende erhalten tatsächlich den Eindruck, dass Bridget übergewichtig sei. Das Perfide ist, dass die Schauspielerin in dem Film normalgewichtig war. Doch unsere Sehgewohnheiten und die mediale Darstellung manipulieren unsere Wahrnehmung: Da die meisten Schauspielerinnen einen BMI weit unter 20 haben und im Bereich Untergewicht oder einer möglichen Magersucht – also unter 17,5 – liegen, kommt uns eine normalgewichtige Frau als übergewichtig vor. Vor allem, wenn sie zum einen auch noch permanent als zu dick betitelt wird und andere im Film vorkommende Schauspielerinnen viel dünner sind als sie. Hierbei werden Zuschauende bewusst getäuscht und es wird eine Realität produziert, die als Vorbild für Mädchen und Frauen, aber auch für Jungen und Männer höchst problematisch ist. Die Schauspielerin Renée Zellweger wog im Übrigen in dem Film „Bridget Jones" bei einer Körpergröße von 1,60 Meter 63 Kilogramm, was einen BMI von 24,6 – sprich Normalgewicht – bedeutet (vgl. Fröhlich 2004). Fröhlich schreibt dazu: *„Mit anderen Worten: Normalgewicht wird uns als Moppelgewicht verkauft und Untergewicht als normal."*

Männer hingegen werden so gut wie nie auf diese perfide Art und Weise dargestellt und ihr Gewicht wird nicht permanent thematisiert. Die Darstellung des Schönheitsdiktats in den Medien beeinflusst unsere Wahrnehmung und führt dazu, dass Mädchen und Frauen sich in ihrem Körper unwohl fühlen und unter Druck gesetzt werden, dem Schönheitsdiktat entsprechen zu müssen. Brunschweiger (vgl. 2013, S. 81) fasst zusammen: *„Ziel ist es, alle Frauen davon zu überzeugen, dass es nichts Wichtigeres gibt, als schön zu sein."* Für Männer führt dies ebenfalls zu Problemen, da sie beginnen, Mädchen nach ihrem Aussehen und Gewicht zu beurteilen und sich meist unbewusst an Frauen orientieren, die dem Schönheitsdiktat entsprechen. Aber auch für Männer bedeutet das nicht erreichbare männliche Idealbild Einschränkungen für ihre Entwicklung. Im Gegensatz zu Frauen existieren für Männer jedoch eine ganze Reihe unterschiedlicher, gesellschaftlich angesehener Performancemöglichkeiten, wenn sie eben nicht durchtrainiert und sportlich sind. Beispielsweise sind übergewichtige Männer in verschiedenen Musik-Szenen „in". Wenn der übergewichtige Junge witzig ist oder ein Junge nicht sportlich ist, aber ein Spezialinteresse wie Programmieren besitzt, bei dem oft von „nerdig" gesprochen wird, dann wird er in vielen Bereichen angesehen und gehört dazu – dies sind mögliche Darstellungen und Interessen von Männlichkeit. Mädchen, die sich ebenso verhalten, gelten als unweiblich und werden viel schneller ausgeschlossen.

Perfide ist zudem, dass die Durchschnittsgröße bei Kleidung von Frauen bei Größe 42–44 liegt, was bei Läden wie beispielsweise H&M unter Plus Size läuft – laut der Modewelt ist angeblich alles über Größe 38 Plus Size (vgl. Heuschkel 2017) und in vielen Läden gar nicht kaufbar, sondern wird überhaupt nur in speziellen Geschäften verkauft. Frauen werden somit täglich mit dem völlig verqueren Schönheitsdiktat konfrontiert – es wird ihnen das Gefühl vermittelt, dass sie „anders" seien, zu dick, nicht der Norm entsprechen würden, über dem Durchschnitt lägen, und dass es für sie in ihrer Größe in normalen Geschäften keine Kleidung zu kaufen gäbe, sondern sie dafür in Extra-Geschäfte für Übergewichtige gehen müssten. Dies hat fatale Folgen für Frauen, die ohnehin in einer Gesellschaft aufwachsen, in der ihnen die männliche Vorstellung aufgedrückt wird, dass sie möglichst dünn (und unsichtbar) sein müssten. Dies betrifft bereits die Kinderbekleidung für Mädchen: Hosen beispielsweise sind in der Regel so geschnitten, dass sie für normalgewichtige Mädchen viel zu eng sind und nicht passen, sodass sie Hosen oft nur in der Jungenabteilung kaufen können.

In Zeiten des Internets werden Gewicht und Größe von Stars auf unterschiedlichen Seiten und sozialen Netzwerken und Berichten veröffentlicht. Es ist daher relativ leicht, sich einen Überblick zu verschaffen, wie das Schönheitsdiktat in Bezug auf das Gewicht in Hollywood wirkt. Der Großteil der bekannten Hollywoodschauspielerinnen hat einen BMI zwischen 14 und 18. Ein BMI unter 18,5 bedeutet Untergewicht, ein BMI unter 17,5 ist eines der diagnostischen Hauptkriterien für Magersucht.

Diese Ergebnisse sind erschreckend, vor allem wenn bedacht wird, dass die Frauen Vorbilder für „Schönheitsnormen" von Jungen und Mädchen, von Männern und Frauen sind. Zudem führt ein leichtes „Übergewicht" (laut BMI-Definition) zu einer längeren Lebenserwartung, doch wird uns durch die Medien permanent ein ganz anderes Bild präsentiert. Dafür können die Frauen nichts – es sind patriarchale Strukturen, es ist die hegemoniale Männlichkeit und die Vorstellung davon, wie Frauen angeblich auszusehen haben.

Der durchschnittliche BMI eines amerikanischen Models beträgt im Übrigen 16,3 (vgl. Steffny 2007). Es ist daher nicht verwunderlich, dass wir, bedingt durch unsere Sehgewohnheiten, normalgewichtige Frauen mit einem BMI von 24 als dick empfinden, da der Unterschied zu Schauspielerinnen zwischen fünf bis zehn BMI-Punkten beträgt. Um das Ausmaß einmal zu verdeutlichen: Ein BMI-Punkt entspricht je nach Körpergröße knapp 3 Kilogramm. Somit bedeutet dies bei fünf bis zehn BMI-Punkten einen Gewichtsunterschied zwischen Schauspielerinnen und normalgewichtigen Frauen von 15–30 Kilogramm. Was macht das mit allen Konsumierenden, wenn sie permanent in Filmen, Serien, auf Werbeplakaten sowie in Zeitschriften Frauen sehen, die augenscheinlich so untergewichtig sind, dass dies für sie lebensbedrohlich oder zumindest stark gesundheitsgefährdend ist, die aber als Norm und als erstrebenswertes Vorbild präsentiert werden?

An dieser Stelle muss ein weiterer wichtiger Aspekt des Patriarchats angemerkt werden: Die Anzahl an Brustoperationen, die Symptom toxischer männlicher Vorstellungen von immer sexuell verfügbaren und sich nach ihren patriarchalen Wünschen formenden Frauen sind, ist enorm. Trotz hoher gesundheitlicher Risikofaktoren wurden im Jahr 2018 allein in Deutschland 65.876 Brustvergrößerungen durchgeführt, weltweit waren es 1.862.500, also fast 1,9 Millionen (vgl. statista 2019a). Hochgerechnet auf die weibliche Bevölkerungsanzahl der 20- bis 45-Jährigen und die entsprechenden infrage kommenden Altersklassen (abzüglich Mehrfach-Operationen) wird deutlich, dass wir täglich permanent um uns herum Frauen mit operierten Brüsten sehen (ohne es zu wissen). Dies prägt unser Bild von Frauen. Männer gehen davon aus, dass Frauen so aussehen würden, und erachten oftmals eher Frauen mit normal-großen Brüsten als nicht der Norm entsprechend, vor allem, da ihr Blick sehr häufig durch Pornografie (und im Allgemeinen durch unterschiedliche Medien) zusätzlich verzerrt ist. Dies hat natürlich auch einen Einfluss auf Frauen und setzt sie unter Druck, ebenfalls in das nicht der Regel entsprechende Ideal „dünn mit großen Brüsten" passen zu müssen – vor allem, da Frauen permanent nach ihrem Äußeren und ihrer „Fuckability" bewertet werden. Brunschweiger (2013, S. 44) schreibt: *„75 % der Frauen zwischen 18 und 35 Jahren halten sich für zu dick – kein Wunder, gerade diese Altersgruppe hat es mit einer Überflutung durch bearbeitete Bilder von operierten ‚Vorbildern' zu tun, an denen jede Frau aus der realen Welt nur scheitern kann!"* Es ist sicherlich kein Zufall, dass Frauen große Schwierigkeiten haben, BHs ohne Push-Up zu finden. Der Sinn und Zweck von Push-Up-BHs ist, dass die Brust der Frau größer wirkt, als sie eigentlich ist, und sie dem Schönheitsdiktat entspricht: Trotz einer gewissen Größe darf die Brust auf keinen Fall hängen und soll sich an Brüsten aus der Pornoindustrie orientieren. Dies ist biologisch jedoch nur durch Schönheitsoperationen möglich.

Darüber hinaus ist die Sexualisierung von kleinen Kindern (Mädchen) im höchsten Maße perfide: Beim Kauf von Bademode für Kinder sind mittlerweile standardmäßig Cups in den Oberteilen – von Siebenjährigen – enthalten. Unabhängig davon, dass sich ohnehin die Frage stellt, aus welchem Grund Siebenjährige ein Bikini-Oberteil benötigen, gibt es absolut keinen Grund, kleinen Kindern durch Einlagen künstlich den Eindruck von großen Brüsten zu erschaffen beziehungsweise den Eindruck davon zu vermitteln. Es hat pädophile Züge, wenn Menschen – in der Regel Männer – siebenjährige Mädchen sexualisieren. Zudem hat dies einen Einfluss auf die Entwicklung der Mädchen: Sie lernen, dass sie für Männer ihren Körper künstlich herrichten müssen. Und es verändert auch den Blick von Jungen und Männern auf Mädchen, Frauen und ihre Körper. Der erste Schritt, beziehungsweise die Idee in Richtung Brustvergrößerung wird bereits durch eben diese manipulative Sexualisierung von Kindern/Mädchen geschaffen, was dann durch Push-Up-BHs, die Medien und Pornografie enorm verstärkt wird.

#toxicdriver

Rachel Aldred und ihre wissenschaftlichen Mitarbeitenden von der University of Westminster in London haben durch die Auswertung britischer Unfallstatistiken etwas öffentlich gemacht, was allen Menschen am Steuer aus eigener Erfahrung hinlänglich bekannt ist: Männer fahren viel gefährlicher und mit einem höheren Risiko als Frauen (vgl. Dönges 2020). Es wurden Unfallstatistiken aus den Jahren 2005 bis 2015 ausgewertet. Das Ergebnis: Das Risiko, durch einen männlichen Fahrer zu sterben, ist doppelt so hoch, wie durch eine weibliche Fahrerin zu sterben. In Zahlen ausgedrückt bedeutet dies: Pro Milliarde durch einen Mann gefahrene Kilometer sterben 3,93 Menschen, bei Frauen sind es 2,01. Bei Motorrädern steigt die Gefahr, durch einen Mann zu sterben. Hier verursachen Männer pro Milliarde gefahrener Kilometer 8,18 Tote, Frauen 0,68. Bei der Führung eines LKWs gibt es durch einen Mann verursacht pro Milliarde gefahrener Kilometer 17,25 Tote, bei Frauen 4,64. Das geringste Risiko besteht beim Fahrradfahren. Doch selbst dort wird das riskante, gefährliche und lebensbedrohliche Fahren von Männern deutlich: Es sterben durch Männer pro Milliarde gefahrene Kilometer 1,24 Menschen, durch Frauen 0,48 (vgl. ebd.).

In Deutschland sterben im Straßenverkehr deutlich mehr Männer als Frauen: Im Jahr 2018 starben 3.275 Menschen, 75,7 % waren Männer und 24,3 % Frauen. Schwer verletzt wurden 42.219 Menschen, wovon 62,1 % Männer waren (vgl. Statistisches Bundesamt 2019c). Leicht verletzt wurden 179.751 Menschen, 54,8 % waren Männer.

Das Risiko, zu verunglücken, ist für Frauen deutlich geringer: Je 100.000 EinwohnerInnen verunglücken 416 Frauen gegenüber 550 Männern. Noch deutlicher wird dies bei Unfällen mit Todesfolge: Je eine Million EinwohnerInnen starben 19 Frauen gegenüber 61 Männern. Besonders gefährdet ist die Altersgruppe 18–24: hier starben pro eine Million EinwohnerInnen 22 Frauen gegenüber 91 Männern. Bei den Senioren und Seniorinnen starben pro eine Million EinwohnerInnen 36 Frauen gegenüber 89 Männern. In allen Altersgruppen ist das Risiko für Männer durch das problematische Fahren von Männern am höchsten. Aber auch die Zahlen für verunglückte Beifahrende zeigen, dass Frauen einem höheren Risiko ausgesetzt sind, wenn sie Beifahrerinnen sind als umgekehrt: 33,3 % der verunglückten Beifahrenden waren Frauen gegenüber 20,4 % Männern. Im PKW verunglückten tödlich in Deutschland 1.000 Männer gegenüber 424 Frauen. Als Beifahrerin starben 39,9 %, als Beifahrer starben 15,3 %. Auf einem Kraftrad verunglückten 4,9 % Frauen gegenüber 16,8 % Männern. Auf dem Fahrrad verunglückten tödlich 97 Frauen und 348 Männer. Hauptverursachende für Unfälle mit Personenschaden waren bei PKWs 57,7 % Männer (vgl. ebd.).

Diese Zahlen verdeutlichen, wie problematisch männliches Verhalten auch im Straßenverkehr ist. Da riskantes Verhalten Teil männlicher Geschlechterbilder und somit toxischer Männlichkeit ist – Männer schaden anderen sowie sich selbst – müssen Aufklärung und härtere Strafen erfolgen und Geschlechterstereotype aufgebrochen werden.

2.3 MÄNNER AM ARBEITSPLATZ

Verdienst & Rente

Frauen verdienen bei gleicher Qualifikation weniger als Männer. Männer erhalten 26,6 % mehr Gehalt und 73 % mehr Rente als Frauen (vgl. Mundlos 2018). Dabei wird vom Gender Pay Gap und Gender Pension Gap gesprochen. Die Zahlen zum Gender Pay Gap (wie auch zum Gender Pension Gap) werden außerdem verfälscht, manipulativ und zu Ungunsten von Frauen veröffentlicht und verbreitet – beispielsweise vom statistischen Bundesamt selbst, welches die Zahlen herausgibt.

Für ein besseres Verständnis, wie die Zahlen verfälscht werden, wird dies einmal rechnerisch dargelegt: Für die Arbeit erhält Michael drei Kekse, da er ein Junge ist, während Sina nur zwei Kekse erhält, da sie ein Mädchen ist. Sina sagt, dass Michael 50 % mehr Kekse hat als sie, Michael sagt, dass Sina 33 % weniger Kekse als er hat. Beide haben recht. Es kommt immer auf den Blickwinkel an, und welche die Bezugsgröße ist. Wenn Sina rechnet, wieviel ein Keks von zwei Keksen ist, denn Michael hat einen Keks mehr, dann sind dies 50 %. Aus Michaels Sicht sind ein Keks von dreien 33 %, denn er hat ja drei Kekse. Und schon haben wir zwei unterschiedliche Zahlen. Das Perfide daran ist nun, dass in Berichten, Artikeln, Vorträgen, in der Fachliteratur und so weiter immer eben jene Zahl präsentiert wird, die Männer bevorzugt und Frauen benachteiligt. Es hat einen psychologischen Effekt, wenn das männliche Gehalt als Norm deklariert wird und permanent nur kleinere Zahlen genannt werden. Denn diese bleiben uns im Gedächtnis. Zudem wird fälschlicherweise vom Lohnunterschied gesprochen. In dem Keks-Beispiel würde dies bedeuten, dass Sina und Michael einen Keksunterschied von 33 % hätten. Dabei wird zum einen die kleinere Zahl benutzt (es könnte ja auch von 50 % gesprochen werden), zum anderen kann ein prozentualer Unterschied mit zwei Bezugsgrößen nicht in Prozenten angegeben werden. Dies geschieht aber regelmäßig beim Gender Pay Gap: Frauen verdienen 21 % weniger und Männer verdienen 26,6 % mehr. Es wird aber von einem Lohnunterschied von 21 % gesprochen, was mathematisch falsch ist und die Sicht von Frauen bewusst ausblendet. Die Aussage, dass Männer 21 % mehr verdienen, ist dann sogar völlig falsch.

Auch in Bezug auf die Rente werden patriarchal geprägte Zahlen veröffentlicht, die die Benachteiligung von Frauen verschleiern. Nur die wenigsten wissen, dass Männer 73 % mehr Rente erhalten, da hier ebenfalls permanent die Perspektive zu Gunsten von Männern verwendet wird und in den Medien nur die Zahl 60 % auftaucht, die Frauen weniger Rente als Männer erhalten. Somit wird auch hier höchst manipulativ das Ausmaß der Diskriminierung und Benachteiligung von Frauen unsichtbar gemacht. Auch wird bezüglich der Rente fälschlicherweise von Rentenlücke gesprochen. Die komplette Berechnung kann in dem genannten Blog-Artikel von Mundlos eingesehen werden.

Anmerkung: Island ist das weltweit erste Land, in dem staatliche Einrichtungen mit über 25 Mitarbeitenden dazu verpflichtet sind, Frauen und Männern den gleichen Lohn zu bezahlen und ansonsten eine Geldstrafe erhalten – alle anderen bekommen dafür ein Zertifikat (vgl. Steuer 2018). Das Gesetz wird nachvollziehbarerweise kritisiert, da es Schwachstellen aufweist: Auch in Island arbeiten Mütter vorwiegend halbtags, um sich um die Kinder kümmern zu können, wodurch sie von dem Gesetz nicht profitieren. Auch wird kritisiert, dass das Gesetz nur für Betriebe mit mehr als 25 Mitarbeitenden gilt (vgl. ebd.).

Gender Care Gap und Care-Berufe

Frauen sind auch noch im Jahr 2021 hauptsächlich für die Hausarbeit, die Vereinbarung von Beruf und Familie sowie für die Care-Arbeit, d.h. für alle Sorgetätigkeiten, wie z.B. für Kinder oder pflegebedürftige Angehörige, verantwortlich. Daraus resultiert, dass sie im Vergleich zu Männern nach einer Schwangerschaft vorwiegend in Teilzeit arbeiten und längere Auszeiten haben. Dies führt in den meisten Fällen zu einem Karriereknick, den Männer nicht haben. Frauen arbeiten zudem viel häufiger als Männer in sogenannten reproduktiven Berufen, beispielsweise als Erzieherin, Lehrerin oder Pflegekraft. Der 2016 von Almut Schnerring und Sascha Verlan ins Leben gerufene Equal Care Day fand 2020 erstmalig bundesweit statt. Datiert ist er auf den 29. Februar, welcher nur alle vier Jahre existiert. Dies ist dahingehend sehr passend, da laut Schnerring und Verlan Männer vier Jahre benötigen würden, um die Care-Aufgaben zu erledigen, die Frauen in einem Jahr leisten (vgl. Groll 2020). Weiterführende Informationen sind unter equalcareday.de zu finden.

Männer hingegen gehen weitaus häufiger unabhängig von ihrer Elternschaft ihrer Lohnerwerbstätigkeit nach und können sich beruflich verwirklichen, was Frauen mit Kindern oftmals verwehrt bleibt. Viele Männer steigern ihre Arbeitszeit und unbezahlte Überstunden sogar noch, wenn ein Kind geboren wird. Diese Differenz hat für Frauen schwerwiegende Folgen: Die Karrieremöglichkeiten sinken, was sich neben dem deutlich geringeren Gehalt auch in der Höhe der Rente widerspiegelt. Die problematischen gesellschaftlichen Anforderungen und Erwartungen an die Mutterrolle unterstützen diese Schieflage ungemein. Mütter, die zeitnah nach der Geburt wieder arbeiten gehen, werden als Rabenmütter bezeichnet, dagegen wird der Vater nicht als Rabenvater betitelt und erhält keine sozialen Sanktionen Es wird ganz im Gegenteil von ihm erwartet, seiner Lohnerwerbstätigkeit nachzugehen und für die finanzielle Absicherung zu sorgen. Für die Familie zu Hause zu bleiben oder in Teilzeit zu arbeiten wird als unmännlich angesehen und passt nicht in das traditionelle Männerbild. Daraus resultiert, dass nur 7 % der Männer zwischen 30 und 67 Jahren in Teilzeit arbeiten gegenüber 50 % aller Frauen derselben Altersklasse (vgl. Schnerring/Verlan 2020). Nicht nur, dass den Frauen damit ein mit Männern vergleichbarer Karriereweg und eine finanzielle Absicherung verwehrt bleiben, es entsteht damit ein finanzielles Abhängigkeitsverhältnis von Frauen gegenüber ihren männlichen Partnern. Es wird suggeriert, dass es für Frauen nur die Entscheidung Kind oder Karriere geben würde und eine Vereinbarkeit nicht möglich sei. Das Ehegattensplitting verstärkt die Benachteiligung von Frauen zusätzlich: Da Frauen weniger als Männer verdienen, sind die meisten lohnerwerbstätigen verheirateten Frauen in Steuerklasse 5, während ihre Ehemänner in Steuerklasse 3 sind. Somit werden den Männern weniger und den Frauen mehr Steuern abgezogen, was sich beim Nettogehalt deutlich bemerkbar macht.

Es wird in Fachartikeln immer wieder damit argumentiert, dass den Männern, sollten sie so wie Frauen zeitweilig aus dem Beruf aussteigen, die Karrieremöglichkeiten verbaut werden und dies daher nicht gut wäre – eine sehr ironische Ansicht, wenn bedacht wird, dass genau das von Frauen standardmäßig erwartet wird. Frauen sollen zu Hause bleiben und auf ihre Karriere verzichten, damit Männer diese haben können.

Wie bereits genannt, setzt sich auch in den Care-Berufen abseits von Familie und Partnerschaft das traditionelle Bild der Geschlechter fort: Es sind fast ausschließlich Frauen, die in Care-Berufen tätig sind. Schnerring und Verlan (2020) fassen die Ergebnisse des Statistischen Bundesamtes wie folgt zusammen: In Deutschland wird weit über 80 % der beruflichen

Care-Arbeit von Frauen geleistet, in Kindertagesstätten sind es 96 %, in Grundschulen 90 %, in privaten Pflegediensten 87 %, in Krankenhäusern und Pflegeheimen 85 % und im Reinigungswesen 75 %. Dies bedeutet im Durchschnitt einen Anteil von Frauen von 84 %. Bezeichnend ist zudem, dass die Führungspositionen, die mit der Care-Arbeit selbst kaum etwas zu tun haben, überproportional hoch mit Männern besetzt sind. Aber auch die Anzahl aller berufstätigen Frauen zeigt die patriarchale Geschlechtertrennung, da 34 % aller berufstätigen Frauen, aber nur 8 % aller berufstätigen Männer, im Fürsorgebereich tätig sind – das sind mehr als vier Mal so viele Frauen als Männer. Zudem muss die Schattenwirtschaft beachtet werden: Dies sind oft nicht angemeldete und teilweise in keiner Statistik auftauchende Frauen, oftmals mit Migrationshintergrund, beschränkter Aufenthaltsgenehmigung und somit mit eingeschränkten Rechten, die als Putz-, Pflege- sowie Betreuungshilfen arbeiten (vgl. ebd.). Aber auch Babysitterinnen tauchen in der Regel nicht in den Statistiken auf.

Trotz besserer Abschlüsse verdienen Frauen im Vergleich zu Männern deutlich schlechter: Nur 10 % aller Frauen zwischen 30 und 50 Jahren haben ein Nettoeinkommen über 2.000 Euro, 90 % verdienen weniger, aber 42 % der Männer verdienen mehr als 2.000 Euro netto. 63 % der verheirateten Frauen dieser Altersspanne verdienen monatlich weniger als 1.000 Euro netto und 19 % haben gar kein eigenes Einkommen (vgl. Focus Money Online 2019).

Führungspositionen, Vorstände und Politik

Frauen sind deutlich seltener in Führungspositionen zu finden. Für diese Form der Benachteiligung existiert sogar ein eigener Begriff, nämlich „Gläserne Decke“ (vgl. Böing 2009, S. 214 f.). Dies ist umso erstaunlicher, wird bedacht, dass Frauen bessere Noten im Abitur (vgl. Kramer 2016) und beim Universitätsabschluss (vgl. Bandar 2018) haben – Frauen machen in Deutschland zudem auch häufiger einen Hochschulabschluss als Männer (vgl. ebd.). Männer werden vorgezogen, selbst wenn Frauen nicht nur gleiche, sondern bessere Qualifikationen vorzuweisen haben. Dies setzt sich auch in der Politik und in den Dax-Vorständen fort. In den 30 wichtigsten Dax-Vorständen waren 2011 nur 3,7 % Frauen, 2019 waren es nur 14,7 % (vgl. statista 2020).

Im ersten Halbjahr 2019 waren 61 Managerinnen in den 160 Unternehmen der drei Börsenindizes (Dax, MDax und SDax) gegenüber 640 Männern (vgl. manager magazin 2019) beschäftigt. Damit veränderte sich die Anzahl weiblicher Top-Kräfte von gerade einmal 4,8 % (2015) auf noch immer geringe 8,7 % (2019), wobei ganze 67 % der Unternehmen ausschließlich Männer im Vorstand haben. Nur 1,9 % (drei Frauen) der 160 Unternehmen haben eine weibliche Chefin (CEO). Von den 244 MDax-Vorständen sind nur 21 weiblich (8,6 %) und von den 258 SDax-Vorständen sind nur 12 weiblich (4,7 %) (vgl. ebd.).

Aber auch in der Politik sieht die Geschlechterverteilung alles andere als gleichberechtigt aus (vgl. Frauen Macht Politik): Auf Kommunalebene sind nur 27 % Frauen in kommunalen Vertretungen sowie 8 % Bürgermeisterinnen, auf Landesebene sind nur durchschnittlich 30 % Frauen in den Landtagen, auf Bundesebene sind nur 31 % Frauen Abgeordnete (von 11 % bei der AfD bis 58 % Bündnis 90/Die Grünen), wobei es im Vergleich zum Vorjahr 7 % weniger weibliche Abgeordnete im Bundestag gibt (Stand September 2019). Politik ist, genauso wie alle anderen Bereiche, in denen wichtige Entscheidungen getroffen werden und das gesellschaftliche Leben mitbeeinflusst und mitbestimmt wird, eine Männerdomäne, in der Frauen trotz ihrer guten Qualifikationen nur sehr geringe Chancen haben. Männer halten an ihren Privilegien und ihrer hegemonialen Männlichkeit fest, auch wenn dies bedeutet, dass sie lieber einen schlecht qualifizierten Mann als eine gut qualifizierte Frau in ihre Reihen lassen. Dies reproduziert permanent patriarchale Strukturen und verwehrt Frauen, dass sie ebenfalls ihre Kompetenzen, ihr Fachwissen, ihren Blick und ihre Perspektive einbringen können. Die Konsequenzen der Männerpolitik sind durch die rein auf Männer und ihre Bedürfnisse ausgelegte Politik omnipräsent und führen zu mannigfaltigen gesellschaftlichen und individuellen Problemen, die für die Gesellschaft und insbesondere für Frauen einen enormen Schaden bedeuten und eine Gefahr für alle Menschen darstellen. Besonders deutlich wurde dies für die Öffentlichkeit im Zuge der Corona-Krise.

Negative Wahrnehmung von Kompetenzen von Frauen

Frauen werden trotz besserer Abschlüsse und besserer Qualifikationen als weniger kompetent wahrgenommen als Männer. Wenn sich Frauen ebenso selbstbewusst und durchsetzungsstark wie Männer präsentieren, um ernst genommen zu werden, werden sie im Gegensatz zu Männern als schwierig, zickig, herrschsüchtig, problematisch, unangenehm und aggressiv bewertet. Die Universität Yale führte eine Studie durch, in der untersucht wurde, wie Menschen wahrgenommen und bewertet werden, die ihre Meinung häufiger als andere sagen (vgl. Windmüller 2017). Das Ergebnis: Männer erhielten 10 % mehr Kompetenzwerte als andere Menschen, Frauen hingegen erhielten minus 14 %! Zu ähnlichen Ergebnissen kam eine Studie der University of Pennsylvania: Vorgesetzte bewerteten Männer sehr gut, die gewinnsteigernde Ideen hatten, während Frauen keine bessere Bewertung erhielten (vgl. ebd.).

Diskriminierung von Schwangeren und Müttern

Das AGG (Allgemeine Gleichbehandlungsgesetz) ist ein deutsches Bundesgesetz und soll die Benachteiligung unter anderem aufgrund des Geschlechts verhindern. In der Praxis sind es insbesondere im öffentlichen Dienst Gleichstellungsbeauftragte, die sich für die Rechte und gegen die Benachteiligung und Diskriminierung von Frauen aufgrund ihres Geschlechts einsetzen. Doch ist trotz eindeutiger Gesetzeslage, wie es Mundlos (2017b, S. 19) beschreibt, die Diskriminierung von Schwangeren und Müttern in Bewerbungsverfahren und am Arbeitsplatz in Deutschland an der Tagesordnung: *„Da werden Schwangere zur Kündigung gedrängt, Stellen während der Elternzeit gestrichen, Mütter mit unbefriedigenden Routineaufgaben unterhalb ihrer Qualifikation beschäftigt, Gehaltserhöhungen sowie zugesagte Beförderungen ausgelassen, und in Vorstellungsgesprächen werden ungeniert trotz gesetzlichen Verbots indiskrete Fragen zur Familienplanung oder den Betreuungseinrichtungen der Kinder gestellt.“*

Die Frankfurter Karrierestudie zeigte das Ausmaß der Diskriminierung von Frauen am Arbeitsplatz (vgl. Mundlos 2017b, S. 43 f.): 72 % der befragten Frauen gaben an, dass ihre Vorgesetzten jegliche für die Frauen noch anstehenden Karriereschritte zurückstellten oder ganz strichen, als sie von der Schwangerschaft erfuhren. Zudem strichen oder verringerten Vorgesetzte bei 48 % der befragten Frauen als Reaktion auf ihre Schwangerschaft anstehende Gehaltserhöhungen. Während der familienbedingten Abwesenheit wurden die Arbeitsplätze von 30 % der befragten Frauen dauerhaft mit neuen Mitarbeitenden besetzt oder die Stellen wurden komplett gestrichen. Nach dem Mutterschutz und der Elternzeit kehrten nur 68 % der befragten Frauen in ihr altes Unternehmen zurück, wobei 26 % ihre alte Stelle nicht wieder besetzen konnten. Das bedeutet, dass nur ca. die Hälfte der Frauen wieder in ihr altes Unternehmen auf ihre frühere Position zurückkehrt. 65 % aller befragten Frauen gaben an, dass sie die subjektive Objektivierung, also Pauschalurteile über „die Frauen" oder „die Mütter", als Diskriminierungsform erlebt haben. Die Hälfte aller Mütter hat kollegiale Ausgrenzung erfahren. Jede siebte Schwangere hat erlebt, dass Vorgesetzte negativ auf die Schwangerschaft reagierten – zum Beispiel mit Entsetzen oder versuchter Kündigung (vgl. ebd.).

Sexuelle Belästigung am Arbeitsplatz

Frauen werden im Gegensatz zu Männern sehr häufig sexuell belästigt. Das Bundesministerium für Familie, Senioren, Frauen und Jugend (2020) definiert sexuelle Belästigung wie folgt: *„Sexuelle Belästigung reicht von weniger schwerwiegenden Formen wie Anstarren, anzüglichen Bemerkungen oder Belästigungen per Telefon oder im Internet über unerwünschte sexualisierte Berührungen, sexuelle Bedrängnis bis hin zu sexualisierten körperlichen Übergriffen."*

Weiter wird konstatiert: *„Je nach Form, Kontext und Ausmaß können sexuelle Belästigungen strafbare Handlungen sein, zum Beispiel Beleidigung, sexuelle Nötigung oder Nachstellung. Seit 2016 gibt es einen neuen Straftatbestand der sexuellen Belästigung, mit dem auch Grabschereien bestraft werden können. Des Weiteren gibt es einen neuen Straftatbestand, wenn sexuelle Belästigungen aus Gruppen heraus begangen werden."*

Die Antidiskriminierungsstelle (ADS) des Bundes (vgl. 2015) führte eine Umfrage zum Thema „Sexuelle Belästigung am Arbeitsplatz" durch. Zunächst gaben 17 % der befragten Frauen an, bereits sexuelle Belästigung am Arbeitsplatz erlebt zu haben. Wenn jedoch die Tatbestände (nach dem AGG unter § 3 Abs. 4) einzeln benannt und abgefragt wurden, dann sagten 50 % der Frauen aus, am Arbeitsplatz bereits sexuell belästigt worden zu sein. Es wird daher eine bessere Aufklärung bezüglich sexueller Belästigung benötigt: Was genau ist sexuelle Belästigung, wo beginnt diese und welche rechtlichen Mittel stehen Betroffenen zur Verfügung? Ein weiteres, nicht überraschendes Ergebnis der Umfrage war, dass sexuelle Belästigung in den meisten Fällen von Männern ausgeht (vgl. ebd.).

Eine weitere, von Juni 2018 bis Mai 2019 durchgeführte Studie der Antidiskriminierungsstelle des Bundes (vgl. 2019) bezüglich sexueller Belästigung von Frauen am Arbeitsplatz kam zu dem Ergebnis, dass die häufigste Form der Belästigung die verbale Belästigung durch sexualisierte Kommentare (62 %) war, gefolgt von Belästigungen durch Blicke und Gesten (44 %) sowie unerwünschten Berührungen oder körperlichen Annäherungen (26 %). Meist waren dies keine einmaligen Taten – acht von zehn Betroffenen erlebten mehrmalige Belästigungen und Übergriffe; 82 % der Befragten gaben an, dass die Täter ausschließlich oder überwiegend Männer waren. Andere Studien kamen zu dem Ergebnis, dass Frauen mehr physische als verbale sexuelle Belästigung erleben.

Bundeswehr

Die Bundeswehr ist ein männerdominiertes Berufsfeld, in dem sich hierarchische und patriarchale Strukturen massiv verschränken – psychische Gewalt ist dort Teil des Umgangstons, aber auch körperliche Gewalt, Bestrafungen und Missbrauch sind immer wieder Themen, die trotz des streng reglementierten Systems an die Öffentlichkeit gelangen. Männliche Geschlechterstereotype – toxische Männlichkeit – gehören zum beruflichen Selbstbild. Nach Gründung der Bundeswehr im Jahr 1955 war es Frauen laut Grundgesetz (Artikel 12a: „Sie dürfen auf keinen Fall Dienst mit der Waffe leisten“) verboten, im militärischen Bereich zu arbeiten – sie wurden systematisch aufgrund ihres Geschlechts ausgeschlossen (vgl. Wikipedia: Frauen im Militär). Sie durften ausschließlich in der zivilen Wehrverwaltung tätig sein, da diese gesetzlich getrennt von den Streitkräften verortet wurde. Nach 1975 durften die ersten – jedoch ausschließlich approbierten – Frauen im Sanitätsdienst arbeiten, ab 1988 wurde der Zugang auch ohne Approbation für Frauen erlaubt sowie der Zugang für den Militärmusikdienst geöffnet (vgl. ebd.).

Erst im Jahr 2000 entschied der Europäische Gerichtshof, dass die bisherigen Rechtsvorschriften gegen den gemeinschaftsrechtlichen Grundsatz der Gleichstellung von Männern und Frauen verstießen (vgl. EuGH 2000). Dies war eine Folge der Klage gegen die Bundesrepublik Deutschland der Hannoveranerin und Elektronikerin Tanja Kreil gegen den Ausschluss von Frauen im bewaffneten Militärdienst – das Urteil wurde unter dem Namen Kreil-Entscheidung bekannt. Ab dem 01. Januar 2001 waren nun alle Laufbahnen für Frauen in der Bundeswehr geöffnet. Doch auch heute ist die Verteilung alles andere als paritätisch: Im April 2020 beschäftigte die Bundeswehr 53.937 BerufssoldatInnen, 121.284 ZeitsoldatInnen sowie 9.268 freiwillige Wehrdienstleistende, wovon jedoch nur 22.788 (12 %) Frauen waren (vgl. Bundesministerium der Verteidigung 2020). Dabei ist auffällig, dass 35,5 % der Frauen weiterhin im Sanitätsdienst tätig waren (vgl. ebd.). Es ist auch heute für viele Frauen nicht erstrebenswert, zur Bundeswehr zu gehen. Gründe dafür sind das vorherrschende toxische Männerbild, die Frauen ausschließenden Strukturen sowie der vorherrschende Sexismus. Darüber hinaus wird zu wenig um Frauen geworben. Ein Dienst bei der Bundeswehr wird für Frauen zudem erschwert, da Beruf und Familie kaum vereinbar sind – insbesondere, da Frauen, wie bereits mehrfach beschrieben, diese Verantwortung für die Familie zum Großteil alleine tragen müssen.

Polizei

Ähnlich problematisch sieht es bei der Polizei aus. Dies ist kein Zufall, da die Polizei wie die Bundeswehr zur Exekutive (vollziehende, vollstreckende Gewalt) gehört, die patriarchal geprägt ist, wo Männer absolut überrepräsentiert sind und „männliche Eigenschaften" – auch im Kontext von Waffengewalt – symptomatisch sind. Dies bestätigen auch die Zahlen: Im gehobenen Dienst (zum Beispiel PolizeihauptkommissarInnen oder PolizeioberkommissarInnen) lag der Frauenanteil in den Jahren 2015 bis 2017 gerade einmal zwischen 10,1 % und 11 % (vgl. Neuerer 2018). Auch im Jahr 2018 lag der Frauenanteil noch immer nur bei 13 % (vgl. Neuerer 2019). Im höheren Dienst der Bundespolizei gab es in den Jahren 2015 bis 2017 nur zwischen 7,2 % und 9 % Frauen (vgl. Neuerer 2018). Im Jahr 2018 waren es 11 % (vgl. Neuerer 2019). Von den verbeamteten Personen bei der Bundespolizei waren 2017 nur 16 % und 2018 nur 17 % Frauen. In beiden Jahren waren alle Präsidentenposten ausschließlich mit Männern besetzt (vgl. ebd.). Diese Zahlen machen deutlich, dass, trotz leichtem Anstieg, Frauen bei der Bundespolizei weiterhin völlig unterrepräsentiert sind. Zudem sind bei der Bundespolizei immer weniger Frauen vertreten, je höher der Dienst angesiedelt ist.

2.4 MÄNNER UND SEXUALITÄT

Sexualität ist für Männer ein wichtiges Thema, da ein Teil männlicher Sozialisation ihnen eintrichtert, dass sie im höchsten Maße potent und allzeit bereit sein müssten. „Männliche Härte" wird auch auf die Erektion des Penis übertragen. Jungen lernen, dass ein „echter Kerl" viel und oft Sex hat – wobei mit Sex Penetration gemeint ist –, also die Bedürfnisse von Männern im Fokus stehen. Im Folgenden werden unterschiedliche Aspekte von Sexualität thematisiert und die toxischen Anteile sichtbar gemacht. Beim Lesen wird deutlich werden, dass einige Themen wie Prostitution und Pornografie ebenfalls unter den Bereich „Männer als Gewalttäter" gehören und nichts mit Sexualität zu tun haben, sie jedoch in unserer patriarchalen Gesellschaft dort verortet werden. Dabei gehen die Einschätzungen und das Bewusstsein dafür zwischen Frauen und Männern weit auseinander. Grund dafür sind Sozialisation, männliche Privilegien und patriarchale Strukturen. Während Frauen in der Regel beide Themen unter Gewalt einordnen, sprechen Männer dabei fast ausschließlich von Sexualität. Diese männliche Perspektive beeinflusst im höchsten Maße den (sexualisierenden und objektivierenden) Blick auf Frauen, auf ihre Körper, auf Sexualität und auf die Beziehung zwischen Männern und Frauen.

Mir ist es wichtig, die Gewalt, die Ausbeutung, die Abhängigkeiten und die körperlichen und psychischen Schädigungen in diesen Bereichen sichtbar zu machen, um ein Erkennen und ein Reflektieren zu ermöglichen – und im besten Fall einen Beitrag für ein Umdenken zu leisten.

Sexualität

Frauen werden in ihrer sexuellen Freiheit und Selbstbestimmtheit auch im Jahr 2021 stark eingeschränkt. Während Männer, die mit vielen Frauen Sex haben, als „Frauenheld“ oder „Hengst“ bezeichnet und dafür unter Männern gefeiert werden, erhalten Frauen, die ebenfalls gerne Sex, auch mit unterschiedlichen Partnern, haben, abwertende, beleidigende und verletzende Bezeichnungen wie „Schlampe“, „Nutte“ oder „Hure“.

Der Mythos des Jungfernhäutchens ist ebenfalls Teil patriarchaler Strukturen – denn: dieses existiert gar nicht (vgl. TERRE DES FEMMES a). Es wird versucht, die Sexualität und die Körper von Frauen zu dominieren und zu kontrollieren. Dies beginnt mit Warnungen von Vätern, adressiert an ihre Töchter, dass sie nicht mit dem falschen Mann Sex haben sollen und dass das erste Mal etwas Besonderes, etwas Prägendes wäre, was sie jedoch anscheinend nicht selbst einschätzen und entscheiden können. Man stelle sich dies einmal umgekehrt vor: Wenn männlichen Jugendlichen gesagt würde, dass sie bloß mit keinem Mädchen zu früh Sex haben sollen, dass sie das selber nicht einschätzen können und dass das erste Mal nur mit jemanden passieren soll, den sie wirklich lieben: Das käme uns absurd vor. Das Ganze wird auf die Spitze getrieben, wenn auch heute noch werdende Schwiegersöhne den Vater der Freundin um Erlaubnis fragen, wenn sie diese heiraten wollen.

Problematisch ist, dass Männer in der Regel das Wort Sex mit Penetration gleichsetzen. Durch den enormen Pornokonsum, aber auch durch die Darstellungen von Sexualität in den Medien (Serien, Hollywoodfilme und so weiter), glauben auch heute noch viele Männer, dass Frauen durch das Rein und Raus des Penis in die Vagina zum Orgasmus kommen und dass dieses gleichbedeutend mit Sex wäre. Die Fixierung auf die Idee, Sex wäre gleich Penetration, zeigt sich auch, wenn Männer über lesbische Frauen sprechen. Dabei wird häufig die Frage gestellt: „Wie haben die eigentlich Sex?“ Eine typische Antwort lautet: „Dann müssen sie einen Dildo benutzen.“ Der männliche Penis wird als der heilige Gral der Sexualität erachtet und die meisten Männer glauben bis heute, dass er Frauen die höchste Form der Befriedigung bringt. Viele Männer können sich nicht vorstellen, wie Sexualität jenseits der Fixierung auf männliche Befriedigung aussehen kann. Dabei ist gerade der Sex, den Frauen miteinander haben, der Sex, der die Bedürfnisse von Frauen im Blick hat.

Was viele Männer nicht wissen: Die Klitoris ist ein Schwellkörper, ähnlich dem Penis, nur dass der Großteil im Innern des weiblichen Körpers liegt und somit nicht sichtbar ist (vgl. Derler 2017). An der Klitoris-Eichel treffen 8.000 Nervenenden zusammen. Sie wird von der Klitorisvorhaut umschlossen und ist der empfindlichste Teil. Die Stimulation der Klitoris-Eichel ist für Frauen sexuell erregend und kann sie zum Orgasmus bringen. Die Klitoris ist im nicht erregten Zustand durchschnittlich 7–12 cm lang, der Penis 9 cm. Der erigierte Penis ist durchschnittlich 13 cm lang (Europa), die Klitoris vergrößert sich bei Erregung um das Eineinhalb- bis Dreifache und ist somit um ein Vielfaches größer als der Penis (vgl. ebd.). Leider wird dies selbst im Sexualkundeunterricht und in Schulbüchern wenig bis gar nicht thematisiert. Diese Aufklärung ist jedoch wichtig, damit Jungen lernen, wie Sexualität auf Augenhöhe stattfinden kann, und damit die weibliche Sexualität und die Bedürfnisse von Frauen ebenfalls in den Fokus gestellt werden.

Prostitution

Täglich gehen in Deutschland ca. 1,2 Millionen Freier (vgl. Die unsichtbaren Männer: Statistiken zu Frauen in der Prostitution) zu den etwa 200.000 – 400.000 (vgl. Statistisches Bundesamt 2019b) Prostituierten. Eine exakte Nennung der Zahlen ist aufgrund der Strukturen des Menschenhandels schwer möglich. Nur ein Bruchteil, nämlich 32.800 Prostituierte, sind in Deutschland überhaupt registriert (vgl. ebd.).

Frauen, die aus der Prostitution entfliehen konnten, sprechen selbst von sich als Überlebende der Prostitution und bezeichnen Prostitution als das, was es ist: Bezahlte Vergewaltigung, die durch Zwangs- und Abhängigkeitskontexte funktioniert. Es ist ein Kampf um Leben und Tod.

Der auf den Bereich Menschenhandel und Rotlichtkriminalität spezialisierte Autor und Erste Kriminalhauptkommissar a. D. Manfred Paulus, Lehrbeauftragter an der Hochschule für Polizei Baden-Württemberg, konstatiert: *„90 % der Prostituierten und ‚Sexsklavinnen' in Deutschland sind Ausländerinnen aus Afrika, Südamerika, Südostasien und vor allem aus dem Osten und Südosten Europas: Aus Rumänien, Bulgarien, Polen, Ungarn, aus der Slowakei, aus Russland und Weißrussland, aus Moldawien, aus der Ukraine, aus Serbien, Mazedonien, Albanien oder aus dem Kosovo"* (vgl. Paulus 2020, S. 43).

Prostitution ist ein Teil männlicher, toxischer Machtdemonstration gegenüber Frauen und ihren Körpern und ihrer Selbstbestimmtheit. Freier sind männlich, selbst diejenigen, die zu den wenigen männlichen Prostituierten gehen. Freier teilen Frauen in „Heilige und Huren" ein. Die Französin Rosen Hicher, die selbst 25 Jahre in der Prostitution war, spricht sich für Freierbestrafung aus, benennt Bordelle als Frauengefängnisse und sagt (vgl. Louis 2019, S. 24): *„Das System Prostitution schafft Orte, an denen Männer ihre patriarchale Macht weiter ausüben können. Weil die Freier kein Nein hören wollen, kaufen sie ein Ja."* Rachel Moran, Autorin und Überlebende der Prostitution, weist ebenfalls auf die Macht der Freier gegenüber Prostituierten hin (Moran 2013, S. 193): *„An dieser Stelle sei daran erinnert, dass eine Prostituierte kein Recht darauf hat, die Grenzen ihrer* *sexuellen Erfahrung zu definieren; sie hat kein Recht darauf, Widerspruch zu erheben, und nicht einmal ein Recht darauf, nicht Widerspruch zu erheben, falls dies nicht den Anforderungen ihres Kunden entspricht. Ihr Körper ist dafür da, der sexuellen Erfahrung von jemand anderem Raum zu geben, ganz egal, was für Qualen ihr dies bereitet, ungeachtet dessen, was es ihr abverlangt, und ohne Rücksicht darauf, wie verheerend und erniedrigend es für sie ist.“*

Es wird in gerichtlichen Verfahren deutlich, dass Prostituierte (und Frauen im Allgemeinen) auch in der Justiz enorme Frauenfeindlichkeit erleben und weniger wert sind als Männer. Ein aktuelles Gerichtsverfahren verdeutlicht die misogyne gesellschaftliche Haltung: Ein 14-Jähriger, der sich älter ausgab, verklagte eine Prostituierte, weil er für 20 Euro nicht genug erhalten hätte. Er wollte unter anderem Oralsex ohne Kondom, was in Deutschland verboten ist, sowie „Extras“, die er aber nicht bezahlen wollte, woraufhin die Prostituierte die Zeit verkürzte (vgl. Mau 2020). Der Freier behauptete, dass sie abrupt abgebrochen hätte und gegangen sei. Das Ergebnis: Die Prostituierte, nicht der Freier, wurde bestraft. Das Verfahren wurde eingestellt mit der Auflage, dass die Prostituierte 500 Euro bezahlen musste.

Die französische Stiftung Scelles hat eine 18-monatige internationale Studie über die Lage von Prostituierten in 38 Ländern durchgeführt und ihren 4. Report unter dem Titel „Prostitution: Exploitations, Persecutions, Repressions“ („Prostitution: Ausbeutung, Verfolgung, Unterdrückung“) veröffentlicht. Unter anderem kam sie zu dem Ergebnis, dass Prostituierte eine Lebenserwartung von 33 Jahren haben (vgl. Louis 2016), 98 % der Prostituierten sind Frauen (vgl. Simons 2016).

PsychologInnen weisen darauf hin, dass Frauen in der Prostitution meist Missbrauchserfahrungen gemacht haben und traumatisiert sind. Dazu ein paar Fakten (Paulus 2020, S. 165 f.): „*65–95 % der Frauen in der Prostitution haben sexuelle Übergriffe, sexuelle Gewalt bis hin zu Vergewaltigungsdelikten erlebt. Der Einstieg in die Prostitution liegt zumindest in einem Alter, in dem Menschen weder geistig noch emotional in der Lage sind, sich bewusst für diesen Weg zu entscheiden. Frauen in der Prostitution leiden fast alle an Abhängigkeiten. 83 % konsumieren Heroin, Kokain, Cannabis und (oft Unmengen an) Alkohol. Prostituierte leiden häufig an psychischen Problemen, 54 % haben schwere Depressionen, 42 % haben einen oder mehrere Selbsttötungsversuche hinter sich. 75 % von ihnen waren oder sind irgendwann obdachlos. 70–95 % derer, die auf der Straße tätig sind, wurden während der Prostitutionsausübung körperlich angegriffen, 41 % wurden während der Ausübung der Prostitution vergewaltigt.*“

Die Studie „Prostitution and Trafficking in nine countries: An update on Violence and Posttraumatic Stress Disorder“ von Melissa Farley (vgl. 2003, S. 33–74) und ihrem siebenköpfigen Team kam ebenfalls zu erschreckenden Ergebnissen. Das ForscherInnen-Team befragte in neun Ländern – darunter auch Deutschland – 854 Menschen, die bis vor kurzem in der Prostitution waren oder es noch sind. Dabei wurden ihre aktuelle Lebenssituation sowie ihre Biografie vor allem bezüglich sexueller und körperlicher Gewalt analysiert. Es kam heraus, dass 71 % bereits körperlich bedroht wurden, 73 % hatten Gewalt innerhalb der Familie erlebt (61 % in Deutschland). 63 % wurden in Deutschland vergewaltigt, 50 % wurden mehr als fünf Mal vergewaltigt und 89 % konnten trotz des Wunsches nicht aus der Prostitution entfliehen, da sie keine Alternative sahen. 75 % waren bereits obdachlos (74 % in Deutschland), 68 % wiesen Symptome einer PTBS auf, die so stark wie bei anderen Menschen waren, die lebenslange sexuelle und körperliche Gewalt erfahren haben. 64 % wurden bereits mit einer Waffe bedroht (52 % in Deutschland), sexuellen Missbrauch erlebten 63 % (48 % in Deutschland). Diese Zahlen machen deutlich, dass höchstwahrscheinlich alle Frauen in der Prostitution sexuelle oder körperliche Gewalt in der Kindheit und/oder in der Prostitution erlebt haben. Auch dass der Großteil Symptome einer Posttraumatischen Belastungsstörung (PTBS) aufwies, ist im höchsten Maße erschreckend und alarmierend.

Zudem wurden Prostituierte danach befragt, was sie brauchen würden, wobei Mehrfachnennungen möglich waren (Roloff/Theophil 2016):

- 89 % Ausstieg aus der Prostitution
- 75 % Ein sicheres Zuhause
- 76 % Berufliche Weiterbildung
- 61 % Zugang zu medizinischer Versorgung
- 56 % Individuelle psychologische Betreuung
- 51 % Gegenseitige Solidarität („Peer support")
- 51 % Rechtsbeistand
- 47 % Drogen- und/oder Alkoholentzug
- 45 % Selbstverteidigungstraining
- 44 % Kinderbetreuung
- 34 % Legalisierung der Prostitution
- 23 % Körperlichen Schutz vor Zuhältern

Um einmal einen Einblick zu erhalten, was viele Freier über Prostituierte sagen und denken, folgen nun einige Freier-Zitate (vgl. Die unsichtbaren Männer: Freier), die im Internet von AktivistInnen gesammelt und öffentlich gemacht werden und den enormen Frauenhass von vielen Freiern offenlegen[6]:

„Ich hab die Frischfleisch Adela kennen gelernt. Ficken so wie früher. Ukrainerin, 24 Jahre, 160 cm, schlank, A-Titten. Fickt gut mit. Sie ist mit Spaß dabei. Spricht kein Deutsch und kein Englisch. Ich bin schon fünf Mal drüber. Jetzt könnt ihr nacharbeiten."

6 *alle Namen wurden geändert.*

„Da sie recht lustlos war und ich die Sache beenden wollte, ging es dann recht fix, aber ihr nicht schnell genug. […] Hab sie gefickt, bis ich kam und danach einfach weitergemacht, bis die Lustlosigkeit bei ihr schon fast Abscheu war. […] Blaue Flecken hatte sie schon ein paar. Vielleicht war der letzte Freier nicht so nett zu ihr."

„Ich buche Kima immer für 30 Minuten und spritze zweimal. […] Dass die schon 26 oder 27 ist, kann man kaum glauben. Sieht mindestens 5 Jahre jünger aus und der Körper ist auch wie bei einer 16-Jährigen. Die Aktivste ist sie wirklich nicht, eher devot veranlagt. Sie hält ihren Arsch hin und lässt sich stramm durchvögeln."

„Ist eine Hure nur Fickfleisch oder muss man Respekt zeigen? […] Für mich ist eine Hure schlichtweg ein Stück, das mich zu befriedigen hat. Ich habe dafür bezahlt und habe somit meinen Teil geleistet. Mir fällt auf, dass gerade Hobbyhuren immer quengeliger und anstrengender werden, gleichzeitig aber mehr Kohle wollen. Ist euch das auch schon so in den Sinn gekommen?"

„Als Alyssa noch zur Benutzung herumgereicht wurde, bedurfte es mehrerer überzeugender Sätze, bis das Gummi wieder eingepackt wurde. Anal war nicht einfach zu haben. Ich hatte mir versichern lassen, dass Alyssa auch ihr Polöchlein hinhält, aber sie wusste es offensichtlich selbst noch nicht. Auch wenn ich schon in engere Arschlöchlein gestoßen habe, tat ihr der anale Eintritt ordentlich weh … Aber mit ein bisschen Druck ging es auch Hardcore-Style."

Die Überlebende der Prostitution und Aktivistin für Betroffene und für das Nordische Modell, Huschke Mau, postete am 27. 04. 2020 einen Text, der aus dem Freierforum www.ao-huren.to stammte:

„Ich war Anfang des Jahres bei ihr und habe sie blank (ohne Kondom) gefickt und besamt. Sie hatte ganz kleine Augen, redete leise, man konnte kaum was verstehen, sie nimmt definitiv Drogen.

Ich sagte ihr, dass sie sich auf den Bauch legen soll, was sie auch tat. Ich legte mich auf sie und versuchte meinen Schwanz in ihren Arsch zu drücken. Sie sagte, sie bietet im Moment kein Anal an und ich soll nicht ihren Arsch nehmen, ich soll Muschi ficken. Ich sagte zu ihr, dass sie stillhalten soll und ich sie jetzt richtig schön in Arsch ficken werde. Nachdem ich richtig fest gedrückt habe, verschwand auch schön die Eichel in ihrem Arsch und sie biss ins Kopfkissen, bis ich nach ca. 30 bis 40 Minuten fertig war und ich alles in den Arsch gepumpt habe. Nach dem wasche sagte sie, ich solle nächstes Mal fragen wegen anal und nicht wieder einfach nehmen, es hätte ihr wehgetan. Ich gab ihr 30 Euro, zog mich an und ging."

Bettina Flitner hat eine Reportage veröffentlicht, bei der sie Freier befragte, aus welchen Gründen sie ins Bordell gehen würden (vgl. Flitner 2013). Sie recherchierte mehrere Tage in einem Bordell und beschrieb die Prostituierten wie folgt: „*Wie nackte Untote wanken sie da auf ihren hochhackigen Schuhen, mit maskenhaften, unbeweglichen Gesichtern.*"

Hier sind einige Zitate der Freier, die Bettina Flitner für die Reportage interviewt hat.

Christian ist 23, Speditionskaufmann und sagt: „*Warum ich für Sex bezahle? Frauen gehen mir oft auf den Sack. Sie machen Stress, wenn man nicht genug Zeit für sie hat. Wenn ich einfach Lust auf Ficken habe, gehe ich deshalb hierher – und wieder weg. Das war's. Mit einer Freundin wird's mir auch schnell langweilig. Und außerdem: Dafür zu zahlen hat das gewisse Etwas. Da besitzt man die Frau. Man kann mir ihr machen, was man will. Eigentlich ist das Macht. Mein letztes Mal? Ich komme so alle sechs Wochen hierher. Mal mache ich es mit einer, die ich schon kenne, mal mit einer anderen. Ich mag's ein bisschen härter, kein Blümchensex.*"

Günther, 55, Gastwirt: „*Mich reizt es, immer neue Frauen zu haben. Ich gehe auch in Swingerclubs. Aber da sind oft so alte und hässliche. […] Mein letztes Mal war vor einer Woche. 50 Euro, ganz normal. Hier stimmt das Preis-Leistungs-Verhältnis.“*

Ingo, 43, Steuerfachangestellter: „*Zweimal habe ich mich in eine Frau aus dem Puff verliebt. Das ist so ein Samariter-Effekt, die will man aus dem Sumpf holen. […] Jetzt nehme ich immer nur die eine. Das passt einfach alles. Zumindest auf dem Zimmer. Sonst weiß ich nichts von ihr.“*

Iwan, 65, KFZ-Mechaniker: „*Normalerweise muss ich eine hübsche Frau erst zweimal zum Essen einladen, kostet 100 Euro. Und dann wird vielleicht nix draus. Hier klappt es sofort.“*

Kai, 49, Bankangestellter: „*Warum ich hierher komme? Solche Frauen wie die hier, die würde ich normalerweise ja nie kriegen. Und hier kann ich auch mal über Grenzen gehen.“*

Joachim, 58, Ingenieur: „*Wenn man in einen Club geht, dann ist man mit normalen Frauen nicht mehr zufrieden. Die Figuren! Die haben hier eine 34 oder eine 36.“*

Die Aussagen der Freier verdeutlichen, dass Frauen als zu benutzende Objekte, als Ware wahrgenommen und auch dementsprechend benutzt werden. Es geht um Macht, um Ausbeutung und um Frauenhass und in keiner Weise um eine gegenseitige Anziehung, um Konsens oder gar um die sexuelle Befriedigung der Frauen. Für die Männer spielt es keine Rolle, dass sie Frauen für ihre eigene Befriedigung benutzen und missbrauchen. Die absolute Kontrolle über Frauen steht im Zentrum ihres Handelns. Dabei ist den meisten Freiern wichtig, dass die Prostituierten jung sind, dass sie in der Regel sehr dünn sind und sich nur begrenzt mitteilen können – was an unmündige Kinder erinnert – und dass Freier wenig bezahlen müssen. Das verdeutlicht, dass es sich bei Prostitution um keine Dienstleistung, sondern um Gewalt handelt.

Die Referentin Hilke Lorenz (vgl. Gunkel 2019) konstatiert wie Paulus, dass die meisten jungen Frauen in der Prostitution aus dem Ausland kommen (Rumänien, Bulgarien oder aus

Südostasien), unter fadenscheinigen Versprechungen nach Deutschland gelockt würden, kaum Deutsch sprechen und teilweise gar nicht wissen, in welcher Stadt sie sich aktuell befinden. Lorenz verweist darauf, dass 90 % der Frauen nicht freiwillig in der Prostitution sind (vgl. ebd.). Dabei sollte jedoch immer berücksichtigt werden, inwieweit Frauen in der Prostitution (sexuelle) Missbrauchserfahrungen gemacht haben und infolge von Traumatisierungen in diesem Bereich gelandet sind. Dies verdeutlicht, dass auch eine vermeintliche Freiwilligkeit eigentlich keine ist, sondern eine Reaktion aufgrund des erlittenen Traumas oder fehlender Alternativen. Paulus betont, dass es sich bei Prostitution um Menschenhandel und „Sexsklaverei" handelt (vgl. Paulus 2020).

Zum Thema Freiwilligkeit schreibt Paulus (ebd. S. 8) in der Einleitung seines aktuellen Buches gemeinsam mit Marietta Hageney (Leiterin von SOLWODI e. V. in Aalen): „*Die Opfer des Menschenhandels kamen zu Beginn des vergangenen Jahrhunderts zumeist aus prekären Verhältnissen, wurden mit falschen Versprechungen angelockt und dann der „Sexsklaverei" zugeführt. Auch heute, am Anfang des 21. Jahrhunderts, kommen sie nahezu ausnahmslos aus einer erdrückenden Armut und Perspektivlosigkeit, werden mit falschen Versprechungen angelockt und dann versklavt. Was war und was ist daran freiwillig?*"

Für sein Buch sprach Paulus mit einer Prostituierten (ebd. S. 158–162) – das Interview ist komplett in seinem Buch abgedruckt. Paulus befragte sie dabei zum Thema Freiwilligkeit. Sie selbst sagte, dass sie freiwillig in der Prostitution sei, doch ihre Aussagen machen deutlich, dass dies nicht der Fall ist: „*Ja, so manches ist verlogen hier. Aber die Männer wollen es doch so. Sie wollen doch belogen werden, also werden sie belogen. […] Eingestiegen bin ich, weil ich jung und dumm war. Das ging bei mir, und wie ich weiß, auch bei vielen anderen ganz schnell. Du hängst in den Seilen, es geht dir beschissen. […] Ich ließ mich blenden. Ich griff nach Illusionen. Ich wollte schnell viel Geld verdienen. Das schnelle Geld aber gab es nicht. Was es gab: Immer mehr Isolation und Einsamkeit. Und Angst, immer wieder Angst. Dazu viel Dreck, Ekel, Elend. Das führt zur Selbstaufgabe – irgendwann … […] Für das, was ich heute habe, war der Preis viel zu hoch. Das aber habe ich zu spät gemerkt. Als ich es bemerkte, war es zu spät.“ Als Paulus sie nach fehlenden Alternativen als Grund für Prostitution fragte, antwortete sie: „Vielleicht. Ja, sicher. Ich bin schließlich nicht gern Hure. Keine macht das gern hier. Das wär ja auch pervers. Aber es gibt nun mal keine Alternative für mich. Also mach ich das – freiwillig. Natürlich würde ich lieber aussteigen. Lieber heute als erst morgen. Das geht aber nicht, das geht aus mehreren Gründen nicht. […] Die Umstände zwangen und zwingen mich dazu. […] Es gibt Freier, die sind ganz nett, es gibt Freier, die sind widerlich, ekelhaft. […] Es gibt Nächte, die sind grausam. Und wenn du Hure bist, bist du kein Mensch mehr. Dann hast du keinen Wert und keine Rechte mehr. Du bist nur noch Dreck und wirst so behandelt. […] Hier im Milieu kannst du kein faires Spiel erwarten. Hier gelten andere Spielregeln. […] Manche Außenstehende sollten sich schon ein bisschen mehr Gedanken machen. Darüber, dass Huren auch Menschen sind und dass sie das Glück halt nicht haben, auf der Sonnenseite des Lebens zu stehen. […] Ich weiß ja, dass sie mich verachten, aber müssen sie mir das immer wieder zeigen? […] Das macht dich irgendwann kaputt hier. Du bist hier nur eine Nummer und dazu der Abschaum. Was zählt ist die „Kohle“, sonst gar nichts. […] Aber das mit dem Aussteigen geht, wie ich schon angedeutet habe, nicht so einfach. Wenn eine Hure gut verdient, kann sie nicht einfach davonlaufen. Da gäbe es schon mal ordentlich Stress. Und wenn das nicht hilft, drohen Abstandszahlungen. Die ziehen dir den Boden vollends unter den Füßen weg. Das überlegst du dir dann dreimal.“* Paulus sagte im Interview zu ihr, dass die allermeisten Frauen

Ausländerinnen seien und fragte, ob sie freiwillig und selbstbestimmt wären. Darauf antwortete sie: „*Weiß ich nicht. Manche ganz sicher nicht. Kann man sich ja wohl denken, oder?*“ Zu Polizeikontrollen sagte sie: „*Hier wird sich niemand an die Polizei wenden. Wir sind hier im Milieu und nicht bei der Heilsarmee. Und dass bei einer solchen Kontrolle oder auch Razzia zu erkennen wäre, ob sich eine Frau freiwillig prostituiert oder nicht, das glaubt ihr ja wohl selbst nicht.*“ Auf die Frage, was sie machen würde, wenn sie drei Wünsche frei hätte, antwortete sie: „*Nur drei? Also einmal würde ich gern unter einer Dusche stehen und alles von mir abwaschen, was ich in den vergangenen Jahren Unschönes erleben musste. Alles abwaschen und vergessen. Dann möchte ich irgendwo, weit weg von hier, mit meinem Kind, das ich sehr liebe, glücklich und zufrieden sein. Und zum dritten würde ich mir wünschen, dass der liebe Gott in Zukunft besser auf mich aufpasst, als er es bisher getan hat. […] Ja, ich glaube an einen, der über allem steht. Auch über dieser Scheiße hier. Ich glaube an einen, der auch mich und mein Tun versteht, der weiß, dass ich auch Mensch und nicht nur Hure bin. Den Glauben an das Gute in den Menschen aber habe ich verloren. Könnt ihr das verstehen?*“

Hageney, die Aussteigerinnen betreut, sprach mit der Rems-Zeitung (Mihai 2020) und sagte: „*Eine Prostituierte zahlt 25 Euro Steuern täglich, außerdem 160 Euro pro Zimmer am Tag.*“ Zudem verwies sie darauf, dass Prostituierte in keinem Hilfesystem seien und kein Anrecht auf Sozialleistungen hätten, da dies eine seit mindestens einem halben Jahr bestehende feste Arbeitsstelle in Deutschland voraussetzt.

Bei der vom Diakonischen Werk Hannover ausgerichteten Tagung am 08. März, dem internationalem Frauentag, mit dem Oberthema „(East) Women go West – Frauenrealitäten im vereinten Europa zwischen Traum und Trauma“, sagte die stellvertretende Vorstandsvorsitzende von TERRE DES FEMMES e. V.

Inge Bell in ihrem Vortrag zum Thema „Bulgarien und Rumänien – Die Vergessenen (Menschenhandel als Folge der Wende?)“, dass ein großes Problem darin bestehe, dass Frauen in der Prostitution oftmals nur eine kurze Zeit in einem Bordell untergebracht werden, gerade so lange, dass es noch nicht auffällt, dass sie dort nicht gemeldet sind, um dann in die nächste Stadt in das nächste Bordell verschleppt zu werden. So werden eine Meldung und eine Registrierung umgangen, eine Anbindung an Behörden und Hilfsangebote ist kaum möglich, die Frauen tauchen in keiner Statistik auf, fliegen unter dem Radar und haben auch keine Möglichkeit, soziale Kontakte/Freundschaften aufzubauen und daraus resultierend Hilfe zu erhalten – von einem Deutsch-Kurs oder therapeutischer Unterstützung ganz zu schweigen. Zudem besitzen die meisten Prostituierten keine Krankenversicherung.

Mit der Verabschiedung des sogenannten Prostitutionsgesetzes (ProstG) durch die Bundesregierung unter Gerhard Schröder im Jahr 2001 (gültig ab dem 01. 01. 2002) wurde die Sittenwidrigkeit der Prostitution abgeschafft, die Möglichkeit eines Vertrages zwischen Prostituierten und Freiern sollte geschaffen sowie der Zugang zur Sozialversicherung ermöglicht werden. Die Strukturen des Menschenhandels, patriarchale Strukturen und das Netzwerk von Zuhältern wurden dabei nicht berücksichtigt und Deutschland avancierte zur Drehscheibe Europas. Am 21. 10. 2016 wurde das Prostitutionsschutzgesetz (ProstSchG) erlassen, es gilt seit dem 01. 07. 2017. Im Zentrum steht die sogenannte Erlaubnispflicht für alle Prostitutionsgewerbe sowie eine Anmeldebescheinigung für Prostituierte. Mittlerweile haben sich zahlreiche Politiker und Politikerinnen von dem Gesetzt distanziert, selbst diejenigen, die 2001 bereits am ursprünglichen Gesetz mitgewirkt haben. Es ist deutlich geworden, dass die Frauen in der Prostitution nicht geschützt werden konnten, dass Deutschland das Zentrum der Gewalt gegen Frauen in Europa durch Prostitution geworden ist und dass Prostitution nun durch die Gesetzesänderung als „Arbeit" wie jede andere definiert wird, was absurd ist, wenn bedacht wird, dass die wenigsten dies der eigenen Tochter oder Ehefrau empfehlen würden und auch keine derartige Empfehlung vom Arbeitsamt oder Jobcenter erhalten wollen. Auch, dass es dabei fast ausschließlich um Frauen geht, müsste die meisten Menschen doch sehr stutzig machen.

Ein Gedankenspiel, dass Huschke Mau bei Facebook postete: Ein Mann spricht die Mutter eines Kindes in der Kita an und fragt sie, ob sie gegen Geld bei einem Möbeltransport helfen würde. Dies ist problemlos vorstellbar. Fragt nun der Mann die Mutter, ob sie ihm einen blasen würde, er sie anal penetrieren dürfe, um dann in ihr Gesicht zu spritzen, dann wäre dies strafrechtlich relevant und sexuelle Belästigung. Dies macht deutlich, dass es eben kein „Job wie jeder andere" ist und dass patriarchale Machtstrukturen und toxische Männlichkeit dabei eine enorme Rolle spielen. Zudem gibt es keine anderen Tätigkeiten, bei denen der Körper „das zu benutzende Objekt" darstellt.

In der Corona-Krise hat selbst der Berufsverband Sexarbeit (vgl. 2020), der sich vehement für Prostitution einsetzt und jegliche Machtgefälle und Gewalt unter dem Schleier einer vermeintlichen Selbstbestimmung unsichtbar macht, auf seiner Homepage zugegeben, dass die Frauen in der Prostitution großen Gefahren ausgesetzt sind und somit die eigene frauenverachtende Position entlarvt: *„Es ist dabei egal, ob du angemeldet bist, oder welchen Aufenthaltsstatus du hast. Um Hilfe bei unserem Fonds zu beantragen, sind weder ein ‚Hurenpass' noch eine Mitgliedschaft beim BesD notwendig. Mit einem Anteil von nicht krankenversicherten, nicht angemeldeten, bereits von Armut betroffenen Menschen, trifft es Sexarbeitende in der jetzigen Krise besonders hart. Viele der* *nicht in Deutschland ansässigen Sexarbeiterinnen haben in Bordellen übernachtet – seit deren Schließung sitzen sie von einem Tag auf den anderen auf der Straße und sind teilweise obdachlos. Sie können aktuell auch nicht in ihre Heimatländer zurück, es bestehen Einreisestopps und in den meisten Fällen fehlt ohnehin das Geld für eine ungeplante Reise. Wir haben einen hohen Anteil an Menschen in der Sexarbeit, die von der Hand in den Mund leben. Es gibt einen Anteil an Beschaffungs- und Überlebensprostitution. Komplett fehlende Rücklagen und fehlender Anspruch auf staatliche Grundsicherung führen dazu, dass Menschen auch jetzt, während sich die Krise zuspitzt, weiterhin der Sexarbeit nachgehen müssen und auf der Straße oder über das Internet nach Kunden suchen. Die Ärmsten der Armen kämpfen um ihr Überleben. Sie benötigen finanzielle Soforthilfe, mit welcher Wohnraum und Ernährung sichergestellt werden können. In der jetzigen Lage darf kein Sexworker aus Gelddruck weiter arbeiten (müssen) und damit sich und andere gefährden!"*

Es ist wichtig, sich bewusst zu machen, was Prostitution bedeutet, neben finanziellen Abhängigkeiten, Traumata, Zwängen, Androhungen und Anwendung von Gewalt und so weiter: Jeden Tag gehen unzählige Männer zu den Prostituierten, denen die Frau an sich egal ist. Sie wollen sie benutzen und penetrieren (anal, oral, vaginal) und viele glauben, dass sie sich mit dem Geld die Frauen für den jeweiligen Zeitraum erkauft hätten und alles Erdenkliche mit ihnen machen könnten – von jeglichen Sexualpraktiken, unabhängig davon, welche Schmerzen diese für die Frauen bedeuten, bis hin zu anderen ekligen und widerwärtigen Handlungen. Viele Frauen in der Prostitution ertragen dies nur durch die Einnahme von Drogen, Alkohol und durch Dissoziation („Wegbeamen"). PsychologInnen und Beratungsstellen für Prostituierte weisen darauf hin, dass die späteren PTBS-Symptome, die Frauen aus der Prostitution aufweisen, vergleichbar sind mit den PTBS-Symptomen von Menschen aus Kriegsgebieten.

Die Traumatherapeutin Dr. Ingeborg Kraus schreibt dazu (Paulus 2020, S. 165): *„Um fremden Menschen die Penetration des eigenen Körpers zu ermöglichen, ist das Abschalten natürlicher Phänomene erforderlich, die sonst unweigerlich wären: Angst, Scham, Fremdheit, Ekel, Verachtung, Selbstverurteilung, Schmerzen. An deren Stelle tritt Gleichgültigkeit, das Verhandeln, ein sachliches Verständnis der Penetrationserfahrungen, ein Umdefinieren der Handlung in eine Arbeit oder Dienstleistung. Die meisten Frauen in der Prostitution haben bereits sehr früh durch sexuelle Gewalt in der Kindheit gelernt, sich abzuschalten.“*

Moran schreibt über Dissoziation in der Prostitution (Moran 2013, S. 191): *„Für Frauen in der Prostitution ist die Dissoziation eine notwendige, wenngleich gefährliche Angelegenheit. Ebenso wie sich eine Frau, die in einer missbrauchenden Ehe lebt, immer wieder sagt, dass es ‚eigentlich gar nicht so schlimm‘ sei, koppelt sich auch eine Frau in der Prostitution von der Realität ihrer Situation ab, was desaströse Auswirkungen auf ihre mentale und emotionale Gesundheit hat. Wenn jemand kontinuierlich jede schmerzhafte Lebenswirklichkeit verleugnet, dann hat das zwangsläufig zur Folge, dass die Person von ihrem eigenen Selbst getrennt wird. Wenn eine Frau spürt, dass ihre Psyche misshandelt wird, so wird sie sich dagegen wappnen. Dafür setzt sie den Prozess der Dissoziation als ein Werkzeug ein. Wenn sie daran scheitert (und sie wird immer daran scheitern, da es nicht möglich ist, sich einem Einfluss vollständig zu entziehen, dem man weiterhin ausgesetzt ist), dann spiegelt das Maß ihrer Fähigkeit, sich von der Realität der Prostitution abzuspalten, unmittelbar jenes Maß wider, in dem sie inzwischen von sich selbst abgespalten ist.“*

Viele dieser Freier haben Familie, Frau und Kinder. Sie laden all ihre Wut, ihre Frustration und ihren Frauenhass auf die Prostituierten ab. Die bereits vorgestellten Zitate aus Freierforen stehen dafür symptomatisch. Diese verdeutlichen, welch gestörtes und frauenfeindliches Bild viele der Freier haben. Aber auch die, die sich nicht auf diese Art und Weise äußern oder verhalten, sind Täter. Sie wissen nicht, ob die Prostituierte, zu der sie gehen, volljährig ist, ob sie traumatisiert oder unter Zwang dort ist. Zudem ist es ein männliches Privileg, in ein Bordell gehen zu können und sich die Benutzung eines Körpers zu kaufen. Dies ist toxische Männlichkeit in ihrer reinsten Form – die völlige Kontrolle und Gewalt über Frauen und über ihren Körper im Kontext von männlicher „Sexualität".

In einer Studie der London School of Economics wurden in Bezug auf Menschenhandel und Prostitution 150 Länder betrachtet mit dem Ergebnis, dass in den Ländern, in denen Prostitution legal ist, auch Menschenhandel verbreiteter ist (vgl. Cho/Dreher/Neumayer 2013, S. 67 ff.).

In den sozialen Netzwerken wird in Debatten um Prostitution leider vieles durcheinandergeworfen, geleugnet und unsichtbar gemacht. Viele, die sich feministisch positionieren, sehen Prostitution und die damit einhergehenden patriarchalen Strukturen, wie Zwang, Menschenhandel und Abhängigkeit sowie psychische Erkrankungen und Traumata und die damit einhergehende Reinszenierung, unter dem Aspekt der Freiwilligkeit. Dabei ist eigentlich die im Vergleich zur Prostitution kaum nennenswerte Anzahl von sogenannten „Sexarbeiterinnen" und „Sexarbeitern" gemeint. Jedoch wird diese Gruppe für die Argumentation der vermeintlichen Freiwilligkeit mit der Prostitution an sich gleichgesetzt. Damit werden Opfer und das, was ihnen angetan wird und wurde, nicht nur unsichtbar gemacht, es wird ihnen auch noch attestiert, dass sie es aus Freiwilligkeit machen würden. Dies ist besonders perfide und eine Täter-Opfer-Umkehr.

Zudem muss berücksichtigt werden, dass viele der sogenannten Freiwilligen selber ZuhälterInnen sind und/oder aus sogenannten privilegierten Verhältnissen stammen und nicht mit Frauen aus Rumänien oder Bulgarien vergleichbar sind, die finanziell abhängig sind, wie bereits genannt oftmals weder die Sprache sprechen noch sich an Hilfsangebote wenden können, von Bordell zu Bordell verschleppt werden und denen sogar der Pass abgenommen wird. Daher ist das Ausnutzen der Situation dieser betroffenen Frauen zur Argumentation und Durchsetzung eigener patriarchaler Interessen von privilegierteren Menschen in der Prostitution in höchstem Maße frauenverachtend und zu kritisieren. Nebenbei bemerkt wirkt auch bei den vermeintlich Freiwilligen die weibliche Sozialisation im Patriarchat: Solange Frauen in patriarchalen Strukturen aufwachsen, in ihnen sozialisiert werden und alle Menschen in einer Gesellschaft leben, in der der Wert einer Frau an ihrem Äußeren, an ihrer „Sexyness" und ihrer „Fuckability" gemessen wird, solange kann in keiner Konstellation von Freiwilligkeit gesprochen werden. Zudem müssten auch psychologische Erkenntnisse über psychische Vorbelastungen und Erkrankungen – Traumata – bedingt durch Missbrauch, berücksichtigt werden, um differenziert sagen zu können, inwieweit dies überhaupt freiwillig getan wird und nicht eine Reinszenierung des erlittenen Traumas darstellt. Die Stimmen, die das Nordische Modell fordern, werden aktuell auch in Deutschland lauter. Dabei werden nicht die Prostituierten kriminalisiert, was Befürworter der Prostitution gerne behaupten, sondern die Freier, die Frauen wie eine Ware ansehen und mit denen die Frauen normalerweise keinen Geschlechtsverkehr und sexuelle Praktiken hätten, dies aber aus den jeweiligen Kontexten heraus tun müssen. Den Frauen soll, mehr als es bisher der Fall ist, beim Ausstieg geholfen werden – sei es finanziell oder beispielsweise bei der Vermittlung in einen Beruf. Weiterhin gehört zu dem Nordischen Modell Aufklärungsarbeit.

1999 wurde in Schweden „Sexkauf" gesetzlich verboten – 2008 bis 2010 wurde unter der Leitung der Justizkanzlerin Anna Skarhed eine Sonderuntersuchung über die Wirkung des Verbotes durchgeführt (vgl. Abolition 2014, 2017). Befragt wurden ExpertInnen, Polizei und Strafverfolgungsdienste, SozialarbeiterInnen, BehördenmitarbeiterInnen, Organisationen der Zivilgesellschaft, Hilfsorganisationen und weitere. Die Ergebnisse sind eindeutig: Die Straßenprostitution hat sich halbiert, die Sorge, dass Prostitution in andere Bereiche verlagert wird, hat sich nicht bestätigt, eine Zunahme an Wohnungsprostitution oder eine Verlagerung in den „Untergrund" gibt es nicht (vgl. ebd.). Dies hat einen Einfluss auf die Sicht auf Frauen – in Schweden ist die Gleichberechtigung sehr viel weiter fortgeschritten als in Deutschland. Der Regierungsbericht von 2010 fasst wichtige Aspekte und Erfolge des Verbotes von „Sexkauf" wie folgt zusammen (vgl. Abolition 2014, 2014): *„Prostitution ist signifikant zurückgegangen (von geschätzten 3000 [Prostituierten] in 1995 auf geschätzte 1500 in 2002 und 600 in 2008); die Gesetzgebung wird politisch breit getragen, 70 % der Bevölkerung stehen dahinter (größte Zustimmung in den jüngeren Altersstufen). die Polizei erklärt, dass Schweden weniger attraktiv für Menschenhändler geworden ist und dass sie einen guten Überblick über die Situation hat. (Es gibt kaum ausländische Frauen in Schweden, die sich prostituieren. Nach der Einführung des Gesetzes gab es vermehrt nigerianische Prostituierte in Norwegen, nach der Einführung des Gesetzes auch dort kam es zu einer Verlagerung nach Dänemark); Straßenprostitution konnte halbiert werden, es gibt keinerlei Anzeichen dafür, dass sie in geschlossene Räume verdrängt wurde; es gibt weniger Sexkäufer: 2013 gaben 8 % der Männer an, für Sex bezahlt zu haben, 1996 waren es 13 %. Gewalt gegen*

Prostituierte hat nicht zugenommen, ihre Lebensbedingungen haben sich nicht verschlechtert; gewalttätige Freier können der Polizei gemeldet werden, der Ausstieg aus der Prostitution wurde leichter."

Ich möchte die verquere Argumentationsrhetorik bezüglich des Nordischen Modells durch die „Pro-Sexarbeit-Seite" mit einem Gedankenspiel verdeutlichen:

Sklaverei ist in Deutschland verboten. Dies war aber nicht immer so. Unter den Sklaven und Sklavinnen gab es auch jene, die versucht haben, sich mit der schrecklichen Situation, aus der es kein Entkommen gab, zu arrangieren, die sich diese schönredeten, die in der Folge erlittener Traumata und als Symptom einer Traumafolgestörung der Meinung waren, dass sie nichts Besseres verdient hätten und die versuchten, sich mit den Herrschenden zu solidarisieren. Es gab einige wenige, die in besseren Verhältnissen lebten und auch privilegierter waren als der Großteil der Sklaven und Sklavinnen. All dies wäre aber kein Argument für „Sklaverei", weil ein paar wenige sagen, dass die Situation für sie vermeintlich in Ordnung sei. Die Sklaverei musste abgeschafft werden, weil sie menschenrechtsverletzend war, weil es für den absoluten Großteil schreckliche und menschenunwürdige Zustände waren, weil sie wie Tiere behandelt wurden und keine Rechte besaßen. Es würde wohl kaum jemand auf die Idee kommen, zu sagen: Wenn ihr für die Abschaffung der Sklaverei seid, dann seid ihr gegen Sklaven und Sklavinnen, dann scheint ihr diese zu hassen und zu diskriminieren. Dies geschieht aber durch eben jene perfide und manipulative Rhetorik der BefürworterInnen von Prostitution/„Sexarbeit".

Alice Schwarzer (vgl. 2013) schreibt über Prostitution: *„Ihr redet von Opfern, sagt man uns, den Kritikerinnen. Ja, wer weiß denn, ob diese Frauen überhaupt Opfer sind? Beziehungsweise ob sie nicht gerne Opfer sind! Ein praktisches Argument. Praktisch* *für die Täter. Denn wo keine Opfer sind, sind auch keine Täter. Das Argument kommt von Frauen, klar. Das erledigen wir schon untereinander. Viele Frauen allerdings sind es nicht, alles in allem ein knappes Dutzend. Das genügt dem Medienbetrieb in Deutschland. Seit ein paar Wochen lesen, hören, sehen wir die immergleichen drei bis vier ‚freiwilligen Prostituierten' auf allen Kanälen. Sie haben wunderbare Namen. Namen wie Felicitas Schirow, Amber Laine oder Undine de Riviere. Und sie sind glücklich darüber, dass sie mit der Ausübung ihres ‚selbstbestimmten Berufes' Männer glücklich machen dürfen. Doch wer sind diese Frauen eigentlich? Die eine zum Beispiel ist eine Bordellbetreiberin in Berlin, die zweite eine Bordellbetreiberin in Wuppertal, beide lassen andere, jüngere und meist ausländische Frauen für sich anschaffen. Die dritte ist als gutverdienende Domina tätig auf der Reeperbahn. Da, wo sich vor zwanzig Jahren nach jahrzehntelangem Anschaffen die berühmte Domina Domenica als Streetworkerin engagierte, um ‚die Mädchen von der Straße runterzuholen'. Undine ist nebenberufliche ‚Pressesprecherin': vom ‚Berufsverband erotische und sexuelle Dienstleistungen'. Dieser Verband wurde vor wenigen Wochen gegründet und hat knapp hundert Mitglieder, von denen etliche deklarierte sowie kaschierte Bordellbetreiber und Bordellbetreiberinnen sind. Doch selbst wenn die Verbandsmitglieder ausschließlich aktive Prostituierte wären, entspräche das einem Organisationsgrad von 0,025 bis 0,05 Prozent der Prostituierten in diesem Land (bei 200–400.000). Also eine Lachnummer. Was die Medien nicht hindert, die ‚Pressesprecherin des Berufsverbandes' in tiefem Ernst und unhinterfragt ausführlich zu zitieren und diese LobbyistInnen der Prostitutionsindustrie als ‚Experten' zu bezeichnen. Frauen wie Felicitas, Amber oder Undine sind keine Opfer, in der Tat. Sie sind Täterinnen bzw. Mittäterinnen. Denn sie beuten entweder selber andere Frauen aus, oder aber sie tragen zur Verharmlosung und Propagierung der Prostitution bei. Zur Freude und so manches Mal wohl auch im Auftrag der Profiteure.“*

Die Frauenrechtsorganisation TERRE DES FEMMES e.V. schreibt dazu: *„Es geht bei der Prostitution nur um die sexuellen Wünsche der Sexkäufer, nicht um die Prostituierte und deren Sexualität. Die meisten Prostituierten empfinden ihre Tätigkeit nicht als Sex, sondern häufig als Missbrauch“.* (TERRE DES FEMMES c)

Die ehemalige Prostituierte Sandra Norak (2020) schrieb am 02.06.2020 auf Facebook: *„Ich war lange in der Prostitution. Jahre. Prostitution ist oft wie Sklaverei. Ich bin gezeichnet. Bis heute. Über dieses Thema spreche ich nicht so gerne. Das Tattoo, den Eigentumsstempel meines Zuhälters, der mich als sein Eigentum markieren sollte, trage ich bis heute auf dem Rücken. Es ist ein Drache, ein keltisches Kreuz und ein Totenkopf. Mein Zuhälter bestimmte das Tattoo, er war beim Stechen mit dabei, um die Kontrolle darüber zu haben. Üblich ist es auch oft, dass die Betroffenen einen Barcode oder den Namen des Zuhälters als Eigentumsstempel tätowiert bekommen. […] Ein Eigentumsstempel, ob in Barcodes, Namen oder Zeichen ist im Milieu an der Tagesordnung. Er sagt: ‚Du gehörst mir, du bist mein Eigentum, für immer.‘ […] Ich wurde als Eigentum gebrandmarkt, als eine Sache. Und ich wurde auch lange so behandelt. […] Ich habe ca. 2 Jahre in einem Bordell in einem Kellerzimmer gelebt. Mein Zuhälter hatte mich in dieses Bordell gebracht, um für ihn Geld zu verdienen. Eine Gefängniszelle ist schöner als dieses Kellerzimmer, wo ich lebte. Ich hatte nicht mal ein Fenster da drin, es war nur ein Schacht.“*

Tattoos als Eigentumsstempel machen deutlich, dass Prostituierte nur als Ware und als Besitz angesehen werden. Es ist zudem erschreckend, dass es die Tätowierer nicht interessiert, dass sie permanent junge Frauen tätowieren, die gar nicht darüber entscheiden dürfen, was ihnen in die Haut gestochen wird, sondern dass dies ein anderer für sie entscheidet. Unabhängig von dem Menschenhandel und der „Sexsklaverei" ist bereits das Tätowieren strafrechtlich relevant, da hier Körperverletzung und Nötigung vorliegen. Das Tätowieren und Brandmarken kennen wir bereits aus der deutschen Geschichte: Jüdische Menschen wurden im Zuge des dritten Reiches durch das Eintätowieren von Häftlingsnummern gekennzeichnet und dehumanisiert (vgl. Stender/Follert/Özdogan 2010, S. 53 bezugnehmend auf Elias 2001, S. 136). Erschreckend sind hier die Parallelen zum Menschenhandel/zur „Sexsklaverei": *„Zuerst verstanden wir nicht, warum man uns nummerierte"*, so heißt es im Bericht von Ruth Elias, einer Überlebenden von Auschwitz und Theresienstadt, *„doch langsam fingen wir zu verstehen an. Wir sind keine Menschen mehr. Wie Vieh wurden wir in Waggons verladen und nach Auschwitz gebracht, wie Vieh wurden wir jetzt gekennzeichnet."* Die Nummer bedeutet Entpersonifizierung (Stender/Follert/Özdogan 2010, S. 53 bezugnehmend auf Elias 2001, S. 136). Ein Brandmarken wird ebenfalls an Prostituierten durchgeführt, was verdeutlicht, dass auch hier eine Entpersonalisierung stattfindet.

Prostitution ist eines der schlimmsten Symptome patriarchaler Strukturen und somit hegemonialer toxischer Männlichkeit. Solange das Nordische Modell in Deutschland nicht gesetzlich implementiert ist, solange wird der absolute Großteil der Prostitution, der Teil des Menschenhandels ist, polizeilich gar nicht erst erfasst. Ausgelöst durch die Corona-Krise beschäftigen sich aktuell mehrere Parteien mit dem Nordischen Modell und überlegen, ob es mit in das Parteiprogramm aufgenommen wird. Das Bundeskriminalamt (2015, S. 9) hat einige Zahlen bezüglich Menschenhandel/sexueller Ausbeutung in der Prostitution veröffentlicht: *„Mehr als die Hälfte der festgestellten Opfer war unter 21 Jahre alt. […] Die Zahl der minder-*

jährigen Opfer ist im Vergleich zum Vorjahr um 35 % gestiegen. Nahezu jedes fünfte Opfer des Menschenhandels zum Zweck der sexuellen Ausbeutung war damit unter 18 Jahre. Es handelte sich fast ausschließlich um weibliche Opfer." Zudem verweist das Bundeskriminalamt darauf, dass unter den erfassten Opfern auch Kinder unter 14 Jahre gewesen sind (vgl. ebd.)

Unter den Erfahrungsberichten ist der Artikel „Der Freier. Warum Männer zu Prostituierten gehen, und was sie über diese denken" von Huschke Mau enthalten. Huschke Mau setzt sich für Prostituierte und deren Unterstützung beim Ausstieg aus der Prostitution sowie für Freierbestrafung und das Nordische Modell ein.

Pornografie

Pornografie ist neben Prostitution einer der extremsten Auswüchse des Patriarchats und toxischer Männlichkeit. Pornografie stellt den weiblichen Körper ebenfalls als zu missbrauchende und benutzbare Ware dar – es sind patriarchale toxische Männerfantasien, die dort gezeigt werden, und diese haben nichts mit echter Sexualität auf Augenhöhe zu tun. Die Zusammenhänge sind vergleichbar mit jenen der Prostitution. Es gibt erschreckende Berichte von Darstellerinnen aus der Pornografie-Szene, die die Vergewaltigungen, Abhängigkeiten, Zwangskontexte, den Missbrauch und die dort ausgeübte Gewalt beschreiben. Eine ehemalige Pornodarstellerin berichtet (Louis/Schwarzer 2011): *„Wenn man dann mal ‚Aua' gesagt hat, hieß es: ‚Stell dich nicht so an, du willst das doch!' Und wenn man gesagt hat: ‚Ich kann nicht mehr!', sagte der Produzent: ‚Du hast unterschrieben, dass du deine Leistung bringst. Und nur dann kriegst du das Geld.' […] Man muss die Fahrtkosten vorstrecken, und oft hat man das Ticket mit seinem letzten Geld gekauft. Und man muss ja auch wieder zurückkommen. Viele Frauen haben auch gar kein Guthaben mehr auf dem Handy.*

Und Verwandte oder Freunde wissen ja meist gar nicht, wo die sind. Man sitzt also praktisch in der Falle. Die Darsteller können mit einem machen, was sie wollen. Und die Produzenten genauso. Man bespricht zwar vorher, was man macht, aber im Vertrag steht, dass man sich allem zur Verfügung stellt, was der Produzent verlangt. Und so sehen die Verträge alle aus. Im Moment des Unterschreibens gibt man das Menschsein ab. Man ist einfach nur noch ein Stück. Ein Loch. […] Es kamen mir immer diese Gerüche von Wichse hoch, und von Krankheiten. Viele Frauen hatten Pilze, Chlamydien und Tripper. Wenn man seine Tage hat, muss man natürlich trotzdem drehen und bekommt dann Schwämmchen. Die werden vor die Gebärmutter geschoben. Wenn man stark blutet, braucht man auch zwei oder drei. Und dann kommt halt der Mann noch hinterher. Dann hat man natürlich umso mehr Schmerzen. Man geht dann aus seinem Körper. Man denkt drüber nach, was man mit dem Geld macht. Man ist woanders. […] Die Produzenten wühlen sich dabei mit der Kamera durch die ganzen Schwänze und schreien: ‚Dreh den Arsch richtig ins Licht!' Und jemand anders brüllt: ‚Reiß ihr den Arsch auseinander!' […] Von den ganzen Analgeschichten ist mir öfter alles eingerissen, bis es geblutet hat. Ich hatte Chlamydien. […] Die Drogen haben da längst auch nicht mehr geholfen. Am Schluss hab' ich gedacht: Je mehr ich jetzt nehme, umso größer ist die Chance, dass ich am nächsten Morgen nicht mehr aufwache." Der Bericht zeigt überdeutlich, dass Pornografie Gewalt gegen Frauen darstellt und somit frauenverachtend ist. Brunschweiger (2013, S. 60) weist im Kontext von Pornografie darauf hin, wie wenig Frauen und ihre Rechte in unserer Gesellschaft wert sind: *„Dass Pornografie auf Dominanz und Erniedrigung beruht, betont auch die bekannte Theaterkritikerin und Frauenrechtlerin Catherine Itzin (1944–2010) im Jahr 1992. Sie weist auf einen zentralen Punkt hin: Pornografie ist, ebenso wie Prostitution, unvereinbar mit den Menschenrech-*

ten, die ja wohl auch für Frauen gelten sollten. Eine menschenverachtende Behandlung und extrem verzerrte Darstellung würde, wenn es sich um einen einzelnen verfolgten Asiaten handeln würde, Amnesty International auf den Plan rufen, da es sich aber lediglich um eine Hälfte der Gesamtbevölkerung handelt … Männliche Rechte sind eben doch wichtiger als Frauenrechte.“ Brunschweiger (vgl. ebd., S. 60 f./S. 72) stellt klar, dass Männer, die Pornografie konsumieren, das Skript der Pornos auf ihre realen Beziehungen übertragen. Gleichzeitig lernen Mädchen und Frauen, dass sie sich so verhalten sollen, wie es Frauen in Pornos tun. Des Weiteren weist die Autorin auf die Konsequenzen von Pornografie hin: Pornografie trägt zu sexueller Gewalt, sexueller Diskriminierung und Geschlechterungleichheit bei.

Jungen und Männer wachsen durch das Konsumieren von Pornografie und „Sexszenen“ in Filmen und Serien in dem Glauben auf, dass Frauen durch Penetration zum Orgasmus kommen würden. Dass dies nicht so ist, erfahren die meisten Männer frühestens von frustrierten Freundinnen, die sie darüber aufklären, wie Frauen Lust bereitet werden kann, oder, wenn sie selber Verantwortung übernehmen und sich beispielsweise im Internet auf vertrauenswürdigen Seiten informieren. Hingegen werden Mädchen und Frauen nahezu überschwemmt mit Informationen, wie sie es „dem Mann besorgen können“. Mädchen erhalten Tipps, wie sie den Schmerz beim Analverkehr aushalten können, was sie tun können, um sich beim Schlucken des Spermas nicht übergeben zu müssen oder wie sie sich für einen Deep Throat den Würgereflex abtrainieren können.

Die Redaktion der Seite Fem.com (Fem 2019 b) schreibt beispielsweise: *„Du kannst auch versuchen, den Würgereflex vorab abzutrainieren. Alles, was du dafür benötigst, ist eine Zahnbürste. Und so geht's: Schieb die Bürste langsam Richtung Rachen, bis* *der Würgereflex einsetzt. Halte die Bürste ein paar Sekunden in dieser Position. Du wirst sehen, der Würgereiz lässt nach und du kannst die Zahnbürste noch etwas weiter in den Mund schieben. Auf diese Weise kannst du dich Stück für Stück Richtung Rachen vorarbeiten.“* Große bekannte Online-Verkaufsportale führen zudem Betäubungssprays für Deep Throats, wodurch der Rachen betäubt wird und der Würgereflex ausschaltet werden soll. Dazu werden diese Produkte unter anderem mit den Worten: „Heißer Porno Sternsex“ beworben. Da muss die Frage gestattet sein, in was für einer frauenverachtenden, männerbedürfnisorientierten Welt wir leben, in denen Mädchen und Frauen sich ihren eigenen Körper betäuben müssen, um Pornofantasien für Männer zu reproduzieren. Brunschweiger (2013, S. 82) bringt das auf den Punkt: *„Man könnte auch sagen – wie man sich zu einer perfekten, beherrsch- und abstellbaren Pornopuppe erniedrigt.“*

Es ist wichtig, es deutlich zu benennen: Pornografie wird zu 95 % von Männern konsumiert (vgl. Feige 2009, S. 380), wobei Deutschland weltweit gesehen auf Platz 1 mit 12,4 % des weltweiten Traffics von Pornografie steht (vgl. Röttgerkamp 2018). Immer wieder taucht das Argument auf, dass es ja feministische Pornos gäbe. Was dabei vergessen wird: Der Anteil dieser Pornos ist im Vergleich zu der unvorstellbaren Masse an Videos, die im Netz stehen, so verschwindend gering, dass er kaum messbar ist. Selbst wenn mit entsprechenden Code-Wörtern nach feministischen Pornos gesucht wird, landet man in der Regel auf Hardcore-/Gewaltpornoseiten. Die einzelnen wenigen vermeintlich „feministischen“ Seiten zu finden, ist also mit sehr viel Aufwand verbunden und eher die Suche nach der Nadel im Heuhaufen, wobei man trotzdem Darstellungen von Vergewaltigungen und Gewalt gegen Frau konsumieren MUSS, wenn man die „besseren“ Videos finden möchte. Kinder und Jugendliche, die mittlerweile ja ebenfalls

Pornos über Smartphones konsumieren, werden diese zudem gar nicht erst suchen und schon gar nicht finden und letztendlich bei Gewaltpornografie hängen bleiben. Zudem sind sie im Gegensatz zu Mainstream-Pornos in der Regel kostenpflichtig, was dazu führt, dass mögliche Konsumierende noch seltener zu feministischen Pornos als zu Mainstream-Pornos greifen. Außerdem muss angemerkt werden, dass auch vermeintlich feministische Pornos in unsere patriarchalen Strukturen eingebettet sind. Der Großteil der Pornos, die unter dem Label „feministisch" laufen, wirkt auf den ersten Blick gleichberechtigter, ist dies jedoch nicht. Das bestehende patriarchale Machtverhältnis wird trotzdem bei einer Vielzahl dieser Videos ebenso reproduziert, nur eben in einem anderen Rahmen. Dies bedeutet, dass es vielleicht keine Würgeszenen gibt, kein Schlagen, kein Sich-Übergeben, dass die Szene durch bestimmte Musik und die Art der Beleuchtung romantischer und weniger wie im Krankenhaus wirkt, dass nicht nur das schlagbohrermäßige Hämmern des Penis in die Vagina in Nahaufnahme im Zentrum steht. Und vielleicht sind die Bedingungen für die Frauen etwas besser als im Mainstreamporno. Trotzdem werden Machtverhältnisse reproduziert: Die Befriedigung der Frau, die nicht durch ein Rein und Raus des Penis erreicht werden kann, steht nicht im Mittelpunkt, die häufige Darstellung von Analsex, Cumshots oder Deep Throats ist dort ebenfalls zu finden. Feministische Pornos sind vielleicht ein gut gemeinter Versuch, aber leider auch nicht mehr. Dazu müsste es a) mehr feministische Pornos als Gewaltpornografie geben, was völlig utopisch ist, aktuell sind sie ja nicht einmal richtig auffindbar, b) müssten die Menschen, die mit Gewaltpornografie aufgewachsen sind, diese ablehnen und feministischere Filme konsumieren, c) müssten patriarchale Elemente analysiert und in den Filmen vermieden werden, d) müssten sie ebenfalls kostenlos sein, um dem Mainstream-Porno entgegenzuwirken und e) dürfte es kein Machtungleichverhältnis zwischen Männern und Frauen geben, in dem Frauen sexualisiert und objektiviert werden. Da alle Menschen in patriarchalen Strukturen sozialisiert sind, wirken diese auch permanent. Pornografie und auch einfache Nacktszenen in Hollywood-Filmen können nicht losgelöst vom Patriarchat gesehen werden. Frauen und ihre Körper werden immer automatisch objektiviert und als Sexobjekt wahrgenommen. Solange es ein Patriarchat gibt, so lange kann es keine feministische Pornografie geben. Mira Sigel (2018, S. 282) schreibt dazu: „*Einen Porno feministisch zu nennen ist im Übrigen seltsam. Auch bei einem sogenannten ‚feministischen Porno' haben Frauen für Geld Sex mit jemandem, mit dem sie freiwillig vermutlich keinen Sex hätten. Also ist es gefilmte Prostitution, nur unter besseren Bedingungen. Aber es bleibt, was es ist, auch wenn man ihm den Anstrich ‚Kunst' oder ‚Artcore' oder ‚feministisch' verpasst. Auch in einem feministischen Porno wird die dort gefilmte Frau zu einem Objekt für fremde Lust gegen Geld gemacht und deshalb ist auch diese Art von Porno abzulehnen.*" Mit Pornografie wird Geld verdient. In der Online-Pornoindustrie werden jährlich über 5 Milliarden Dollar umgesetzt (vgl. Röttgerkamp 2018). Mira Sigel (vgl. 2018, S. 283 f.) kommt zu dem Ergebnis, dass es sich bei der Pornoindustrie um eine 90-Milliarden-Dollar-Industrie handelt – eine Männerdomäne, bei der es kaum weibliche Produzentinnen gibt. Es zeigt sich, was wir auch aus anderen patriarchalen Bereichen kennen: Die Verschränkung von Frauenfeindlichkeit/patriarchalen Strukturen und dem Kapitalismus. Im Monat besuchen allein 1,5 Milliarden Menschen die drei am häufigsten aufgerufenen Pornografie-Internet-Seiten, täglich werden 12,6 Millionen Euro durch Internet-Pornografie umgesetzt, 8 % des weltweiten E-Mail-Verkehrs beinhaltet pornografisches Material, 35 % des Datenverkehrs hat pornografischen Ursprung, 43 % aller Internet-Nutzenden sehen sich pornografische Inhalte an, täglich erfolgen 68 Millionen pornografische Suchanfragen und 70 % des Konsums von Pornografie werden an Werktagen zwischen 9 bis 17 Uhr abgerufen (vgl. Röttgerkamp 2018). Bezeichnend ist: Beim Champions-League-Finale 2013 brachen die Zugriffszahlen der Pornografie-Seite Pornhub um 40 % ein (vgl. ebd.).

An dieser Stelle folgt eine kurze Anekdote: Vor kurzem sah ich einen Hollywood-Film, in dem der Mann beim Geschlechtsverkehr nicht zum Orgasmus kommen konnte und seine Partnerin daher ebenfalls nicht. Daraufhin fragte seine Freundin, ob sie es sich denn selber machen dürfe. Diese Vorstellung ist tief in unserem Bewusstsein verankert: Der Mann kann die Frau nur mit seinem erigierten Penis zum Orgasmus bringen – was so aber nun mal in der Regel gerade nicht funktioniert. Wenn der Mann nicht kommen kann, dann kann/darf die Frau ebenfalls nicht kommen. Und wenn sie kommen möchte, dann muss sie es sich selber machen. Sie muss sogar um Erlaubnis fragen, um Solo-Sex zu haben. Der Sex zu zweit ist in jedem Fall gestorben. Man stelle sich das einmal andersherum vor: Die Frau kann nicht zum Orgasmus kommen, woraufhin sie den Geschlechtsverkehr abrupt beendet. Er hätte durch die Penetration nicht zum Höhepunkt kommen können und hat das nur ihr zuliebe mitgemacht. Da er aber gerne auch einmal kommen möchte, muss er sie anschließend fragen, ob er sich wenigstens selber befriedigen darf, da sie ihn nicht befriedigen wird. Das ist ein Beispiel dafür, dass Sexualität auf die Befriedigung von Männern ausgerichtet ist. Würde jedes Mal, wenn die Frau durch Penetration nicht zum Orgasmus kommt, der Sex zu zweit beendet, so gäbe es höchstwahrscheinlich so gut wie gar keine Penetration zwischen Männern und Frauen mehr. Es gibt sicherlich Männer, die nicht wissen, wie sie ihre Partnerin befriedigen können. Da stellt sich die Frage, warum sie sich in Zeiten des Internets nicht einfach erkundigen. Entscheidender ist aber, dass der Großteil der Männer sehr wohl weiß, dass für die sexuelle Befriedigung der Frau die Stimulation der Klitoris grundlegend ist. Das erhärtet den Verdacht, dass sehr viele Männer die Bedürfnisse ihrer Partnerin bewusst ignorieren und es ihnen egal ist, ob sie ebenfalls auf ihre Kosten kommt. In der beschriebenen Szene wird ebenfalls deutlich, dass dem Mann die Bedürfnisse der Frau egal sind und er sich nicht darum kümmert, da er selbst nicht zum Orgasmus kommen kann. Dass er nicht kommen kann, steht in keinem Zusammenhang damit, dass er sie nicht befriedigt. Die Lösung kann und darf nicht sein, dass die Frau nur dann zum Höhepunkt kommt, wenn sie es sich selber macht. Pornografie, aber auch Sexszenen in Filmen und Serien, haben einen enormen Einfluss auf das gesellschaftliche Frauenbild und somit auf toxische Männlichkeit und auf gleichberechtigte Beziehungen.

2.5 MÄNNER IN DER FAMILIE UND PARTNERSCHAFT

Elternzeit

Nach der Geburt eines Kindes nehmen zwar mehr Männer als noch vor einigen Jahren Elternzeit, allerdings nutzen ganze 58,1 % der Väter nur die zwei Partnermonate (vgl. Statistisches Bundesamt 2017), bei denen der Vater jedoch sogar bis zu 30 Stunden pro Woche arbeiten kann. Der Großteil der Monate der Elternzeit wird weiterhin von Frauen genommen.

Familienarbeit

Auch in der Familienarbeit sind es vor allem Frauen, die den Großteil der Arbeit leisten und Familien am Laufen halten, während ein Großteil der Männer Frauen damit allein lässt und somit Geschlechterstereotype reproduziert. Damit belasten sie Frauen doppelt: Neben ihrer Lohnerwerbstätigkeit sind sie zudem für die Arbeiten in Haushalt und Familie verantwortlich – unbezahlt. Dies führt meist dazu, dass Frauen nicht Vollzeit arbeiten gehen können – ihre Partner aber schon – und dass sie somit finanziell abhängig von ihrem Partner werden und enorme Einbußen bezüglich der eigenen Rente hinnehmen müssen: 11 % der Frauen gaben in Untersuchungen an, dass sie für die Familienarbeit alleine verantwortlich sind, aber nur 1 % der Männer gab dies ebenfalls an. 66 % der Frauen gaben an, für das Meiste zuständig zu sein, jedoch nur 3 % der Männer, 20 % der Frauen gaben an, etwa für die Hälfte verantwortlich zu sein und 25 % der Männer. Nur den kleineren Teil in der Familienarbeit zu leisten, gaben hingegen lediglich 2 % der Frauen an, aber 60 % der Männer. Dass sie kaum etwas in die Familienarbeit investieren, gab 1 % der Frauen, aber 10 % der Männer an (vgl. statista 2009).

Eurostat und das statistische Bundesamt kamen in einer europaweiten Studie zu dem Ergebnis, dass in Deutschland 72 % der Frauen für das Kochen und den Haushalt verantwortlich sind, aber nur 29 % der Männer (vgl. statista 2019b). Erschreckend ist zudem das Ergebnis, dass 2016 europaweit 92 % der 25- bis 49-jährigen Frauen mit Kindern unter 18 Jahren täglich für die Kinderbetreuung und die Kindererziehung zuständig waren, aber nur 68 % der Männer (vgl. Statistisches Bundesamt). Dabei stellt sich die Frage nach der zeitlichen Verteilung, da es meistens Frauen sind, die einen wesentlich größeren Zeitanteil für Care-Arbeiten auf sich nehmen als Männer. Die 68 % der Männer sind also mit Vorsicht zu betrachten, da auch eine viertel Stunde täglicher Kinderbetreuung in dieser Studie auftauchen würde.

Im 2. Gleichstellungsbericht 2017 der Bundesregierung wurde der Care Gap für alle Haushalte erhoben, also auch diejenigen, in denen keine Kinder leben (Singles, kinderlose Familien, WGs und so weiter, wo die Care Arbeit um ein Vielfaches geringer ist als bei Menschen mit Kindern). Das Ergebnis ist, dass Frauen 52,4 % mehr Familien- und Sorgearbeit als Männer leisten, bei Familien mit kleinen Kindern sind es sogar 110 % beziehungsweise täglich 2 ½ Stunden zusätzliche Sorgearbeit (vgl. Schnerring/Verlan 2020). Nicht berücksichtigt sind Familien mit Kindern mit Behinderungen, denen oftmals die benötigten Hilfen und Betreuungsmöglichkeiten fehlen, sowie Alleinerziehende, die in der Erhebung nur am Rande vorkommen. Dabei gibt es 2,6 Millionen Alleinerziehende in Deutschland, wovon 2,2 Millionen Mütter sind und nur 400.000 Väter (vgl. ebd.).

Insgesamt muss mit all diesen Ergebnissen vorsichtig umgegangen werden. Es gibt hinreichend Untersuchungen dazu, dass Männer sich selbst in Bezug auf Familienarbeiten und Haushalt völlig überschätzen und den Großteil der Arbeit („unsichtbare Arbeit") gar nicht sehen.

Unterhalt

Nach einer Trennung leben Kinder in Deutschland, wie soeben vorgestellt, zum Großteil bei ihrer Mutter. Der Elternteil, bei dem die Kinder nicht leben, ist unterhaltspflichtig, in der Regel ist dies also der Vater. Die Hauptkosten sowie die Arbeit mit den Kindern tragen somit wie meist vor der Trennung weiterhin fast ausschließlich Frauen, die daher meist selbst nur in Teilzeit arbeiten können. Bei der gesetzlichen Unterhaltspflicht zeigt sich dann das Ausmaß toxischer Männlichkeit: Die Hälfte aller Väter zahlt gar keinen Unterhalt für ihre Kinder und ein weiteres Viertel zahlt weniger als den Betrag, der dem Kind laut Düsseldorfer Tabelle zusteht (vgl. Hartmann 2014, S. 14). Dies bedeutet, dass 75 % der Alleinerziehenden – also in der Regel Mütter – den für ihre Kinder zustehenden Unterhalt gar nicht oder nur ungenügend erhalten, und das Risiko von Armut betroffen zu werden, von dem Frauen ohnehin bedroht sind, um ein Vielfaches erhöht wird.

Kontaktabbruch zu den eigenen Kindern

Nach einer Trennung brechen viele Väter den Kontakt zu ihren Kindern ab. Eine Studie in Österreich hat versucht, die Kontaktabbrüche zahlenmäßig zu erfassen. Die Doktorin Mariam Irene Tazi-Preve (vgl. 2007) vom Forschungsteam schreibt: *„40 % machen keine Angaben zur Frage des Kontaktes zu ihren getrenntlebenden Kindern. Von den verbleibenden getrennten bzw. geschiedenen Vätern geben 11 % an, keinen Kontakt mehr zu haben. Weitere 10 % haben mäßigen Kontakt zu ihren Kindern, nämlich zumindest einmal im Jahr ein persönliches Treffen. Wenn man davon ausgeht, dass der tatsächliche Anteil an* *kontaktabbrechenden Vätern damit weit höher liegt als aus dem Prozentsatz, der zur weiteren Auswertung herangezogen wurde (nämlich der o. a. 11 %), kann man von einer Schätzung ausgehen, in der sich die Zahlen an jene Werte angleichen, die für vergleichbare Studien bekannt sind, nämlich einer Abbruchsrate bis zu rund der Hälfte aller betroffenen Väter.“*

Trösten

Barbara Koch-Priewe führte an der TU Dortmund eine Studie mit 1.635 Jungen im Alter von 14 bis 16 Jahren zu den Themen Freizeitverhalten, Männer- und Frauenbilder, Lebensentwürfe sowie Migration durch (vgl. Koch-Priewe/Niederbacher/Textor/Zimmermann 2009): Unter anderem kam heraus, dass nur einer von zehn Jungen vom Vater getröstet oder in den Arm genommen wird, wenn er weint, stattdessen werden die Jungen in diesen Situationen ignoriert (56 %) oder verurteilt (43 %). Der Grund dafür ist das Bild des „starken Mannes“, der nicht weinen darf, der hart ist und der keine Misserfolge haben darf.

Durch das fehlende Trösten, fehlende körperliche Nähe und das fehlende Benennen von Gefühlen durch die Eltern (vor allem durch Väter, die sich selber als stark, unbesiegbar und emotionslos geben, außer bei destruktiven Emotionen und Gefühlen wie Wut und Aggressionen), lernen Jungen keinen konstruktiven Umgang mit den eigenen Gefühlen. Unsicherheiten, Angst oder beispielsweise Trauer werden häufig unterdrückt; Jungen reagieren oftmals mit Aggressionen, da die unterdrückten Emotionen Frust und Ärger auslösen, und lösen Probleme durch Gewalt. Dies wird durch das gesellschaftliche und mediale Männerbild täglich verstärkt.

Heirat

Es wird von Frauen auch heute noch erwartet, dass sie bei der Heirat den Nachnamen des Partners annehmen. Diskussionen, bei denen sich Frauen von dieser „Tradition“ lösen wollen, die ganz im Sinne des Patriarchats steht, eskalieren oftmals und führen zu großen langanhaltenden Streitigkeiten. In sozialen Netzwerken und Internetforen wird immer wieder thematisiert, dass oftmals innerhalb von Familien Beziehungen abgebrochen werden, wenn der Mann den Nachnamen der Frau annimmt. Erst seit 1976 besteht die Möglichkeit, dass der Geburtsname der Frau auch der Familienname wird. Bis in die 90er-Jahre war es gesetzlich geregelt, dass der Nachname des Mannes bei einer Heirat der Familienname wurde, wenn sich der Ehemann und die Ehefrau nicht über den Nachnamen einigen konnten. Eine Änderung dieser Regelung wurde erst durch Klagen vor dem Bundesverfassungsgericht im Jahr 1991 erreicht. Das Gesetz trat schließlich am 1. April 1994 in Kraft. Heute sind Doppelnamen sowie unterschiedliche Nachnamen möglich. Allerdings ist es auch heute eher die Ausnahme, wenn ein Mann den Nachnamen seiner Frau annimmt: 75 % übernehmen bei einer Heirat den Nachnamen des Mannes, 12 % behalten jeweils ihren Namen, 8 % wählen einen Doppelnamen und nur 6 % (einer von 16 Männern) wählen den Nachnamen der Frau als Familiennamen (vgl. GfdS 2018).

2.6 MÄNNER UND IHRE GESUNDHEIT

Toxische Männlichkeit schadet nicht nur anderen, Männer schaden sich auch selbst und belasten die Krankenkassen und somit die Gesellschaft. Männer besitzen eine niedrigere Lebenserwartung als Frauen: Frauen werden in Deutschland durchschnittlich 83 Jahre und zwei Monate alt, Männer hingegen 78 Jahre und vier Monate. Männer leben also fast fünf Jahre kürzer als Frauen. Das hängt mit einem generell ungesünderen und riskanteren Lebensstil der Männer zusammen. Der Grund dafür sind u. a. männliche Geschlechtervorstellungen. Die WHO kam in einer großen europaweiten Studie zu dem Ergebnis, dass der Gesundheitszustand von Männern in den Ländern besser ist, in denen es eine höhere Gleichberechtigung gibt: Die Lebenserwartung von Männern ist höher, die Anfälligkeit für Depressionen ist geringer, es gibt geringere Suizidraten und ein geringeres Risiko für einen gewaltsamen Tod (vgl. Stocker 2018). Dieses Ergebnis bestätigte auch eine Studie des Robert-Koch-Instituts (RKI), die gemeinsam mit der Uni Bielefeld durchgeführt wurde (vgl. Nieder-Entgelmeier 2019). Die Bielefelder Gesundheitswissenschaftlerin Petra Kolip sagt: *„Die Ergebnisse zeigen, dass Gleichstellung beiden Geschlechtern nützt."* Auch weltweit gesehen leben Männer kürzer als Frauen. Kolip erklärt: *„Das liegt nur zum Teil an genetischen Faktoren, sondern vor allem daran, dass Männer tendenziell einen ungesünderen und riskanteren Lebensstil pflegen."* Kolip, die seit 2009 die Professur für Prävention und Gesundheitsförderung an der Uni Bielefeld innehat, zählt den Konsum von Alkohol und Nikotin, weniger Besuche als Frauen bei ärztlichem Fachpersonal, riskantes Verhalten wie beim Autofahren, riskantere Arbeitsplätze oder beispielsweise ein höheres Risiko, bei einem Unfall zu sterben als Faktoren für den früheren Tod von Männern. Die Ergebnisse zeigen den Zusammenhang zwischen Lebenserwartung und Geschlechterstereotypen auf. *„Mit Blick auf den riskanteren Lebensstil von Männern heißt es dann häufig, dass Männer einfach nur gesünder leben müssen, wenn sie länger leben wollen. Doch wir haben uns auch die Frage gestellt, warum Männer sich so verhalten. Das Verhalten wird auch von Geschlechterstereotypen beeinflusst, deshalb ist auch die Gesellschaft gefragt"*, erklärt Kolip. *„Geschlechterstereotype schreiben Männern und Frauen bestimmte Eigenschaften und auch Berufe zu."*

Ein weiterer Aspekt bezüglich der Lebenserwartung ist der Tod durch Ertrinken. Meist sind es Männer, die durch Ertrinken sterben, wie die Deutsche Lebens-Rettungs-Gesellschaft (DLRG) konstatiert: 80 % der Ertrunkenen sind Männer. Die DLRG erklärt dies damit, dass Männer häufiger übermütig schwimmen gehen – oftmals unter Alkoholeinfluss – und Gefahren unterschätzen. Mit Hilfe des Genderindex hat das Team um Petra Kolip die Zusammenhänge zwischen Gleichstellung und Lebenserwartung in allen Bundesländern untersucht und kam zu folgendem Resultat: *„Das Ergebnis ist eindeutig: Männer leben umso länger, je stärker Frauen und Männer gleichgestellt sind."* Umso größer die Gleichstellung in einem Bundesland ist, desto höher ist auch die Lebenserwartung von Männern, und umgekehrt: Umso geringer die Gleichberechtigung, desto kürzer leben Männer. Dies betrifft allerdings nur Männer. Frauen leben laut der Studie in einem gleichberechtigten Bundesland nicht länger als Männer (vgl. ebd.). An dieser Stelle ist jedoch ein differenzierterer Blick wichtig: Aktuell existiert kein Bundesland, in dem Männer und Frauen auch nur annähernd gleichberechtigt wären. Wäre dies der Fall, würden auch bezüglich der Lebenserwartung und der körperlichen Unversehrtheit Frauen enorm von der Gleichberechtigung profitieren: Es gäbe viel weniger häusliche Gewalt und viel weniger Femizide. Auch würden Frauen weitaus seltener an Burn Out und Depressionen erkranken. Generell würden Frauen seltener benachteiligt und würden weniger Gewalt erleben.

Auch das Bundesministerium für Gesundheit konstatiert, dass die geringere Lebenserwartung von Männern auf ihr Verhalten zurückzuführen ist: Männer rauchen mehr, trinken mehr Alkohol, lassen sich seltener untersuchen (Früherkennungsuntersuchungen), nehmen seltener an Gesundheitsförderungsmaßnahmen teil, bewegen sich weniger, ernähren sich ungesünder, begehen häufiger Suizid, sie sterben häufiger bei Arbeitsunfällen und haben häufiger vermeidbare Krankheiten. Der Anstieg von psychischen Erkrankungen wird als Folge von geschlechtsspezifischen Zwängen in der Arbeitswelt im Zusammenhang mit Männlichkeitsvorstellungen (Leistung, Erfolg, Überlegenheit, Macht) gesehen (vgl. Bundesministerium für Gesundheit 2011, S. 10 f.). Verlagsleiter FID Gesundheit (2008, S. 5) Jörg Ludermann fasst zusammen: *„Männer gehen selten achtsam mit ihrem Körper um. […] Viele Männer fühlen sich kerngesund, bis sie eines Tages schwer erkranken oder gleich tot umfallen.“* Almut Schnerring und Sascha Verlan (vgl. 2014, S. 120) fassen bezugnehmend auf die Ergebnisse des Männergesundheitsberichts 2013 zusammen, dass Jungen lernen, Krankheitssymptome zu verharmlosen und, anstatt darüber zu sprechen, versuchen, ihre gesundheitlichen Probleme zunächst allein zu lösen.

Die Soziologin Monika Setzwein sagte im Interview mit der Fachzeitschrift für Gesundheitsförderung, dass männliche Geschlechterbilder einen starken Einfluss auf ihre Ernährung haben: Männer haben einen merklich höheren Konsum von Fleisch und Alkohol sowie eine Neigung zu schwerer, energiereicher Kost (vgl. Setzwein 2001, S. 315). Aber nicht nur in den Nahrungsvorlieben und den tatsächlichen Essgewohnheiten gibt es Unterschiede, sondern auch in ihren Einstellungen:

Männer sind genussorientierter und achten daher weniger auf das, was sie essen, sondern darauf, wie es ihnen schmeckt (vgl. ebd.). Gerade Fastfood wird von Männern häufig gegessen. Dabei spielt es natürlich auch eine Rolle, dass Männer sich viel weniger mit Zubereitungen von Mahlzeiten auseinandersetzen als Frauen und auch in ihrer Kinder- und Jugendzeit anders als Mädchen und Frauen viel seltener gelernt haben, zu kochen. Beispielsweise kann bei einem Restaurantbesuch beobachtet werden, dass sich Männer im Gegensatz zu Frauen ungesünder ernähren: Während Frauen meist gesündere und leichter verdauliche Kost bestellen wie zum Beispiel Salat, Gemüsepfannen oder Aufläufe, essen Männer vor allem schwere und ungesunde Kost, sprich Pommes, Burger und viel Fleisch.

Männer, die in einer Beziehung mit einer Frau sind, leben häufig gesünder und länger als Single-Männer, da sich ihre Partnerin beispielsweise um gesunde Ernährung kümmert sowie um Termine bei ÄrztInnen, um Impfungen oder darum, dass sich der Mann bei seiner Lohnerwerbstätigkeit krankmeldet, anstatt die Krankheitssymptome zu ignorieren (vgl. Augustin 2015). Es wird deutlich, dass Männer nicht gelernt haben, dass sie sich um sich selbst und ihre Gesundheit kümmern müssen.

Weitere Risikofaktoren für Männer sind, dass sie zu Extremsportarten neigen, dass sie sich oft für gefährlichere Jobs entscheiden, dass sie risikoreicher leben und sich seltener therapeutische Hilfe suchen, was langfristig gesundheitliche Folgen mit sich bringt.

Raithel (vgl. 2003, S. 21 ff.) benennt, dass männliches Risikoverhalten bereits in der Jugendphase beobachtbar ist: Jungen zeigen ein riskanteres Verhalten als Frauen (zum Beispiel durch Mutproben oder riskante sportliche Tätigkeiten), auch bezüglich Substanzen (Rauchen, übermäßiger Alkoholkonsum sowie der Konsum von illegalen Drogen). Y. Joel Wong (vgl. 2017) und sein Team von der Indiana University Bloomington haben eine Meta-Analyse durchgeführt, bei der 78 Studien mit 19.453 Teilnehmern bezüglich des Zusammenhangs zwischen psychischer Gesundheit und männlicher Sozialisation/toxischer Männlichkeit ausgewertet wurden. Dabei wurden elf Kriterien wie Risikobereitschaft, Gewalt, Wichtigkeit der Lohnerwerbstätigkeit usw. herangezogen – basierend auf einem 2003 (vgl. Diemer/Freitas/Gottfriedl/Locke/Ludlow/Mahalik/Scott 2003, S. 3–25) entwickelten psychologischen Test zur Beurteilung von Männlichkeit. Das Ergebnis lautete (vgl. Wieselberg 2016), dass vor allem drei Aspekte einen Einfluss auf die psychische Gesundheit haben: Die eigene „Macho-Identifikation", die eigene Unabhängigkeit sowie der Glaube, über Frauen Macht zu haben. Auch in dieser Analyse erkannten die Forschenden die Zusammenhänge zwischen männlichen Rollenvorstellungen und dem Aussetzen von Besuchen bei ärztlichem Fachpersonal, aber auch, dass sexistisch eingestellte Männer seltener eine Partnerin finden.

Mohsen Naghavi und sein Team (vgl. 2018) der University of Washington in Seattle veröffentlichten im British Medical Journal, dass es im Jahr 2016 weltweit 817.000 Suizidtote gab. Schätzungen gehen von 150.000 Suizidversuchen jährlich in Deutschland aus. Im Jahr 2016 suizidierten sich beispielsweise 9.800 Menschen: Pro 100.000 männliche Einwohner töteten sich 18,2 Männer und pro 100.000 Einwohnerinnen begingen 5,9 Frauen Suizid (vgl Wilems 2019). Männer suizidierten sich somit mehr als dreimal so häufig wie Frauen.

Stern.de (2019) veröffentlichte dazu folgenden Text: *„Es gibt zahlreiche Erklärungsmuster, warum Männer besonders gefährdet sind: mangelnde Kommunikation sowie die Unfähigkeit, Probleme einzugestehen und der Wunsch, nach außen hin stark zu erscheinen. Auch der Zusammenbruch einer ganzen Existenz infolge von Schulden oder Arbeitslosigkeit können zu Suizidversuchen führen."*

2.7 ZUSAMMENHANG VON ANTIFEMINISMUS, ANTISEMITISMUS UND RASSISMUS

Rechtes, rassistisches, antisemitisches und antifeministisches Denken ist schon lange kein Problem mehr, das nur ganz rechts außen verortet werden kann. Es durchzieht alle politischen Einstellungen und Positionierungen und ist längst in der Mitte der Gesellschaft angekommen. Sexismus, Frauenhass und die Abwertung von Frauen ist Teil der gesamtgesellschaftlichen Sozialisation und kann nicht einer bestimmten politischen Verortung zugeschrieben werden. Die Verwobenheit von rechten, rassistischen, antifeministischen und antisemitischen Denk- und Verhaltensmustern wurde im Jahr 2019 jenseits universitärer Kontexte in der Öffentlichkeit thematisiert, ausgelöst durch den Anschlag in Halle (Saale) am 09. 10. 2019. Festzuhalten ist zunächst, dass Amokläufe – Beispiele dafür sind Christchurch, Winnenden, Toronto, Utøya, München – männlich geprägt sind.

Die wissenschaftlichen Erkenntnisse über die soziale Konstruktion von Geschlechterrollen werden vor allem von rechten und rechtspopulären Kreisen geleugnet. Hingegen werden biologische Aspekte herangezogen und konstruiert, um somit Männern und Frauen unterschiedliche hierarchische Positionen zuzuschreiben, an deren Spitze der weiße heterosexuelle Mann steht. Zudem sind im Fokus von Rechten alle Menschen, die sich für eine gleichberechtigte Gesellschaft einsetzen: Beratungsstellen für Betroffene rechter, rassistischer und antisemitischer Gewalt, links-positionierte PolitikerInnen und AktivistInnen, FeministInnen sowie beispielsweise Gleichstellungsbeauftragte. Critical Whiteness (kritische

Weißseinsforschung) thematisiert die Privilegien, die weiße Menschen gegenüber Schwarzen Menschen und People of Color besitzen, sowie die Wirkweisen der strukturellen und der individuellen Diskriminierung. In ihrem Buch „Exit Racism" hat die Autorin Tupoka Ogette (vgl. 2017, S. 68 f.) eine auf Peggy McIntosh zurückgehende Liste an Privilegien von weißen Menschen zusammengetragen, die für einen reflektierten Umgang und ein rassismuskritisches Denken und Handeln gewinnbringend sind. Der beschriebene Bezug auf biologistische Aspekte ist ein zentrales Denkmuster von rechten Ideologien. Die Idee dahinter ist, dass die Gesellschaft auf naturalistischen Weltbildern basiert, wobei von einer Gemeinschaft gesprochen wird. In dieser Gemeinschaft herrscht nach dieser Ideologie eine männliche Kampfbereitschaft. Die hierarchische Spitze bildet die „ethnisch homogene Volksgemeinschaft" (vgl. Bernhard 2019). Der Kulturtheoretiker Klaus Theweleit (vgl. 2015 sowie 2019 [1977]) beschreibt, dass die Wut und die Angst vor Fremden sich dadurch erklären lässt, dass besagte Männer Landesgrenzen mit den eigenen Körpergrenzen gleichsetzen, die sie selber aber gar nicht spüren, und somit das Überschreiten von Landesgrenzen als Einmarschieren in den eigenen Körper wahrnehmen.

Auf die Verschränkungen von Sexismus, Rassismus und Antisemitismus als Bestandteil rechtsextremer Einstellungen verweist auch Samuel Salzborn (vgl. 2015, S. 21), bezugnehmend auf Stöss. Auch die beiden Politikwissenschaftlerinnen Judith Götz und Eike Sanders (vgl. AK FE.IN 2019) verweisen auf den Zusammenhang von rechten Einstellungen und toxischer Männlichkeit. Migration und Feminismus werden als Bedrohung für die Gesellschaft konstruiert. Eine geringe Geburtenrate und das Aufbrechen von Geschlechterstereotypen würde die Gesellschaft von Innen bedrohen, Frauen seien Opfer, die durch Männer gerettet werden müssten, um den

Untergang aufzuhalten. Es wird an maskulinen Männerbildern und traditionellen Geschlechterbildern in der rechten Szene festgehalten. Zudem seien Frauen längst gleichberechtigt – daher müssten die Familienpolitik und die Gender-Diskurse bekämpft werden. Der Feminismus sei schuld an einer abzulehnenden multikulturellen Gesellschaft. Die beiden Autorinnen machen deutlich, dass der Antifeminismus somit eine Brückenfunktion zwischen der gesellschaftlichen Mitte und Rechts besitzt (vgl. ebd.). Auch Michael Meuser beschreibt einen Ende der 1980er-Jahre eingesetzten Teildiskurs von Maskulisten, die Männer als Opfer des Feminismus konstruieren und zurück zu traditioneller männlicher Dominanz wollen (vgl. Meuser 2001, S. 220). Anne Helm (Die Linke) konstatiert bezüglich ihrer Arbeit zum Thema Radikalisierung im Netz, dass Verschwörungstheorien existieren, die besagen, dass es eine die Welt regierende „jüdische Finanzelite" gebe, die sich den Feminismus am Reißbrett ausgedacht habe, *„um Frauen dazu zu bringen, weniger Kinder zu bekommen, um die weiße Rasse zu zerstören und einen Genozid an den Weißen zu verursachen"* (vgl. Bongen 2019).

Die Verschränkungen von antifeministischen und rechten Einstellungen wurden durch die aggressiven Reaktionen von Männern auf die Rede von Greta Thunberg auf der UN-Klimakonferenz in New York am 24. September 2019 deutlich: Weiße Männer sahen sich und ihre Männlichkeit infragegestellt, sie sahen ihr kapitalistisches und klimazerstörendes Handeln öffentlich kritisiert – und das von einem Mädchen (Kategorie Geschlecht), die minderjährig ist (unwissend, weniger wert, weniger Macht), die aus Schweden kommt (rassistischer Aspekt) und ein Asperger-Syndrom hat (Beeinträchtigung). Damit entspricht sie nicht der Vorstellung eines kompetenten Menschen auf Augenhöhe – nämlich dem eines weißen stereotypen Mannes. Die Gegenreaktionen sind symptomatisch für toxische Männlichkeit. Männer reagieren höchst emotional und mit verschiedenen Kategorien der Abwertung auf die Kritik von Greta Thunberg und wissen sich nur durch die Androhung von Vergewaltigung, Gewalt und Mord zu helfen. Das Meinungsforschungsinstitut Civey hat für FOCUS Online deutsche Bürgerinnen und Bürger befragt, wie sie Greta Thunbergs Rede aufgefasst haben (vgl. Tippe 2020, S. 55). Die Ergebnisse sind alles andere als verwunderlich: Umso rechter und konservativer die Parteien aufgestellt sind, desto größer war die Ablehnung: 14 % der Grünen-AnhängerInnen standen der Rede negativ gegenüber, 34 % der Linken, 43 % der SPD, 77 % der Union, 82 % der FDP und 95 % der AfD (vgl. ebd.).

„Pick-Up-Artists/Pick-Up-Assholes"

„Pick-Up-Artists" sind Männer aus einer Männerbewegung, die Frauen durch emotionale Manipulation ins Bett bekommen wollen. Die Soziologin Leonie Viola Thöne (Hummel 2012) sagt: „Pick-Up-Artists sind manipulative, frauenfeindliche Aufreißer, die einem mehrstufigen Plan vom ersten Ansprechen bis zum Sex folgen und eine große Zahl von einstudierten Verhaltensmustern und Tricks nutzen, um möglichst viele Frauen flachzulegen". Sie kommt zu dem Ergebnis: „Diese Männer wollen die Frau brechen." Diese Ausuferungen toxischer Männlichkeit haben sich im Netz organisiert, bieten Seminare und Bücher an und sind höchst gefährlich. Der Begriff „Pick-Up-Artists" ist problematisch, da suggeriert wird, dass es sich bei den manipulativen und misogynen Kommunikationstechniken um Kunst statt um psychische Gewalt und Manipulation handeln würde. Daher wurde der Begriff „Pick-Up-Assholes" eingeführt, der sich mehr und mehr durchsetzt.

Toxische Männlichkeit: Rechtsextreme terroristische Anschläge

Der norwegische Rechtsextremist Anders Behring Breivik ermordete am 22.07.2011 69 Menschen auf der norwegischen Insel Utøya sowie acht weitere in Oslo. Breivik ist muslimfeindlich sowie antisemitisch eingestellt (vgl. Ayyadi 2018). In der Szene der Incels („Involuntary Celibate" – „unfreiwilliger Zölibatärer) wurde er für sein Handeln gefeiert. Genau fünf Jahre später, am 22.07.2016, ermordete der Hitler verehrende David Sonboly bei dem rechtsradikal motivierten Anschlag in München neun Menschen. Am 19.02.2020 ermordete Tobias Rathjen in Hanau elf Menschen – darunter seine Mutter und sich selbst. In seinem Manifest wurde deutlich, dass sich seine Aggressionen und Gewalt gegen Menschen mit Migrationshintergrund richteten, und gegen Frauen.

Incels

Incels („Involuntary Celibate" – „unfreiwilliger Zölibatärer") sind heterosexuelle Männer und Teil einer antifeministischen Männerrechtsbewegung, die unfreiwillig keinen Sex mit Frauen haben. Sie vertreten aber die Auffassung, dass sie ein Recht darauf hätten. Incels, deren Bewegung eine in den USA entstandene Internet-Subkultur ist, haben eine frauenverachtende misogyne Einstellung und sind der Auffassung, dass sie gegen Frauen sowie gegen sexuell aktive Männer mit Gewalt vorgehen dürfen. Ihre Einstellung verschränkt sich oft mit rassistischen und antisemitischen Ideologien. Amokläufer bekennen sich oftmals öffentlich zu der Incel-Bewegung.

3. Wie kann toxische Männlichkeit abgebaut werden?

Um toxische Männlichkeit sowie patriarchale Strukturen abzubauen und Gleichberechtigung herzustellen, benötigen wir einen feministischen Weg. Dazu werden Veränderungen auf der individuellen sowie auf der strukturellen Ebene benötigt. Im Folgenden stelle ich praktische und handfeste Lösungsvorschläge vor, um das eigene toxische Verhalten zu erkennen, zu reflektieren und zu verändern. Im Anschluss werde ich zudem Forderungen an die Politik und Bildung vorstellen.

Ich möchte an dieser Stelle noch einen Gedanken für trans Frauen (und zum Teil auch für queere/non-binary/transgender und genderfluide Personen, die männlich sozialisiert wurden) mit auf den Weg geben: Alle Menschen durchlaufen eine Sozialisation, welche durch das binär-aufgeteilte Geschlechtersystem ab Geburt durch die geschlechtliche Zuordnung und Lesart geprägt ist. Somit tragen alle männlich sozialisierten Menschen toxische Anteile in sich. Daher kann es ebenfalls gewinnbringend sein, sich mit den folgenden Lösungsvorschlägen auseinanderzusetzen, um zu reflektieren, welche toxischen Teile verändert werden können.

3.1 SELBSTREFLEXION

Anerkennen

Zuallererst ist es grundlegend, patriarchale Strukturen und die Existenz toxischer Männlichkeit anzuerkennen. Es ist wichtig zu begreifen, dass Frauen strukturell in allen Lebensbereichen, einfach weil sie Frauen sind, benachteiligt werden. Frauen erleben Gewalt durch Männer und werden von ihnen ermordet. Die Benachteiligungen von Frauen ziehen sich durch alle Lebensbereiche und hängen mit einer männerdominierten, kapitalistischen Gesellschaft zusammen, die Stereotype produziert, um Männer auf- und Frauen abzuwerten. Die Erfahrungswelten von Frauen können Männer niemals nachfühlen, da sie diese niemals erleben werden. Auch werden Männer niemals Sexismus erleben können, wie auch weiße Menschen keinen Rassismus erleben.

Beschäftigung mit dem Feminismus und mit toxischen Anteilen

Alle Männer tragen unweigerlich toxische Anteile in sich. Um diese zu reflektieren und zu verändern, ist es wichtig, sich mit Feminismus zu beschäftigen. Neben dem Aneignen von theoretischem Wissen müssen problematische Denk- und Verhaltensweisen überschrieben werden. Das ist ein langer und oft schmerzhafter Weg. Es ist nicht verwunderlich, wenn sich Lesende durch verschiedene Themen, die im vorliegenden Buch vorgestellt werden, angegriffen und kritisiert fühlen. Es ist nicht leicht, sich die eigenen toxischen Anteile einzugestehen. Ein stetes Hinterfragen des eigenen Handelns und Denkens hilft dabei, diese Anteile zu erkennen. Außerdem kann es zum Erkenntnisgewinn beitragen, wenn das eigene Handeln dahingehend geprüft wird, ob Frauen in der gleichen Situation ebenso oder anders handeln würden. Welche Rolle spielt die eigene männliche Geschlechterrolle in der jeweiligen Situation?

Wenn man sich in einem Streit mit der Partnerin angegriffen fühlt, Herzrasen und Schweißausbrüche hat, man nicht mehr klar denken kann und immer lauter wird, sich rechtfertigt, die Partnerin verbal angreift und sie zu einem Gespräch nötigt, obwohl sie das gerade gar nicht möchte, stellt sich die Frage, aus welchem Grund man sich angegriffen fühlt und übergriffig handelt. Liegt es am Grund des Konfliktes oder weil man sich und seine Männlichkeit bedroht sieht? Geschlechterrollen und ihre jeweiligen gesellschaftlichen Positionen entfalten in allen Lebenssituationen ihre Wirkung und müssen entsprechend berücksichtigt werden. Daher kann es in solchen Situationen helfen, erst einmal tief durchzuatmen, um sich auf das Gespräch einzulassen. Sollte die Partnerin das Gespräch nicht weiterführen wollen, ist es wichtig, ihren Wunsch zu akzeptieren und zu respektieren. Unabhängig davon, dass niemand eine andere Person daran hindern darf, den Raum zu verlassen und ein Gespräch zu beenden, hat es eine andere Wirkung, wenn ein Mann sich derartig übergriffig gegenüber einer Frau verhält als andersherum. Es ist ein langer und schwieriger Weg, dass Männer mit derartigen Situationen umzugehen lernen, dass sie sich nicht angegriffen fühlen und sich immer wieder bewusst machen müssen, dass die eigenen toxischen Reaktionen im Zusammenhang mit der eigenen männlichen Sozialisation stehen – aber auch verändert werden können.

Jeder Mann war bereits Täter

Täter-Sein bedeutet, dass Männer aufgrund ihrer männlichen Sozialisation wahrscheinlich schon unzählige Male übergriffig gewesen sind. Dazu zählt beispielsweise, dass Männer sexistische Sprüche machen, dass sie Frauen hinterher pfeifen, Frauen „versehentlich“ und ungebeten berühren, dass Männer gegenüber Frauen aufdringlich sind, dass sie versuchen, Frauen zu etwas zu überreden oder zu etwas zu drängen. Weitere Aspekte des Täter-Seins sind außerdem, wenn Männer Frauen unterbrechen, sie nicht ausreden lassen, ihnen nicht den Raum und Platz geben, den Männer selbst automatisch erhalten, weil sie eben Männer sind, wenn Männer Frauen einschüchtern oder Gewalt androhen, wenn sie Ideen von Frauen als die eigenen ausgeben oder Übergriffigkeiten beobachten oder von ihnen erfahren, dann aber nicht aktiv werden und Frauen unterstützen. Ein weiteres Beispiel ist, wenn die eigenen Bedürfnisse über die von Frauen gestellt werden. Dies ist unter anderem der Fall, wenn Männer beim Sex der Meinung sind, dass der eigene Orgasmus wichtiger als der Orgasmus der Partnerin ist.

Beschäftigung mit den eigenen Gefühlen

Die Gründe, warum Männer Gefühle unterdrücken und diese auch nicht öffentlich zeigen (können) – abgesehen von Wut und Aggressionen – wurden bereits ausgiebig behandelt. Die Auseinandersetzung mit diesen oft abgespaltenen Gefühlen und Emotionen (beispielsweise Traurigkeit, Sorge oder Angst) kann dazu beitragen, dass Männer einen positiven Umgang mit diesen erlernen und seltener die negativen Konsequenzen der abgespaltenen Emotionen spüren. Die Beschäftigung mit ihren Gefühlen kann gewinnbringend sein. Für Männer, ihre psychische und körperliche Gesundheit, aber auch für ihr soziales Umfeld, kann das sehr positive Auswirkungen haben. Darüber hinaus kann eine Therapie ebenfalls für die Auseinandersetzung mit den eigenen Gefühlen und Emotionen hilfreich sein.

Abgeben von Privilegien

Wie bereits beschrieben, erhalten Männer permanent Privilegien, die Frauen nicht besitzen. Daher ist es wichtig, dass sich Männer dieser Privilegien bewusstwerden. Einige derselben sind leicht erkennbar, andere weniger. Beispielsweise ist es nicht ersichtlich, warum sich die Mietverwaltung für einen Mann und nicht für die Frau mit ihren drei Kindern entschieden hat. Der Mann, der den Zuschlag erhalten hat, weiß eventuell gar nicht, dass sich überhaupt eine Frau mit drei Kindern beworben hat. Erlebte Situationen zu reflektieren und sich zu fragen, inwieweit das Geschlecht bei der Entscheidung eine Rolle gespielt hat, ist für die Reflexion und das Sichtbarmachen von Privilegien unabdingbar. Ich erachte es für das Erreichen einer gleichberechtigten Gesellschaft als wichtig, Privilegien abzugeben oder sie zu nutzen, um patriarchale Strukturen aufzubrechen, Männer zu erreichen und Frauen zu unterstützen. Es gibt mehrere Möglichkeiten: Einen Auftrag (zum Beispiel für einen Vortrag oder einen Workshop) nicht anzunehmen und auf eine Feministin zu verweisen, Feministinnen zu empfehlen, Gelder aus feministischen Aktionen zu spenden, darauf zu verweisen, dass man nur gebucht wird, wenn Frauen die gleiche Summe erhalten und beispielsweise bei einer Vortragsreihe, bei Festivals oder bei Tagungen etc. nicht mehr Männer als Frauen gebucht werden und so weiter.

Keinen Dank erwarten

Männer dürfen keinen Dank erwarten, wenn sie sich für Frauen und ihre Rechte einsetzen, denn dies sollte selbstverständlich sein. Es ist ohnehin grotesk: Männer erwarten permanent, dass ihnen für ihre vermeintlichen Leistungen gedankt wird.

Tatsächlich erfahren Männer unabhängig von ihrer tatsächlichen Leistung sehr häufig ein Übermaß an Dank, während Frauen, die sich für ihre Familie, für ihren Partner, für ihren Beruf und für all die unbezahlten Tätigkeiten aufopfern, keinen Dank erhalten.

Frauen sind nicht für die Aufklärung von Männern zuständig

Viele Männer erwarten, dass Frauen ihnen den Feminismus erklären. Oftmals stellen Männer dabei sogar noch weibliche Lebenserfahrungen infrage und sehen sich selbst als Opfer. Es spricht nichts dagegen, dass Männer Frauen gelegentlich nach ihrem Expertinnenwissen fragen. Doch können und müssen sich Männer vor allem selbst informieren: Durch das Lesen von feministischen Büchern und Zeitschriften, durch das Ansehen von feministischen Videos oder durch die aktive Teilnahme in feministischen sozialen Netzwerken etc.

Reflektion der Mediennutzung

Wenn Medien kritisch betrachtet werden, wird sehr schnell auffallen, dass fast alle Medien sexistisch sind. Ob Filme und Serien, Zeitschriften, Werbung, Video-Spiele, Comics, Hörspiele und so weiter, fast alle sind problematisch. Ich möchte nicht sagen, dass die Konsequenz ist, dass Medien nicht mehr konsumiert werden sollten. Aber vielleicht müssen es nicht „Die drei !!!“ sein, vielleicht muss es nicht Game of Thrones mit seinen Vergewaltigungsszenen sein, vielleicht müssen es nicht permanent Filme sein, in denen Männer mit Gewalt die Welt retten und Frauen nichts als kreischende Deko darstellen. Es gibt Alternativen, die vielleicht nicht perfekt sind, aber doch einen guten Anfang darstellen. Und es gibt viele Filme mit starken Frauenrollen, die teilweise sehr feministisch sind, nach denen Männer aber auch bewusst suchen müssen.

Freundschaften

Eine veränderte Haltung und ein reflektiertes Handeln werden vieles verändern – auch Freundschaften. Es wird deutlich werden, dass viele Männerbekanntschaften sexistische Sprüche machen oder übergriffig sind. Konsequent und wichtig ist es, diese Männer auf ihre Einstellungen und ihr Verhalten anzusprechen. Damit erhalten sie die Möglichkeit, ihre Sicht zu verändern und sich mit Feminismus, patriarchalen Strukturen und toxischer Männlichkeit zu beschäftigen. Sollte dies nicht der Fall sein, und dies wird leider keine Seltenheit darstellen, dann können diese Freundschaften beendet werden. Ich habe für mich entschieden, dass ich mit Männern, die Frauenverachtendes äußern und sich sexistisch verhalten, keine Freundschaft haben möchte und kann. Ich habe mehrere Bekannte mit ihrem Verhalten konfrontiert. Einige haben begonnen sich zu reflektieren, einige wollten davon überhaupt nichts hören, fanden ihren Frauenhass sogar besonders toll und wurden aggressiv. Damit endeten diese Freundschaften und es sind keine, denen ich nachweinen würde. Es ist gewinnbringend, Freundschaften aufzubauen (oder auszubauen), in denen es nicht um Wettkampf geht, sondern um ehrliche Gefühle und ein emotionales Miteinander, ein gegenseitiges Unterstützen, ein Füreinander-da-Sein und ein Teilen von Erfahrungen. Das Zulassen von Nähe wie Umarmungen und das Zeigen und Teilen von Emotionen wie Trauer kann eine Freundschaft sehr bereichern.

Verbündete

Es kann sehr hilfreich sein, wenn sich Männer Verbündete suchen! Gemeinsam sind feministische Aktivitäten leichter durchzuführen. Bei der Suche nach Verbündeten sind die sozialen Netzwerke wie beispielsweise Facebook gewinnbringende Anlaufstellen, da dort viele feministische Netzwerke mit vielen potentiellen Verbündeten vorhanden sind. Aber auch im FreundInnenkreis ist es möglich, dass Männer mit FeministInnen Sozialkontakte aufbauen.

Männliche Performance

Um männliche Geschlechterstereotype abzubauen, sollten Männer sich selbst beobachten: Wie gebe ich mich? Wie spreche ich? Wie gehe und bewege ich mich? Ein Aspekt von toxischer Männlichkeit ist auch die Art und Weise, wie Männer auftreten. Hilfreich dafür ist, wenn sich Männer bewusst machen, welche Vorstellungen von Männlichkeit sie selbst haben, welche davon sie performen und welche sie ablegen wollen. Es ist wichtig, dass Männer erkennen, dass es Verhaltensweisen gibt, die andere einschüchtern können und bedrohlich wirken.

In den später beschriebenen Methodenbeispielen für die feministische Jungenarbeit wird beispielsweise das Thema Körperhaltung aufgegriffen.

Intersektionalität

Männliche Gewalt richtet sich nicht nur gegen Frauen und andere Männer, vielmehr verschränken sich oftmals verschiedene Diskriminierungsformen gegen alle Menschen, die nicht dem heterosexuellen weißen „typischen" Mann entsprechen. Diese können sich bei verschiedenen Diskriminierungskategorien potenzieren. Es ist daher gewinnbringend, wenn Männer die eigene privilegierte Position innerhalb der Machtverhältnisse erkennen, reflektieren und Konsequenzen daraus ziehen. Dazu gehört, dass andere Menschen nicht abgewertet werden.

Auseinandersetzung mit den Erlebniswelten von Frauen

Ich habe in den vergangenen Jahren, aber auch aktuell bei der Vorarbeit für das vorliegende Buch, mit vielen von toxischer Männlichkeit betroffenen Frauen gesprochen. Vieles, was mir berichtet wurde, wird den meisten Männern nicht bewusst sein, da sie als privilegierte Männer völlig andere Erfahrungen als Frauen machen.

Frauen berichteten mir, dass sie selten Getränke in einer Bar oder in einer Diskothek stehen lassen, da sie befürchten, dass ihnen Männer K.-o.-Tropfen in ihr Glas oder ihre Flasche schütten. Frauen berichteten, dass ihnen das Radfahren im Dunkeln oder über Feld- und Wiesenwege sowie alleine im Dunkeln – also auch im Herbst und Winter tagsüber – an abgelegenen Orten unterwegs zu sein Angst macht und sie daher lieber längere Strecken in Kauf nehmen, um derartige Wege zu vermeiden. Außerdem gaben Frauen an, dass das Aufsuchen von öffentlichen Toiletten auf einsamen Autobahnparkplätzen, Unisextoiletten, Unterführungen an Bahnhöfen oder Schnellstraßen sie ängstigte. Viele berichteten, dass sie darauf achten, dass ihr Handy-Akku abends, wenn sie unterwegs sind, immer aufgeladen ist bzw. sie ein Ladekabel dabei haben, um notfalls Hilfe holen zu können, dass sie, wenn ihnen ein Mann entgegenkommt, einen Schlüssel als Waffe in der Hand haben – einige führen auch ein Messer oder ein Pfefferspray mit sich. Wenn sie Bus fahren, setzen sich viele in die Nähe des Fahrers/der Fahrerin, in Diskotheken gehen sie nicht oder nicht alleine, da sie hier permanent sexuelle Belästigung erfahren und in einer Dauer-Alarm-Bereitschaft sind. Dadurch erfahren Frauen, dass öffentliche, für Männer ganz selbstverständliche Orte für sie zu No-Go-Areas werden. Frauen berichteten, dass ihnen aus der Sicht als Mutter immer wieder Männer ohne Kinder auffallen, die sich auf Spielplätzen oder in Kinderschwimmbecken aufhalten sowie Männer, die sie verfolgen. Weiter wurde berichtet, dass sie (oder ihre Töchter und deren Freundinnen) ungefragt von Männern angefasst wurden: am Rücken, am Po, an der Brust oder im Intimbereich. Zudem erzählten mir Frauen, wie Männer sie beleidigt haben: Sie wurden als dumm, inkompetent, weinerlich und aufmüpfig bezeichnet. Zudem machten die Männer klar, dass sie Frauen nur als zu benutzendes Objekt für ihre toxischen sexuellen Fantasien ansehen. Mehrere Frauen berichteten außerdem von sexuellen Übergriffen und Vergewaltigungen durch Männer. Einige Frauen fragten sich, ob sie eine Mitschuld tragen an dem, was ihnen angetan wurde, da sie in der patriarchalen, auf Männer und ihre Bedürfnisse ausgerichteten Gesellschaft permanent Täter-Opfer-Umkehrungen erleben und immer wieder erfahren, wie Täter straffrei davonkommen. Wenn sie vor Gericht gehen, werden Verfahren in der Regel eingestellt.

Es fühlt sich für Frauen gar nicht gut an, wenn sie erleben, dass selbst kleine Jungen es für selbstverständlich ansehen, Körper von Mädchen und Frauen zu kommentieren und zu bewerten. Frauen beschrieben, dass sie sich abgewertet und objektiviert fühlen, wenn Männer sexistische Sprüche über Frauen machen. Weiter berichteten sie, dass sie immer wieder erleben, dass Männer sie aggressiv unterbrechen, um ihnen die Welt zu erklären – selbst dann, wenn es absolut offensichtlich ist, dass die Männer um ein Vielfaches weniger Ahnung vom Thema haben. Viele Frauen schilderten, dass sie in Konflikten mit ihrem Partner nichts sagen, was ihn aufregen könnte, aus Angst vor seiner Reaktion.

Es ist wichtig, sich die Erfahrungen, die Frauen tagtäglich machen müssen, bewusst zu machen. Darüber hinaus sollten sich Männer damit auseinandersetzen, welche toxischen Verhaltensweisen sie selbst haben und was sie zu einer gleichberechtigten Welt beitragen können.

3.2 MÄNNER ALS GEWALTTÄTER

Aggressionen und Gewalt

Gewalt ist für viele Männer ein Mittel, um ihre Wünsche und Forderungen durchzusetzen, oder aber eine aggressive Gegenreaktion, weil sie sich in ihrer Männlichkeit gekränkt, herausgefordert oder infrage gestellt fühlen. Männliche Gewalt kann nur abgebaut werden, wenn männliche Geschlechterstereotype dekonstruiert werden. Hilfreich dabei ist, dass sich Männer mit dem eigenen männlichen Geworden-Sein auseinandersetzen. Es ist gewinnbringend zu erkennen, in welchen Situationen man emotional, wütend, aggressiv, übergriffig und gewalttätig wird. Selbstfürsorge kann dabei helfen, das Stresslevel zu senken, ruhig zu bleiben und in den Situationen, die bisher zur Eskalation geführt haben, besser zu handeln. Es ist außerdem hilfreich, die eigenen Körpersymptome kennenzulernen und früh zu bemerken, wenn es einem schlecht geht und man genervt ist. In diesen Momenten sind deeskalierende Gegenmaßnahmen zu treffen. Auch kann eine Therapie sinnvoll sein, um eigene Traumatisierungen und Gewalterfahrungen zu verarbeiten und zu lernen, mit den eigenen Gefühlen umzugehen.

Konflikte gewaltfrei lösen

Gewalt ist ein immer wiederkehrendes Symptom toxischer Männlichkeit. Es ist wichtig, dass Männer lernen, dass Konflikte gewaltfrei gelöst werden können. Wenn sie bemerken, dass sie sich angegriffen fühlen und mit gewaltvoller Sprache oder körperlicher Gewalt reagieren wollen, muss dieser Impuls gestoppt werden. Eine Möglichkeit ist, die Situation zu verlassen. Männer sollten sich bewusst machen, dass dieses

Verhalten ein aufgrund männlicher Sozialisation antrainiertes ist. Es ist aber ein schädigendes und nicht legales Mittel mit unabsehbaren Folgen.

Schreite ein, wenn Männer Frauen belästigen

Frauen werden sehr häufig sexuell belästigt. Wenn Männer solche Situationen mitbekommen, dann sollten sie handeln, aktiv werden und betroffene Frauen dabei unterstützen, dass der Täter dafür Konsequenzen erhält. Zudem hat dies einen abschreckenden Charakter für alle anderen Männer, die ebenfalls sexuell übergriffig werden (könnten). Im akuten Notfall und in gefährlichen Situationen ist es zudem sinnvoll, die Polizei zu rufen und andere Menschen ebenfalls um Unterstützung zu bitten.

Gewalt unter der Geburt

Es ist wichtig, dass sich Männer über das Thema Gewalt unter der Geburt informieren, ihre Partnerin unterstützen und mit ihr vorab besprechen, was sie unter der Geburt möchte und was nicht – und wie der Partner gegebenenfalls reagieren soll. Gewalt unter der Geburt ist leider oftmals nicht abwendbar, doch kann das Risiko beispielsweise durch die Wahl einer außerklinischen Geburt oder durch eine Doula (nichtmedizinische Geburtsbegleiterin) gesenkt werden. Männer sollten nicht auf einer Klinikgeburt beharren, da das Risiko, Gewalt zu erleben, dort mit Abstand am größten ist, sondern ihre Partnerin bei ihren Wünschen unterstützen. Sollte die Geburt in einer Klinik stattfinden, dann ist es wichtig, sich vorab zu erkundigen, wie hoch die Kaiserschnittrate/die Dammschnittrate ist, ob alternative Gebärpositionen oder die Nutzung der Badewanne möglich sind, ob eine Doula mitgebracht werden kann und wie die Bewertungen der Geburtshilfe ausfallen. Es sollte ein vom geburtshilflichen Personal zu unterschreibender Geburtsplan erstellt werden. Der Geburtsbericht kann nach der Geburt angefordert werden. Traumatische Erfahrungen sollten von Männern keinesfalls infrage gestellt werden. Für Betroffene gibt es zudem die von Christina Mundlos gegründete Betroffenengruppe bei Facebook sowie weitreichende Informationen, Präventions- sowie Erste-Hilfe-Tipps und Anlaufstellen auf ihrem Blog. Männer können darüber hinaus politisch aktiv werden und sich für eine gewaltfreie Geburtshilfe einsetzen.

K.-o.-Tropfen

Es ist leider keine Seltenheit, dass es Männer gibt, die Frauen mit K.-o.-Tropfen betäuben, um sie anschließend sexuell zu belästigen und/oder zu vergewaltigen. Wenn Männer mitbekommen, dass andere Männer dies tun oder vorhaben, es zu tun, dann sollten sie einschreiten. Es ist wichtig, umgehend die betroffene Frau und anschließend die Verantwortlichen vor Ort sowie die Polizei zu informieren.

Waffen

Waffen sind ein Mittel, das Männer in unserer patriarchalen Gesellschaft zur Machtdemonstration sowie zur Gewaltanwendung für die Unterdrückung anderer nutzen. Waffen sind primitive Kriegswerkzeuge, deren Besitz in der Regel völlig unnötig ist. Zudem führt das Mitführen oder der Besitz von Waffen dazu, dass sie in Konfliktsituationen auch verwendet werden. Waffen sind vor allem Mittel, um andere zu bedrohen, einzuschüchtern oder zu schädigen. Es ist daher wichtig, dass Männer lernen, Konflikte gewaltfrei zu lösen und ihnen aus dem Weg zu gehen.

Kampfsport

Ich war sehr lange Leistungssportler im Judo und habe auch diverse andere Kampfsportarten betrieben. Heute bin ich mir darüber bewusst, dass Kampfsport Teil patriarchaler Strukturen und toxischer Männlichkeit ist. Es gibt keinen Grund, Kampfsport zu betreiben. Um fit zu werden, gibt es genug Alternativen, aber kämpfen zu können ist gerade für Jungen und Männer höchst problematisch, da sie, bedingt durch ihre männliche Sozialisation, ohnehin schon lernen, dass für Jungen und Männer Gewalt eine Lösungsstrategie ist. Die Medien verstärken diesen Gedanken. Es ist daher keine gute Idee, Jungen und Männer auch noch zu befähigen, dies effizienter machen zu können. Alternative Lösungsstrategien zu erlernen sollte hingegen im Zentrum der Erziehung stehen. Dazu gehört auch, zu lernen, dass Weglaufen in bedrohlichen oder eskalierenden Situationen keine Schwäche, sondern eines der besten Lösungsmittel ist. Ich halte es hingegen für eine sehr gute Idee, mehr Mädchen im Kampfsport und der Selbstverteidigung zu fördern, da sie aufgrund ihrer Sozialisation in Bezug auf Sport und Kämpfen gegenüber Jungen und Männern in der Regel benachteiligt werden. In einer Gesellschaft ohne Patriarchat würde keine Form von Kampfsport benötigt. Doch solange wir in einer männerdominierten Welt leben, in der Männer Gewalt ausüben und schon ab dem Kleinkindalter auf sportliche Leistung getrimmt werden, sollten Mädchen und Frauen in diesen Bereichen gestärkt werden, während Jungen und Männer in diesem Bereich weniger gepusht und gefördert werden sollten. Wichtiger für Jungen und Männer ist die Beschäftigung mit den eigenen Gefühlen, Ängsten, Sorgen, Aggressionen, Ohnmachtsgefühlen und Lösungsstrategien jenseits von Gewalt.

Körperhaltung und Körperposition

Jungen lernen in ihrer Sozialisation, dass sie durch Kraft, Stärke und Gewalt – körperliche wie psychische – das Leben bestimmen und für sie unangenehme Situationen „klären“ und beenden können. Dazu gehört auch die Körpersprache. Männer

„plustern" sich in Konflikten (ob bewusst oder unbewusst) auf, machen sich groß, bauen sich auf, „zeigen Muskeln". Damit erschaffen sie einen vermeintlichen Schutzpanzer, der sie auf der einen Seite schützen, auf der anderen das Gegenüber einschüchtern soll. Jungen und Männer machen sich mit dieser Technik groß, während Mädchen und Frauen, ebenfalls sozialisationsbedingt, gelernt haben, dass sie sich klein machen, „dünn" und leise sein sollen. Dies reproduziert patriarchale Strukturen: Der Mann wird groß und dominant, die Frau klein und untergeordnet. Es ist wichtig, sich diese Mechanismen bewusst zu machen, um das eigene Verhalten in Konflikten verändern zu können. Konflikte werden langfristig nicht durch Bedrohung oder den Einsatz von Gewalt gelöst. Es ist weder kurz- noch langfristig ein Erfolg, wenn die Partnerin in Streitigkeiten aus Angst vor der Reaktion des Partners klein beigibt.

Wie ich es im Methodenteil der feministischen Jungenarbeit beschreibe, gibt es Übungen, die es Männern ermöglichen, sich in die Position von Frauen hineinzuversetzen, um nachzufühlen, wie bedrohlich, einschüchternd und angstmachend Körperpräsentationen wirken können.

Gewalt in der Kindererziehung

Es ist nicht ungewöhnlich, dass Eltern mit kleinen Kindern immer mal wieder an ihre Grenzen kommen. Dies kann sauer machen, es kann wütend machen, es kann sich das Gefühl der Ohnmacht breitmachen. Dies führt nicht selten dazu, dass Eltern, vor allem Männer, gewalttätig gegenüber ihren Kindern werden. Männer wollen dem Männerbild entsprechen und können oftmals nicht damit umgehen, wenn sie etwas nicht regeln können. Wenn Männer bemerken, dass ihnen die Situation über den Kopf wächst, wenn sie bemerken, wie sehr sie das Erlebte mitnimmt und wütend macht, dann ist es hilfreich, sich vorher Strategien hierfür zurechtzulegen (zum

Beispiel tiefes, langsames Ein- und Ausatmen, gezielte Lösungsstrategien im Umgang mit dem Kind, externe Hilfe holen etc.). Männer können lernen, mit Situationen umzugehen, die sie überfordern. Sie können daran wachsen, wenn sie akzeptieren, dass sie etwas bisher nicht gut können, um sich dann damit zu beschäftigen. Gewalttäter benötigen Beratung und therapeutische Hilfe, damit sie lernen können, mit ihren Aggressionen umzugehen.

Wettstreit

Jungen und Männer nutzen oftmals selbst kleine und unbedeutende Situationen für einen Wettkampf, bei dem sie sich messen, um die eigene Männlichkeit zu bestätigen und zu präsentieren. Oft bringen sich die Männer bei den häufig nicht ungefährlichen Wettkämpfen und Mutproben in (Lebens-)Gefahr. Männliche Geschlechtervorstellungen stehen den Jungen und Männern im Weg. Daraus resultiert unnötig schädigendes und riskantes Verhalten. Wenn versucht wird, durch das Siegen über andere Menschen eigene Unsicherheiten, Ängste und Sorgen zu kompensieren, so ist das ein höchst dysfunktionales Verhalten. Ein erster Schritt kann darin bestehen, sich dieser Umstände bewusst zu werden und (therapeutisch) an dem Problem zu arbeiten. Im Idealfall werden Männer zu einem späteren Zeitpunkt den Wettstreit mit anderen nicht mehr benötigen, um zu wissen, dass sie liebenswerte Menschen mit bewundernswerten Fähigkeiten und Ressourcen sind, die sich nicht über Dominanz, Härte, Kontrolle und Macht über andere definieren.

Woher die Bedrohung kommt

Täter sind fast ausschließlich Männer. Männliche Täter sind eine Gefahr für Frauen, für marginalisierte Gruppen, aber auch für Männer selbst. Denn viele Männer erleben ebenfalls

Gewalt und auch dort sind die Täter Männer. Dieses gesellschaftliche Wissen tragen wir alle in uns. Jede und jeder weiß intuitiv, dass es Männer sind, die eine Bedrohung darstellen und nicht Frauen. Ich möchte dazu eine Anekdote erzählen, die dies verdeutlicht. Wahrscheinlich haben die meisten Lesenden bereits ähnliche Erfahrungen gemacht: Ich war auf dem Weg nach Hause. Es war ca. ein Uhr nachts und ich näherte mich meiner Wohnung. Ich musste nur noch eine letzte Straße überqueren. Bereits von Weitem sah ich, dass auf dem Übergang ein Auto stand. Mich beschlich ein ungutes Gefühl. Als ich näher kam, hörte ich Stimmen. Ich konnte sie nicht zuordnen, aber ich war in Alarmbereitschaft. Mein Herz schlug schneller und ich war konzentriert und angespannt. Kurz überlegte ich noch, die Straßenseite zu wechseln, entschied mich aber dagegen, da meine Wohnungstür keine 15 Meter mehr entfernt lag. Ich bog um die Straßenecke und sah nun die drei Personen, die zu dem parkenden Auto gehörten. Ich identifizierte sie als drei Frauen, die sich unterhielten. Augenblicklich war meine Alarmbereitschaft verschwunden. Die gefühlte Bedrohung war nicht mehr da. Hätten dort jedoch drei Männer gestanden, hätte ich weiterhin Sorge gehabt, dass ich angepöbelt werde, dass jemand übergriffig und gewalttätig wird.

Ich selbst habe in meinen Leben niemals körperliche Gewalt durch Männer erlebt, und meine Befürchtungen waren überhaupt nicht vergleichbar mit den Erfahrungen, die Mädchen und Frauen tagtäglich machen. Aber das Gefühl und das Wissen, dass es Männer sind, die eine Bedrohung darstellen, ist tief in das gesellschaftliche Bewusstsein eingeschrieben. Dass selbst mein Körper und mein Bewusstsein auf die Situation automatisch erst mit Alarmbereitschaft und Sorge und dann mit Entspanntheit reagierten, führte mir die patriarchalen Machtverhältnisse sonnenklar vor Augen.

3.3 MÄNNER IM ÖFFENTLICHEN RAUM

Wenn Männer im Dunkeln oder an abgelegenen Orten Frauen begegnen ...

... dann sollten sie ihnen ausweichen! Männer müssen die Erfahrung, die Frauen täglich machen müssen, nicht machen: Männer brauchen sich nicht zu fragen, ob die ihnen nachts entgegenkommende Frau vorhat, sie zu belästigen oder gar zu vergewaltigen. Frauen müssen sich diese Frage aber permanent stellen. Viele Frauen gehen daher selten allein und nicht ohne ein Pfefferspray nach draußen. Derartige Überlegungen und Vorbereitungen, die Angst und das permanente Wechseln der Straßenseite kennen Männer nicht. Die Sorge von Männern ist nicht, dass ihnen etwas von Frauen angetan wird, sondern von Männern. Jedoch ist diese Sorge nicht mit der von Frauen vergleichbar. Eine Lösung ist daher, Frauen zu entlasten und ihnen das Gefühl der Bedrohung zu nehmen, indem Männer die Straßenseite wechseln. Das hat zur Folge, dass entgegenkommende Frauen dies nicht permanent tun müssen, und dass ihnen gezeigt wird, dass es Männer gibt, die für sie keine Bedrohung darstellen. Wenn Männer im Dunkeln oder an abgelegenen Orten hinter einer Frau gehen, dann sollten sie ebenfalls die Straßenseite wechseln. Dadurch kann vermieden werden, dass Frauen das Gefühl bekommen, verfolgt zu werden.

Hinterherpfeifen und starren

Hinterherpfeifen ist ebenfalls eine Form der Belästigung. Männer können sich das meist nicht vorstellen. Sie argumentieren oftmals vehement, dass sie es großartig fänden, wenn Frauen ihnen hinterherpfeifen würden. Dabei wird völlig außer Acht gelassen, dass Frauen derartige Situationen sowie körperliche/sexuelle Übergriffe permanent erleben und dies meist als Bedrohung, jedoch nicht als Kompliment verstanden wird. Zudem werden Frauen durch das Pfeifen objektiviert. Es erinnert an Hunde, die „herangepfiffen“ werden. Männer machen dies meist nicht allein, sondern in Gruppen oder zu zweit aus einem Auto heraus. Es geht ihnen also nicht darum, die Frau kennenzulernen oder darum, herauszufinden, ob ein gegenseitiges Interesse besteht. Denn jeder Mann wird wissen, dass ein Pfiff, der dann auch noch anonym aus einer Männergruppe kommt, nicht das Ziel hat, die Frau nach ihrer Nummer zu fragen. Daran wird deutlich, dass es um toxisches männliches Machtgehabe und um die Objektivierung der Frauen geht. Wenn ein Mann eine Frau aufgrund dessen, was sie sagt, was sie denkt und wie sie die Welt sieht, interessant findet, dann kann er sie nach ihrer Nummer fragen und sie wird ihm sagen, ob sie dies ebenfalls möchte.

Darüber hinaus ist es wichtig, dass Männer Frauen nicht an- oder hinterher starren. Das ist Belästigung und führt dazu, dass sich Frauen unwohl fühlen.

„Flirten ist seit #metoo verboten“

Seit #metoo fallen immer wieder Männer auf, die behaupten, sie dürften nicht mehr flirten, weil angeblich jegliches Flirtverhalten sexuelle Belästigung wäre. Damit machen es sich diese Männer sehr leicht, denn wenn grundlegende Regeln eines respektvollen und grenzachtenden Umgangs beachtet und Signale nicht ignoriert werden, ist Flirten ganz leicht. Problematisch wird es für eben jene Männer, die Frauen ungefragt berühren, übergriffig sind und eben nicht auf das, was die Frau möchte oder signalisiert, achten. Wenn Männer unsicher sind, dann können sie die Frau fragen, ob es für sie beispielsweise in Ordnung ist, wenn sie ihre Hand nehmen.

Sollte die Frau nicht darauf reagieren, dann darf ihre Hand auch nicht berührt werden. Wenn Männer zurückgewiesen werden, müssen sie das akzeptieren.

Berührungen

Männer dürfen Frauen nur berühren, wenn Frauen ihnen ein klares Zeichen gegeben haben, dass sie das auch wollen. Wenn man eine Frau nach etwas fragen möchte, dann darf sie zwar angesprochen werden, aber man darf sie nicht dabei berühren. Dies wäre ein grenzüberschreitendes Verhalten oder sexuelle Belästigung. Frauen erfahren bereits ab der Geburt, dass sie ungefragt geküsst, berührt, angefasst, sexuell belästigt, missbraucht und vergewaltigt werden. Daraus resultiert ein kollektives Bewusstsein, man spricht auch von einem gesellschaftlichen Trauma, da Frauen permanent auf der Hut sein müssen, keine Belästigungen, Übergriffe und Gewalt zu erleben.

Dick Pics

Es ist sexuelle Belästigung und wird strafrechtlich verfolgt, wenn Männer Nacktfotos/Dick Pics an Frauen versenden, die nicht explizit gewünscht werden. Und selbst wenn das Versenden derartiger Fotos im gegenseitigen Einverständnis geschieht, sollte sich jede/jeder genau überlegen, ob es sinnvoll ist, Nacktfotos zu versenden.

Mansplaining

Männer sollten Frauen nicht die Welt erklären, vor allem, wenn die Männer viel weniger Ahnung vom Thema haben. Männer sollten Frauen außerdem keine Ratschläge geben, außer diese haben sie darum gebeten. Wenn Männer unsicher sind, ob Frauen ihre Meinung wissen wollen, dann sollten sie einfach nachfragen.

Hepeating

Wenn Männer die Ideen von Frauen als die eigenen ausgeben, dann ist das respektlos, untergräbt die Kompetenz von Frauen und macht ihre Fähigkeiten unsichtbar. Wenn Männer die Ideen und Gedanken von Frauen gut finden, dann sollten sie das offen sagen, um sie zu unterstützen. Sollten Männer mitbekommen, dass andere Männer die Ideen als die eigenen ausgeben, ist es wichtig, dies anzusprechen und zu kritisieren.

Frauen sollten nicht unterbrochen werden

Es ist leider ein Teil männlicher Sozialisation, dass Männer der Meinung sind, dass die Welt ihre Bühne sei. Daher fällt es ihnen unglaublich schwer, wenn Frauen einmal zu Wort kommen, einfach zuzuhören und sie nicht zu unterbrechen. Extrem ist dies beispielsweise auf Feiern zu beobachten, wenn es viele Zuhörende gibt. Männer präsentieren sich gerne, prahlen mit ihren vermeintlichen Leistungen und ihrem Wissen. Wenn jedoch eine Frau etwas von ihren Leistungen oder ihrem Wissen berichtet, wird sie von Männern permanent unterbrochen und belehrt. Dieses Unterbrechen ist übergriffig und abwertend. Daher ist es wichtig, dass sich Männer selbst beobachten und ihr Verhalten regulieren, dass sie Frauen ausreden lassen, sie nicht unterbrechen und das Gesagte nicht bewerten. Das Wissen und die Fähigkeiten von Frauen sind ebenso viel wert wie das Wissen und die Fähigkeiten von Männern.

Bei meinen Workshops frage ich die teilnehmenden Jungen, ob sie Lösungsideen haben, wenn Jungen in ihrer Klasse Mädchen permanent im Unterricht unterbrechen und nicht ausreden lassen. In einer IGS der Jahrgangstufe 8 hatten die Jungen sehr gute Gedanken: Beispielsweise sagten sie, dass sie dem unterbrechenden Jungen sagen könnten, dass er das Mädchen ausreden lassen soll, um so solidarisch mit ihr zu sein.

Frauen zuhören und ihre Lebensrealität anerkennen

Für ein gleichberechtigtes Miteinander muss Frauen zugehört werden, ohne dass ihre Lebenserfahrungen infrage gestellt werden. Mir ist dies anfangs selbst sehr schwergefallen. Wenn ich auf meine toxischen Denk- oder Verhaltensweisen hingewiesen wurde, widersprach ich anfangs häufig und besaß unendlich viele Begründungen dafür, warum ich mich doch nicht falsch verhalten hätte, warum es gute Gründe für mein Verhalten gebe und dass ich nicht zu den toxischen Männern gehören würde. Es dauerte, bis ich das reflektiert und verstanden hatte und mich darauf einlassen konnte. Es ist wichtig, dass Männer Kritik und berechtigte Verweise auf ihr Handeln zulassen und sich konstruktiv damit beschäftigen. Für die Dekonstruktion von toxischer Männlichkeit ist es grundlegend, dass wir Männer unsere blinden Flecken erkennen und lernen, mit ihnen und der Kritik daran umzugehen. Ich weiß aus Erfahrung, dass das häufig wehtut und man sich oft angegriffen fühlt. Durch das Erweitern des eigenen Erfahrungsschatzes und des Wissens um die Realitätswelten von Frauen können Männer anfangen zu verstehen, was Frauen tagtäglich erleben.

Kein Whataboutism – „Was ist mit …?"

Viele Männer lenken vom eigentlichen Thema ab, wenn sie mit Frauen sprechen. Dieses Verhalten ist in realen Interaktionen wie in sozialen Netzwerken tagtäglich zu beobachten. Ein Beispiel: Eine Frau postet, dass Opfer von sexualisierter Gewalt fast ausschließlich Frauen sind. Daraufhin postet ein Mann: „Es gibt aber auch Männer, die vergewaltigt werden" oder „Es werden viel mehr Männer als Frauen vergewaltigt". Ein weiteres, ganz aktuelles Beispiel: Es wird in einer Gruppe gepostet, dass es vor allem Frauen sind, die in der Corona-Krise unbezahlte Tätigkeiten leisten, damit das gesellschaftliche Leben nicht zusammenbricht. Daraufhin postet ein Mann eine Statistik, in der aufgeführt ist, in welchen Berufen vor allem Männer arbeiten. Diese zwei Beispiele machen deutlich, wie manipulativ Whataboutism ist: Es wird vom eigentlichen Thema abgelenkt, die Leistungen von Frauen oder das, was ihnen widerfährt, werden kleingeredet, unsichtbar gemacht und geleugnet. Auf einen Versicherungsvertreter oder einen Automobil-Bandarbeiter kann auch mal verzichtet werden, nicht aber auf die Frauen, die sich um den Haushalt, die Kinderbetreuung, die Kindererziehung, die Pflege der Angehörigen, den Verkauf von Lebensmitteln etc. kümmern. Zudem könnten Männer mit Kindern ihrer Arbeit gar nicht nachgehen, wenn sich nicht Frauen um all diese Tätigkeiten kümmern würden. Ironischerweise argumentieren Männer oftmals damit, dass die „Männerberufe" ja diejenigen sind, auf deren Schultern die Gesellschaft aufgebaut ist. Zum einen ist dies schlichtweg falsch. Außerdem ist es höchst absurd, weil Männer Frauen zunächst nicht in entsprechende Berufe hineinlassen, um anschließend zu behaupten, dass Männer die wichtigsten Berufe ausüben würden und Frauen nicht, da sie dort kaum vertreten seien.

Sexistische Sprüche

Sexistische Sprüche sind nicht witzig! Sie manifestieren nur die Machthierarchien gegenüber der Hälfte der Gesellschaft auf sehr perfide Art und Weise. Damit werden Mädchen und Frauen erniedrigt – das können sich Männer meist nicht vorstellen, da sie Sexismus und strukturelle Benachteiligung selbst niemals erleben und somit auch nicht nachfühlen können. Durch das Sensibilisieren für Sexismus können Männer aber verstehen, aus welchen Gründen derartige Sprüche nicht lustig sind und Mädchen und Frauen verletzen. Sollten andere Männer sexistische Sprüche machen – beispielsweise Freunde,

Arbeitskollegen oder Bekannte – ist es wichtig, dies zu benennen und zu kritisieren. Meiner Erfahrung nach führt die Sensibilisierung von Männern für Sexismus, patriarchale Strukturen und toxische Männlichkeit dazu, dass ihnen permanent solche Situationen, die sie vorher nicht wahrgenommen haben oder auch nicht sehen wollten, auffallen. Nur wenn viele Männer solidarisch mit Frauen werden, können sie auch gemeinsam etwas verändern. Es ist zu erwarten, dass einige Männer verstehen werden, warum sexistische Sprüche nicht in Ordnung sind. Ebenso wird es auch Männer geben, die Sexismus leugnen, nicht darüber sprechen wollen, aggressiv werden und sogar den Kontakt zu einem anderen Menschen abbrechen, wenn dieser sie auf ihr Verhalten anspricht. Eine gleichberechtigte Gesellschaft zu erreichen kann jedoch nur dann gelingen, wenn Sexismus immer wieder angesprochen und thematisiert wird.

Unterstützung von feministischen Medien

Feministische Medien sind noch nicht im Mainstream angekommen. Während sexistische Serien unzählige Staffeln erhalten, werden feministische Serien meist schnell wieder abgesetzt. Ein relativ aktuelles Beispiel ist die Serie Dietland, die trotz wahnsinnig guter Kritiken direkt nach der ersten Staffel wieder eingestellt wurde. Ein weiteres Beispiel ist „Tote Mädchen lügen nicht". Die erste Staffel war teilweise sehr feministisch und reflektiert, die Fortsetzungen, die nicht mehr auf der Buchvorlage basierten, wurden dann zu einer reinen Präsentation toxischer Männerfantasien. Um feministische Medien zu unterstützen, sollten möglichst viele feministisch eingestellte Männer diese auch positiv bei Amazon.de und Co. bewerten, um deutlich zu machen, dass sie die Produkte gut finden. Damit erhalten ProduzentInnen das Feedback, dass gleichberechtigte Darstellungen von Frauen und Männern, aber auch starke Frauenrollen lohnend und gefragt sind. Männer können außerdem in ihrem Bekanntenkreis von feministischen Serien, Filmen, Liedern, Büchern etc. erzählen, um möglichst viele Menschen zu erreichen und somit die Bekanntheit und die Akzeptanz sowie das Interesse daran zu erhöhen. Dies kommt den feministischen Produkten, Frauen, dem Feminismus und somit der Gesellschaft zugute.

Spenden

Viele Frauenrechtsorganisationen wie TERRE DES FEMMES e. V. nehmen Spenden an. Das ist insofern wichtig zu wissen, als dass ohnehin viel weniger Gelder für Frauen und Gleichberechtigung zur Verfügung gestellt werden als für „Männer-Projekte". Oftmals stecken Frauen, obwohl sie viel weniger als Männer verdienen, enorm viel privates Geld und unbezahlte Arbeit in die Arbeit für Frauen, damit es diese überhaupt geben kann. Daher ist es eine sehr gute Möglichkeit, Frauen und den Feminismus zu unterstützen, wenn Männer sich auch finanziell mit Spenden beteiligen.

Tipp: In sozialen Netzwerken wie Facebook können Männer an ihrem Geburtstag sehr einfach Spenden für eine ausgewählte Frauenorganisation sammeln. Auch bei Amazon.de kann ein Teil des Betrages, der für Produkte ausgegeben wird, an Frauenrechtsorganisationen gespendet werden (smile.amazon.de).

Sprache

Mädchen und Frauen werden durch die Benutzung des generischen Maskulinums unsichtbar gemacht. Dies hat einen Einfluss auf unser Denken und Handeln. Mädchen und Frauen fühlen sich oftmals nicht angesprochen. Dies zeigen beispielsweise die vorgestellten Studienergebnisse zum Zusammenhang zwischen Sprache und Berufswahl. Es gäbe höchstwahrscheinlich massive großangelegte Proteste, wenn unsere Regierung beschließen würde, dass wir ab sofort nur noch die weibliche Form benutzen würden und zu dem männlichen Arzt „Ärztin" sagen würden, zu dem Bauarbeiter „Bauerarbeiterin" oder zu dem Vorgesetzten „Chefin". Daher ist es wichtig, dass Frauen auch mit der weiblichen Form angesprochen werden. Dadurch werden sie und ihre Arbeit sichtbar gemacht. Darüber hinaus kann bei geschlechtsgemischten Gruppen entweder die männliche und die weibliche Form oder aber eine geschlechtsneutrale Bezeichnung verwendet werden (Mitarbeitende, Lehrende, Studierende, Fachkräfte und so weiter). Natürlich kann in solchen Situationen auch einmal nur die weibliche Form benutzt werden. Wenn Männer unter den adressierten Menschen sind, dann sind die Reaktionen darauf sehr aufschlussreich.

Leistungen von Frauen sichtbar machen

Die Leistungen, die Frauen tagtäglich erbringen, sind in unserer Gesellschaft unsichtbar. Männer können sich meist gar nicht vorstellen, wie es sich anfühlt, wenn das, was sie täglich schaffen und erledigen, nicht einmal wahrgenommen oder sogar noch belächelt würde. Daher ist es enorm wichtig, ein Bewusstsein hierfür zu erlangen. In unserem Bildungssystem beispielsweise werden Frauen und ihre Leistungen permanent unsichtbar gemacht: In Schulbüchern werden vor allem männliche Helden, Entdecker und Wissenschaftler dargestellt. Die vielen großen Frauennamen fehlen dort standardmäßig – die, die für große und weitreichende Entdeckungen und Leistungen verantwortlich waren (und dies trotz hegemonialer Männlichkeit), oder auch die, die ihren Männern ihre Erfolge erst ermöglichten, werden gar nicht erst genannt und sind aus der Geschichte gelöscht. Daher lernen Kinder in der Schule, dass großartige Leistungen nur von Männern kommen können.

Männer können sich im Internet oder mithilfe von Fachliteratur oder Dokumentationen über Frauen, und was sie alles tagtäglich leisten, über die großartigen Wissenschaftlerinnen, Erfinderinnen, Pionierinnen oder Politikerinnen, Buchautorinnen, Künstlerinnen, Sportlerinnen und so weiter informieren. Wenn Männer über Wissenschaft, Erfindungen, Innovationen, Leistungen etc. diskutieren, dann kann dort auf Frauen verwiesen werden, um sie und ihre Leistungen sichtbar zu machen. Männer in lehrenden Berufen haben die Möglichkeit, Jungen und Mädchen zu erreichen und ihnen etwas über Frauen, die Geschichte und Leistungen von Frauen, die Frauenbewegung, das Erkämpfen von Frauenrechten oder Gleichberechtigung und Geschlechterrollen und die damit zusammenhängenden Probleme beizubringen. Solange Kinder in dem Glauben aufwachsen, dass nur Männer große Leistungen erbringen können, solange wird es schwierig sein, die patriarchalen Strukturen zu ändern.

Begrüßung unter Männern

Es ist wirklich spannend zu beobachten: Während Frauen sich bei der Begrüßung oft liebevoll und innig umarmen oder dabei küssen, ist das bei Männern um einiges seltener zu beobachten. Und viele der Männer, die sich dann doch umarmen, schlagen sich mit so einer Wucht gegenseitig auf den Rücken, dass das bereits beim Zusehen wehtut. Dahinter steckt die Angst, weiblich oder homosexuell zu wirken, schließlich müssen der Junge oder der Mann stark und „männlich“ erscheinen – doch auf keinen Fall zärtlich oder liebevoll. Ganz nach dem Motto: „Echte Männer schlagen sich sogar noch, wenn sie sich umarmen!“ Es ist die Angst, die die Männer antreibt und ihnen somit so viele wichtige Emotionen verwehrt. Körperliche Nähe auch unter Männern ist nichts Schlimmes. Ganz im Gegenteil, kann durch eine Umarmung Sympathie, Verbundenheit, Freundschaft oder auch Liebe gegenüber der anderen Person zum Ausdruck gebracht werden. Wenn sich Männer auf Nähe in Freundschaften einlassen, dann kann dadurch ein Zugang zu den eigenen Gefühlen und den Gefühlen zu anderen Menschen eröffnet werden und Freundschaften können intensiviert werden.

Victim blaming (Täter-Opfer-Umkehr)

Es ist immer wieder beobachtbar, dass Männer in Diskussionen mit Frauen Täter zu Opfern und Opfer zu Tätern machen. Dies bedeutet, dass betroffene Frauen zu den Schuldigen gemacht, die eigentlichen Täter – in der Regel Männer – zum Opfer und die tatsächlichen Umstände geleugnet werden. Dies ist ein perfides Vorgehen, psychische Gewalt und Teil toxischer Männlichkeit. Sehr häufig werden dabei auch patriarchale Strukturen vehement geleugnet und behauptet, dass die eigentlichen Opfer Männer seien – beispielsweise behaupten viele Männer, dass sie Opfer des Feminismus seien, die Frauen mittlerweile die Welt regieren und Männer unterdrücken würden. Ein weiteres Beispiel ist die Behauptung, dass Vergewaltiger nicht für ihre Taten verantwortlich seien, da die Frauen ja kurze Röcke getragen hätten, Männer ihren Trieben nachgegangen seien und die Frauen es somit selbst heraufbeschworen hätten und selbst schuld seien.

Unabhängig davon, dass dies längst wissenschaftlich widerlegt ist, wird damit Gewalttätern die Verantwortung für ihre Taten abgesprochen und den betroffenen Frauen die Schuld gegeben – dabei trägt die Schuld ausschließlich der Täter. Die manipulativen Angriffe gegen Frauen durch die Täter-Opfer-Umkehr sind nicht nur sehr verletzend, sondern können schwerwiegende Folgen für Betroffene haben. Daher ist es für die Beschäftigung mit toxischen Anteilen wichtig, sich diese Manipulationsmuster bewusst zu machen, zu überprüfen, ob man selbst in Diskussionen oder Streitigkeiten zu diesen Mitteln greift, und daran zu arbeiten, sich nicht mehr auf diese Weise zu verhalten. Wenn man auf ein derartiges Verhalten hingewiesen wird, ist es wichtig, sich diese Kritik anzuhören und Konsequenzen daraus zu ziehen. Wenn beobachtet wird, dass Männer eine Täter-Opfer-Umkehr betreiben, ist es wichtig, die betroffene Frau zu unterstützen.

Manspreading

Männer sollten sich nicht mehr Platz und Raum nehmen, als ihnen zusteht. Darauf sollten Männer nicht erst hingewiesen werden müssen, denn es liegt in ihrer Verantwortung, andere nicht zu stören, zu belästigen und ihnen ihren Raum zu verweigern. Es ist zu spät, wenn das eigene Verhalten erst dann angepasst wird, wenn sich jemand neben einen setzen möchte. Frauen wissen um die vielen aggressiven Männer und ihr Verhalten. Um einem Konflikt, einem blöden Spruch und übergriffigem Verhalten bis hin zu Bedrohungen und Gewalt aus dem Weg zu gehen, suchen sich Frauen meist einen anderen Sitzplatz oder bleiben lieber stehen, da ihnen ihr Raum verwehrt wird.

Raum aneignen: Lautstärke

Raumaneignendes Verhalten (zum Beispiel mansplaning, manspreading) ist ein Verhalten, zu dem Jungen bereits im Kleinkindalter angehalten und teilweise motiviert werden, selten werden sie aber davon abgehalten. Dies betrifft auch die Lautstärke. Während Mädchen darauf trainiert und dazu erzogen werden, möglichst leise und unsichtbar zu sein, wird Jungen der Raum gegeben, sich auch mit ihrer Stimme den Raum anzueignen, der ihnen nicht zusteht. Denn: es stört andere Kinder, behindert andere Kinder, macht ihnen eventuell sogar Angst und demonstriert, dass sie sich den Raum nehmen, den Mädchen nicht haben dürfen. Das hat auch psychologische Auswirkungen auf Mädchen: sie werden eingeschüchtert. Sie werden durch das Verhalten der Jungen sowie durch das erziehende Umfeld in der Annahme bestätigt, dass „Jungen halt so sind“ und ihnen dieses Verhalten auch zugestanden wird. Daher ist es notwendig, dass Männer auf ihre Lautstärke achten. Beispielsweise hat laute Musik aus Musik-Boxen nichts in einer Straßenbahn zu suchen. Auch lautes Schreien gehört nicht in den öffentlichen Raum. Es kann bei der Reflexion helfen, wenn sich Männer regelmäßig Feedback einholen, ob sie andere stören oder sogar verängstigen und ob sie genügend Rücksicht auf andere nehmen. In der eigenen Kindererziehung oder in erzieherischen Berufen sollte dieses Verhalten von Jungen thematisiert und bearbeitet werden, während Mädchen gleichzeitig ermutigt werden sollten, sich mehr Raum zu nehmen oder lauter zu sein, um die Schere zwischen den Geschlechtern ein Stück weit zu schließen.

Raumaneignen: Spielverhalten

Raumaneignendes Verhalten ist auch beispielsweise in der Kita bei Jungen beobachtbar, bei männlichen Jugendlichen in weiterführenden Schulen bis hin zu erwachsenen Männern am Badesee. Es ist beispielsweise keine Seltenheit, wenn Jungen beim Ballspiel so viel Raum einnehmen, dass andere Kinder gar nicht mehr spielen können und somit massiv gestört werden. Auch zeigen Jungen oftmals ein sehr aggressives Spielen, bei dem Gewalt Teil ihres Spielverhaltens darstellt. Daher ist es ratsam, sich selbst beim Spielen (Fußball, Volleyball, Federball, Handball und so weiter) zu beobachten und zu überprüfen, ob dieser Raum einem überhaupt zusteht und nicht andere durch das eigene Verhalten gestört und belästigt werden. Nur weil sich niemand beschwert, bedeutet dies nicht, dass man sich nicht toxisch verhält. Bei den eigenen männlichen Kindern ist es ebenfalls wichtig, darauf zu achten, dass sie sich nicht toxisch beim Spielen verhalten, und mit ihnen immer wieder darüber zu sprechen, wenn sie sich raumaneignend oder übergriffig verhalten.

Angeben

Es ist Teil männlicher Rollenvorstellungen, besser und erfolgreicher als andere sein zu wollen. Bereits bei männlichen Kindergartenkindern ist zu beobachten, dass sie sich durch unterschiedliche Techniken größer und gleichzeitig andere klein machen. Dazu gehört, permanent auf vermeintliche eigene Leistungen hinzuweisen, gegenüber anderen anzugeben und die Leistungen anderer als minderwertig zu benennen. Männer können sich Feedback einholen, ob sie sich ebenso verhalten, um dann daran zu arbeiten. Anstatt permanent über die eigenen Leistungen zu sprechen, können Männer über das sprechen, was andere, beispielsweise die eigene Partnerin, täglich leisten.

Raumaneignen: Auf den Boden spucken

Es ist ein ekliges Verhalten: Viele Männer rotzen auf den Boden – Frauen hingegen nicht. Dieses Verhalten erinnert an das Markieren des eigenen Reviers von Tieren, die auf den Boden urinieren. Es gibt jedoch keinen Grund, sich so zu verhalten und andere Menschen abzustoßen und anzuwidern.

#toxicdriver

Männer fahren schneller und vor allem rücksichtsloser und aggressiver als Frauen. Sie bedrängen andere Fahrende, fahren viel zu dicht auf, provozieren durch Hupen, Lichthupe sowie aggressive Gestik. Die Resultate finden sich, wie bereits beschrieben, in den Zahlen der Unfälle und Verkehrsdelikte deutlich wieder. Daher sollten Männer ruhiger und entspannter fahren, die Verkehrsregeln beachten, genug Zeit einplanen und, wenn sie einmal (zu) spät dran sein sollten, die wartende

Person informieren und akzeptieren, dass sie zu spät kommen werden. Auch ist es für die eigene psychische Verfassung und körperliche Gesundheit kontraproduktiv, sich zu sehr aufzuregen und in Gefahr zu bringen. Auch andere zu bedrängen und zu gefährden ist toxisches Verhalten, an dem gearbeitet werden muss.

Wichtige Jahresdaten

Es gibt einige wichtige, jährlich wiederkehrende Tage, die man sich merken sollte. An diesen Tagen kann man aktiv mitwirken und sich beteiligen. Dazu gehören beispielsweise der 14. Februar – One Billion Rising, der 08. März – der Internationale Frauentag/Weltfrauentag, die dritte Maiwoche – die Weltgeburtswoche, sowie der 25. November – der Tag gegen Gewalt an Frauen/Tag gegen Gewalt unter der Geburt (Roses Revolution Day).

Gender Data Gap

Die Welt ist, wie bereits beschrieben, von Männern für Männer designt, macht Frauen und ihre Bedürfnisse unsichtbar und bringt sie beispielsweise durch das ausschließliche Nutzen von männlichen Test-Dummies in der Autoindustrie/Unfallforschung oder durch nicht auf Frauenkörper einstellbare Sicherheitsgurte in Gefahr. Männer können diese Problematik ansprechen und auf sie aufmerksam machen, wenn sie mit anderen über Hotels, Stühle, Schwimmbäder, Tagungszentren, Autos etc. reden. Männer, die in einer Position sind, in der sie Einfluss auf das Planen eines Gebäudes oder Autos und die Beschaffung von Möbeln haben, sollten sich dafür einsetzen, dass sich dieser Umstand ändert.

3.4 MÄNNER AM ARBEITSPLATZ

Einstellungsverfahren und Führungspositionen

Männer müssen darauf achten, dass sie als Arbeitgeber Frauen beim Bewerbungsverfahren nicht benachteiligen und Männer nicht bevorzugen. Oft werden gleich oder besser qualifizierte Frauen nicht einmal zum Vorstellungsgespräch eingeladen. Viele Personalkräfte gehen davon aus, dass Männer kompetenter wären als Frauen. Es wird bei diesen geschlechtsbezogenen Vorurteilen von Unconscious Bias (unbewusste Voreingenommenheit) gesprochen. Es wird darüber hinaus mit allen Mitteln versucht, Männer in gehobene Positionen zu bringen und gleich oder besser qualifizierten Frauen diesen Weg zu verweigern. Männer können etwas nicht per se besser als Frauen. Daher ist es wichtig, dass Männer Frauen fördern, anstatt sie zu benachteiligen – sei es bei der Einladung zum Vorstellungsgespräch, sei es bei der Einstellung oder der Eingruppierung, sei es bei den Spesen, dem Urlaubszeitraum oder der Chance aufzusteigen.

Frauen dürfen nicht benachteiligt werden, weil sie Kinder haben oder welche bekommen könnten

Frauen werden oftmals gar nicht erst zu Vorstellungsgesprächen eingeladen, da sie prinzipiell Kinder bekommen könnten oder bereits welche haben. Unabhängig davon, ob die Bewerberin überhaupt einen Kinderwunsch hat, ist dies rechtlich relevant, da Frauen dadurch diskriminiert und benachteiligt werden. Männer im Personalbereich müssen daher darauf achten, dass Frauen nicht diskriminiert werden, weil sie Kinder haben oder welche bekommen könnten. Es ist zudem nicht erlaubt, Frauen zu fragen, ob sie Kinder bekommen wollen oder wie sie die Kinderbetreuung regeln. Frauen müssen auf diese Fragen nicht antworten, denn sie hätten überhaupt nicht gestellt werden dürfen.

Höhe des Gehaltes von Frauen

Wenn Männer Gespräche über die unterschiedlichen Verdienste von Männern und Frauen lesen oder solche Debatten mitbekommen, dann sollten sie anmerken, dass die Zahlen zu Ungunsten von Frauen falsch dargestellt werden: Männer verdienen durchschnittlich 26,6 % mehr und Frauen 21 % weniger. Außerdem kann angefügt werden, dass der Großteil der Arbeit, die Frauen leisten, wie Hausarbeit, Vereinbarkeit von Beruf und Familie/Vereinbarkeitsmanagement oder Care-Arbeit gar nicht bezahlt wird und für die meisten Menschen unsichtbar ist. Infolge traditioneller Familienvorstellungen sowie wegen des geringeren Gehalts erhalten Männer zudem 73 % mehr Rente, was für Frauen finanzielle Abhängigkeit von ihrem Partner/Mann bedeutet. Eine „Gehaltslücke" und „Rentenlücke" kann nicht in Prozenten angegeben werden – nur als „mehr als" oder „weniger als". Diese für Frauen nachteilige Darstellung hat einen psychologischen Effekt und beeinflusst unser Denken und Handeln. Männer können ihre Privilegien nutzen und auf die manipulativen Strategien aufmerksam machen.

Eine weitere Möglichkeit ist, bei einer Kollegin, mit der man einen vertrauensvollen Kontakt hat, nachzufragen, wie viel sie verdient. Es wird sehr schnell deutlich werden, ob hier Unterschiede aufgrund des Geschlechts gemacht werden. Eine Benachteiligung aufgrund des Geschlechts ist rechtlich verboten. Daher kann das bei der vorgesetzten Person thematisiert werden. Auch können Männer anbieten, dass sie betroffene Frauen, wenn sie das wünschen, zu Gesprächen bei der Mitarbeitervertretung und der Gleichstellungsbeauftragten begleiten.

Es ist für eine gleichberechtigte Gesellschaft wichtig, dass männliche Arbeitgeber Frauen das Gleiche bezahlen wie Männern und sie ebenso fördern – beispielsweise bei der Besetzung von Leitungspositionen.

Vorstände und Politik

Frauen sind in allen Bereichen, in denen Entscheidungen getroffen werden, völlig unterrepräsentiert: Ob in der Politik, als Chefin oder im Vorstand eines der großen Dax-Unternehmen. Männer können sich daran beteiligen, dass sich das ändert. Wenn Männer in der entsprechenden Position sind, können sie Frauen fördern und sie in entsprechende Positionen wählen. Sie können außerdem andere Männer überzeugen, sich ebenfalls für Frauen einzusetzen, oder sie können Jobangebote ablehnen, wenn sie wissen, dass ansonsten eine Frau die Stelle erhalten würde. Männer können sich dafür entscheiden, dass sie Parteien wählen, die sich für eine gleichberechtigte Gesellschaft einsetzen, d.h. beispielsweise für gewaltfreie Geburten, gleichen Lohn, die Einführung des Nordischen Modells, eine Frauenquote und so weiter. Darüber hinaus ist es sinnvoll, dass nur Listen mit annähernd paritätischer Besetzung der Positionen gewählt werden.

Keine Belästigung von Frauen

Es ist Teil toxischer Männlichkeit, aber auch strafrechtlich relevant, wenn Männer Frauen sexuell belästigen. Viele Männer sind davon überzeugt, dass sie aufgrund ihrer Position als Chef auch einen gewissen Besitzanspruch gegenüber weiblichen Mitarbeiterinnen haben und sich ihnen nähern, über sie bestimmen und sie schlecht behandeln dürften. Den Männern ist meist sehr bewusst, wie schwer es Frauen im Berufsleben haben und dass die Frauen abhängig von ihnen sind. Männer können betroffene Frauen unterstützen, indem sie sie beispielsweise zur Gleichstellungsbeauftragen begleiten. Außerdem können sie sich an die Mitarbeitervertretung wenden. Männer können darüber hinaus anbieten, dass sie als Zeuge aussagen werden.

Lobe Frauen

Männer, die eine Vorgesetztenfunktion haben, sollten Frauen für ihre Leistungen loben, anstatt sie auf Äußerlichkeiten zu reduzieren. Niemand würde auf die Idee kommen, erfolgreiche Männer permanent auf ihr Äußeres zu reduzieren, anstatt ihre Leistungen zu honorieren.

Leistungsgedanke unter Männern

Da Männer sich gegenseitig permanent überbieten wollen, führt dies im Beruf zu großen Unruhen, Mobbing, Konzentrationsschwierigkeiten, Unwohlsein, einem wahnsinnigen Leistungsdruck und somit zu Fehlern. Ein kooperatives, gegenseitig unterstützendes Arbeiten wird verhindert und das Arbeitsklima vergiftet. Dies führt zu großen persönlichen Belastungen und somit zu psychischen Erkrankungen, aber auch zu einem schlechteren Endprodukt und somit zu einem wirtschaftlichen Schaden. Im Mittelpunkt steht nicht mehr das eigentliche Produkt, sondern das gegenseitige Überbieten-Wollen. Arbeitsprozesse sind bei Ausschluss des Wettkampfgedankens im Team weitaus effizienter und führen zu einer viel höheren beruflichen und somit auch persönlichen und privaten Zufriedenheit. Daher ist es wichtig, dass Männer lernen, im Team zu arbeiten und sich gegenseitig zu unterstützen, anstatt sich gegenseitig überbieten zu wollen.

3.5 MÄNNER UND SEXUALITÄT

Nein heißt Nein – nur Ja bedeutet Ja!

Es gibt eine grundlegende Regel bezüglich Sexualität: „Nein heißt Nein". Wenn sie ignoriert wird, dann ist das sexuelle Belästigung, sexuelle Nötigung oder Vergewaltigung. Wenn Frauen sagen, dass sie etwas nicht wollen, müssen Männer das akzeptieren und respektieren. Ich halte die Formulierung „Ja bedeutet Ja" für noch treffender, da es nicht nur um die Ablehnung gehen sollte: Frauen werden in patriarchalen Machtverhältnissen oftmals gedrängt oder unter Druck gesetzt, sich dem Mann zu beugen, sodass sie aus Angst nicht nein sagen dürfen oder können. Auch spielt die Sozialisation von Männern und Frauen eine entscheidende Rolle: Männer lernen, dass sie sich Sex nehmen dürfen und es zum Mann-Sein dazu gehört, möglichst viel Sex mit unterschiedlichen Frauen zu haben, während Frauen lernen, dass sie nur einen Wert besitzen, wenn sie sexuell gefügig und verfügbar sind – und alles machen, was Männer wollen. Da Männer vor allem ein durch Pornografie geprägtes Bild von Sexualität haben, führt dies zu mannigfaltigen Gewaltausübungen und Missbräuchen gegenüber Frauen. Daher plädiere ich dafür, dass bei einer sexuellen Annährung die Erlaubnis der Frau gegeben sein muss und es nicht ausreicht, wenn der Mann davon ausgeht, dass er sich nähern darf.

Sexualität

Männer wissen meist wenig über weibliche Sexualität. Es ist daher sehr gewinnbringend, wenn sie ihre Partnerin fragen, was ihr gefällt und was nicht. Des Weiteren sollten sich Männer mit der Biologie von Frauen beschäftigen und dafür am besten feministische Quellen nutzen. Sexualität, wie wir sie aus Filmen und Serien kennen, ist auf die sexuelle Befriedigung des Mannes ausgelegt und nicht auf die der Frauen. Viele Mädchen und Frauen glauben aufgrund ihrer weiblichen Sozialisation und des Einflusses der Medien und des Umfeldes, dass mit ihnen etwas nicht stimmt, weil sie nicht wie im großen Hollywood-Blockbuster in der Missionarsstellung durch das „Rein und Raus" des Penis überwältigende Gefühle spüren und schreiend zum Höhepunkt kommen. Einige Männer mögen tatsächlich nicht wissen, dass der Kitzler, also der sichtbare Teil der Klitoris, stimuliert werden muss, damit sie zum Orgasmus kommen. Die meisten Männer verfügen jedoch sehr wohl über dieses Wissen, ignorieren aber die Bedürfnisse der Frau und stellen ihre eigenen Bedürfnisse in den Mittelpunkt. Viele Männer haben darüber hinaus falsche Vorstellungen von Sexualität durch den Konsum von Pornografie, aber auch durch „Sex-Szenen" in Spielfilmen und Serien. Sexuelle Befriedigung von Frauen hat nichts mit dem erigierten Penis zu tun. Ich weiß, dass der Penis für viele Männer das Zeichen für Macht und Sexualität darstellt. Das ist ein Symptom des Patriarchats. Um der Partnerin auf Augenhöhe begegnen zu können, sie glücklich zu machen, sie sexuell befriedigen zu können und eine gleichberechtigte Sexualität zu ermöglichen, muss das auf Männer ausgerichtete Sexualverhalten überdacht werden. Es ist wichtig, wenn offen über Sexualität gesprochen wird. Wenn Männer keine Lust auf Sex haben, dann sollten sie das ansprechen, ebenso ist es wichtig zu respektieren, wenn die Partnerin keine Lust hat. Sex ist keine Verpflichtung, sondern kann eine Bereicherung in einer Partnerschaft sein. Für eine gleichberechtigte Beziehung ist es wichtig, dass sich die PartnerInnen gegenseitig vertrauen. Beide sollten sich so geben dürfen, wie sie sind. Das bedeutet auch, dass man nur dann stöhnt, wenn man es wirklich möchte – vielleicht nur beim

Orgasmus und vielleicht nur ganz leise. Oder gar nicht. Das ist völlig normal und kein Zeichen dafür, dass etwas nicht stimmt. Das Problem sind die durch Pornografie geprägten Vorstellungen und Erwartungen, wie sich Menschen verhalten, wenn sie miteinander Sex haben. Für gemeinsame intime Erfahrungen und innige Nähe ist es sehr gewinnbringend, sich immer weiter von diesen Bildern zu entfernen. Dazu gehört auch, Pornografie sehr kritisch zu hinterfragen und den Konsum bestenfalls völlig einzustellen. Das wird auf das gemeinsame sexuelle Erleben sehr positive Auswirkungen haben.

Der weibliche Körper

Apropos Biologie: Ein Großteil der Männer weiß nicht, wann eine Frau ihre Tage bekommt, wie lange diese dauern, was dabei im weiblichen Körper passiert, wie der weibliche Körper aufgebaut ist und was zum Beispiel bei einer Schwangerschaft geschieht. Problematisch ist außerdem, dass die meisten Erkrankungen, die vor allem Frauen haben, schlecht bis teilweise gar nicht erforscht sind und kaum Geld in die Forschung investiert wird. Auch die Medikamentenforschung (und damit auch später die Dosierung für die Medikamenteneinnahme) ist auf den Mann und dessen Körper ausgerichtet und wird auf seiner Grundlage berechnet. Herzinfarkte bei Frauen haben andere Symptome als bei Männern. Selbst das ärztliche Fachpersonal weiß das oft nicht und verhält sich dementsprechend falsch, was für Frauen lebensgefährlich sein kann. Die Pille, die enorme Nebenwirkungen hat, wird Frauen als Heilmittel angedreht. Viele Erkrankungen, die (fast) ausschließlich Frauen betreffen (Lipödem, Migräne, Endometriose und so weiter), werden meist gar nicht oder falsch diagnostiziert, worauf häufig absolut kontraindizierte Therapien verordnet werden. Tabletten benötigen im Vergleich zu Männern doppelt so lange durch den weiblichen Verdauungstrakt.

In der Medikamentenforschung werden viel mehr männliche als weibliche Mäuse genutzt. Das sind nur einige von unzähligen Beispielen, die deutlich machen, dass auch die Medizin eine männliche ist: Von Männern für Männer. Gender-Medizin ist daher ein wichtiges Feld, welches leider teilweise noch in den Kinderschuhen steckt. Umso mehr Männer darüber wissen, desto mehr können sie dazu beitragen, dass auch andere Männer verstärkt hierüber informiert sind.

Verhütung

Männer sollten sich damit beschäftigen, welche Verhütungsmittel es gibt und wie diese funktionieren, was sie kosten, welche Schmerzen sie beispielsweise beim Einsetzen verursachen, wann sie gewechselt werden müssen oder welche Nebenwirkungen sie haben. Auch ist es wichtig, sich über die Pille, die Spirale, das Diaphragma, die Hormonspirale, die Kupferkette, die Kupferspirale, den Verhütungsring und so weiter zu informieren. Verhütung wird leider auch heute noch als die Aufgabe von Frauen angesehen, wobei es gleichermaßen die Aufgabe des Mannes ist, Verantwortung zu übernehmen. Zum einen, um einer ungewollten Schwangerschaft entgegenzuwirken, zum anderen in Bezug auf Geschlechtskrankheiten. Die Auseinandersetzung mit diesen Themen ist nicht nur die Aufgabe von Frauen, sondern auch die der Männer. Im Übrigen ist das Kondom das weltweit sicherste Verhütungsmittel – auch weil es unter anderem vor Geschlechtskrankheiten und HIV schützt, wenn es richtig angewendet wird.

Menstruation

Durch die Tabuisierung, aber auch durch die gesellschaftliche Abwertung von Frauen, haben Männer mit dem Thema Menstruation große Berührungsängste bis hin zu Ekel vor dem Menstruationsblut. Männer gucken sich in Filmen und Serien gewaltige Schlachten an, bei denen Fässer an Blut zu sehen sind, aber vor dem Menstruationsblut der eigenen Partnerin ekeln sie sich. Dabei stellt sich die Frage, ob Männer ebenso beim Anblick des eigenen Blutes beim Blutabnehmen reagieren. Höchstwahrscheinlich nicht: Menstruationsblut ist ganz im Gegensatz zu sonstigem Blut im engen Zusammenhang mit Weiblichkeit, Sexualität und Gebärfähigkeit zu sehen und erfährt daher eine enorme gesellschaftliche Abwertung und Tabuisierung. Es ist daher empfehlenswert, dass sich Männer mit dem Thema beschäftigen und ihr Wissen erweitern. Sie sollten ihrer Partnerin kein schlechtes Gefühl vermitteln, wenn sie ihre Menstruation hat, sondern ihr zeigen, dass es etwas ganz Natürliches ist.

Pornografie

Nun komme ich zu einem sehr heiklen Thema, denn ich weiß, dass es sehr wenige Männer gibt, die keine Pornos sehen. Fakt ist: Der Konsum von pornografischen Bildern und Videos verändert Männer. Pornografie hat einen Einfluss auf unser Denken und unser Handeln, sie verändert unsere Sexualität und unsere Sicht auf Frauen. Zudem beeinflusst sie unseren Körper, unsere Sensibilität. Ich empfehle, den passenden Erfahrungsbericht in Kapitel 4 durchzulesen. Der Autor beschreibt darin seine Erfahrungen und reflektiert, was sein Pornokonsum mit ihm, seiner Sexualität und mit seinem Denken gemacht hat. Solange wir in einem Patriarchat leben, solange ist Pornografie immer Teil toxischer Männlichkeit. Sie ist frauenverachtend, stellt Gewalt an Frauen dar und bedient sich patriarchaler Strukturen. Frauen und ihre Körper sollen jederzeit benutzbar und allzeit verfügbar sein. Frauen werden im Patriarchat als Objekte, als Waren betrachtet. Sollten wir irgendwann kein Patriarchat mehr haben, dann werden wir höchstwahrscheinlich auch keine Pornografie (sowie Prostitution, Gewalt unter der Geburt etc.) mehr haben.

Pornografie auf Augenhöhe ist jedenfalls nicht möglich. Ich kann Männern nur empfehlen, ihren Pornokonsum komplett und radikal einzustellen. Sie werden sich wundern, welche positiven Auswirkungen das haben wird. Männer, die sich für diesen Weg entscheiden, sollten dann auch strikt dabei bleiben. Denn ein „ab und zu mal" bedeutet, dass man sich Gewalt gegen Frauen ansieht und sich darauf konditioniert, sexuelle Erregung und Orgasmen mit Gewalt an Frauen zu verknüpfen. Zum anderen wird es wahrscheinlich nicht bei „ab und zu mal" bleiben. Die Entscheidung, keine Pornografie mehr zu konsumieren, hat etwas mit dem Abgeben männlicher Privilegien zu tun.

Eifersucht: Masturbation

Unabhängig von Pornografie haben viele Männer Probleme, wenn ihre Partnerin sich selbst befriedigt – obwohl sich der absolute Großteil der Männer ebenfalls selbst befriedigt. Männer haben die Sorge, dass ihre Partnerin bei der Selbstbefriedigung an andere Männer denken könnte, sie als Mann/Partner nicht mehr benötigt werden würden und somit die Beziehung in Gefahr wäre. Die Selbstbefriedigung einer Frau hat rein gar nichts damit zu tun, dass sie sich demnächst von ihrem Partner trennen könnte oder jemand anderen begehrt – auch nicht, wenn Paare längere Zeit keinen Sex haben sollten. Selbstbefriedigung steht im engen Zusammenhang mit Selbstfürsorge, damit, sich Zeit für sich selbst zu nehmen und sich etwas Schönes zu gönnen ohne Erwartungen und ohne Druck von anderen.

Prostitution

Ich habe ausführlich belegt, aus welchen Gründen Prostitution nichts mit Selbstermächtigung oder Spaß, sondern mit Gewalt an Frauen, Vergewaltigung, Abhängigkeiten, Missbrauchserfahrungen, Traumata und Menschenhandel zu tun hat. Frauen, die sagen, dass sie freiwillig in der Prostitution wären, gibt es nur sehr wenige. Dieser verschwindend geringe Anteil spielt für die große Masse von Prostituierten, die unter Zwang, Gewalt und in Armut lebend, überhaupt keine Rolle. Zudem handeln auch die vermeintlich Freiwilligen im Kontext des Patriarchats, haben meist Missbrauchserfahrungen und sind in einer privilegierteren Position als all die Frauen aus der Armut, die unter anderem aus Bulgarien und Rumänien nach Deutschland geholt werden. Es gibt viele Wege, eine Frau kennenzulernen, sich zu öffnen, gemeinsame Interessen zu entdecken und auch körperliche Nähe zu finden – und natürlich gibt es auch One-Night-Stands. Aber niemand hat ein Recht auf Sex und auf die Benutzung von Frauen. Prostitution hat nichts mit konsensualem Verlangen, Nähe und Intimität gemein. Interessant ist zudem, dass die Freier, die zu Männern gehen, gar keine Frauen sind, sondern in der Regel ebenfalls Männer. Dies macht erneut deutlich, dass es den Männern um Macht über andere geht. Vergewaltigung, Pornografie und Prostitution sind eine der Spitzen des Patriarchats und toxischer Männlichkeit. Wenn Männer Frauen auf Augenhöhe begegnen wollen, ihnen Gleichberechtigung wichtig ist und sie sich mit ihren eigenen toxischen Anteilen beschäftigen wollen, dann sollten sie auf keinen Fall Prostituierte dafür bezahlen, dass sie sie sexuell benutzen/vergewaltigen. Was Männer tun können: Sie können Netzwerke, Beratungsstellen und Organisationen wie das Netzwerk Ella, Sisters e.V., SOLWODI e.V., TERRE DES FEMMES e.V. etc. unterstützen, die Frauen aus der Prostitution beim Ausstieg helfen und sich für das Nordische Modell einsetzen.

BDSM

BDSM[7] ist eines der in sozialen Netzwerken regelmäßig eskalierenden Themen: Auf der einen Seite werden Gewalt an

7 *BDSM: Die Anfangsbuchstaben stehen für **B**ondage, **D**iscipline (Fesselung und Disziplinierung)/**D**ominance, **S**ubmission (Beherrschung und Unterwerfung), **S**adism, **M**asochism (Sadismus und Masochismus).*

Frauen sowie patriarchales Denken und Handeln thematisiert, auf der anderen wird argumentiert, dass doch alle in ihren vier Wänden machen können, was sie wollen und Safewords existieren. Festzuhalten ist, dass der Großteil der „Doms“[8] männlich und der „Subs“[9] weiblich ist – was patriarchale Machtverhältnisse reproduziert. Bezüglich der Frage nach dem Konsens ist es wichtig, dass bewusst gemacht wird, dass, ähnlich wie in der Pornografie und Prostitution, Missbrauchserfahrungen und Traumatisierungen bei Frauen für das Ausüben von BDSM eine Rolle spielen. Hinzu kommt, dass Frauen so sozialisiert werden, dass sie sich an den Bedürfnissen von Männern orientieren sollen. Die Frage ist natürlich auch, wo für jede Person BDSM überhaupt anfängt. In Bezug auf eine gleichberechtigte Beziehung und Gesellschaft sowie toxische Männlichkeit ist es wichtig, das eigene Handeln stetig zu hinterfragen. Es ist wichtig zu reflektieren, woher die Neigung zu BDSM kommt, woraus dabei die eigene Befriedigung gewonnen wird und welche Rolle die Geschlechterverhältnisse spielen. Darüber hinaus sollten diese Fragen auch mit dem Gegenüber besprochen werden.

Recht auf Sex ...

... gibt es nicht. Niemand hat einen Anspruch auf Sex. Sexualität ist ein Privileg, ein gegenseitiger Wunsch nach Nähe und Intimität, bedingt durch Anziehung, Vertrauen und gegenseitige Gefühle. Wenn die Partnerin keine Nähe möchte, dann gibt es dafür Gründe, die akzeptiert werden müssen.

8 *„Dom“ steht für die dominante führende Person innerhalb des Machtgefälles zwischen „Dom“ und „Sub“.*

9 *„Sub“ steht für die sich unterwerfende Person innerhalb des Machtgefälles „Dom“ – Sub“.*

3.6 MÄNNER IN DER FAMILIE UND PARTNERSCHAFT

Fehler zugeben und sich entschuldigen

Es fällt zwar den meisten Menschen nicht leicht, eigene Fehler zuzugeben, aber gerade Männer tun sich damit aufgrund ihrer männlichen Sozialisation besonders schwer. Für eine Partnerschaft auf Augenhöhe, aber auch in anderen Kontexten, ist es sehr gewinnbringend, eigene Fehler einzugestehen, diese vor anderen zu benennen und die Verantwortung für das eigene Handeln zu übernehmen. Viele Männer haben Angst, ausgelacht, nicht mehr ernst genommen oder als nicht männlich genug wahrgenommen zu werden. Wenn Männer aus ihrem Gefängnis der Geschlechterrolle ausbrechen, werden sich viele wundern, welche positiven Reaktionen sie erhalten. Es wird natürlich auch immer Menschen geben, die damit ein Problem haben und das nicht gutheißen. Darüber hinaus sollte nach dem Eingestehen eines Fehlers auch die Entschuldigung folgen. Ein ehrliches „Es tut mir leid!“ kann die oftmals verhärteten Fronten aufweichen und eine Kommunikation ermöglichen. Wichtig ist die Klärung des aktuellen Problems, nicht aber die Verhinderung einer gemeinsamen Lösung, weil es einem selbst nicht möglich ist, mit dem eigenen (männlichen) Ego umzugehen.

Gemeinsame Haushaltsaufgaben

Für eine gleichberechtigte Aufteilung der Haushaltsaufgaben ist ein Umdenken in der Kindererziehung wichtig, um auch Jungen an Haushaltstätigkeiten heranzuführen. Für Männer ist es wichtig, dass sie sich mit dem Haushalt auseinandersetzen und sich diese Fertigkeiten beispielsweise durch Freunde, Kurse, YouTube-Videos, Bücher oder Texte aneignen. Natürlich können Männer auch ihre Partnerin fragen, nur darf sie nicht die Lehrerin werden. Bei der Aufgabenteilung ist es darüber hinaus wichtig, dass diese auch gerecht ist und am Ende nicht nur die Frau unliebsame Aufgaben erledigen muss. Männer können sich vorher Gedanken darüber machen, welche Tätigkeiten im Haushalt überhaupt anfallen, um eine Übersichtsliste zu erstellen. Im gemeinsamen Gespräch wird höchstwahrscheinlich deutlich werden, dass es Tätigkeiten gibt, die Männern bisher noch gar nicht bewusst gewesen sind und die somit auch nicht auf der Liste stehen. Im gemeinsamen Dialog kann eine gerechte Regelung für die Haushaltstätigkeiten (und Care-Arbeiten) gefunden werden. Solche reflektierenden Gespräche sollten regelmäßig stattfinden, damit sich nicht wieder ein Ungleichgewicht einschleicht. Es wäre darüber hinaus eine gute Idee, regelmäßig für die eigene Partnerin zu kochen. Es muss natürlich auch bedacht werden, dass Menschen unterschiedliche Interessen haben. Das sollte bei der Aufgabenverteilung berücksichtigt werden.

Wenn sich Kinder dreckig machen …

… müssen das meist Mütter „ausbaden“, da sie die Kinder baden/duschen müssen, ihre verschmutzte Kleidung waschen und ihnen neue rauslegen müssen, um sie danach anzuziehen. Wenn Väter mit ihren Kindern spielen, dann müssen sie bedenken, was es bedeutet, wenn die Kinder beispielsweise im Schlamm spielen. Während Mütter derartige Situationen permanent im Blick haben, da sie es sind, die dann für die Reinigung verantwortlich sind, bedenken Väter dies meist nicht und kümmern sich anschließend nicht um die Konsequenzen. Daher sollten Väter darauf achten, ob sich ihre Kinder dreckig machen (könnten). Das heißt nicht, dass sie das nicht dürften, aber dann müssen sich die Väter anschließend auch um die Reinigung der Kleidung kümmern. Wenn man für das Waschen verantwortlich ist, dann wird automatisch darauf geachtet, dass sich die Kinder nicht (zu) dreckig machen. Gerade bei Jungen ist es wichtig, ihnen früh genug zu zeigen, dass dreckige Klamotten auch Arbeit bedeuten.

Respektiere die Grenzen der Partnerin

Wenn die Partnerin in einem Konflikt sagt, dass sie mit ihrem Partner nicht sprechen möchte, dann muss diese Grenze respektiert und akzeptiert werden. Gespräche dürfen niemandem aufgezwungen werden. Auch ist es wichtig, dass Männer nicht beleidigt reagieren und über ihr Verhalten versuchen, der Partnerin ein schlechtes Gewissen zu machen. Auch sollten vorwurfsvolle Kommentare unterlassen werden. Viel entscheidender ist, dass der Partnerin die benötigte Zeit und der eingeforderte Abstand gelassen wird.

Krankheit

In den meisten Familien herrscht auch in Bezug auf Krankheiten ein traditionelles Rollenbild. Das bedeutet: Wenn der Mann krank ist, dann ist er krank. Während er sich meist bereits angeschlagen zur Lohnerwerbstätigkeit geschleppt hat, fällt er nun – vor allem zu Hause – völlig aus. Da die meisten Männer zwar ihrem Job nachgehen, aber wenig im Haushalt und in der Kindererziehung leisten, heißt das in dem Fall meist: Er liegt im Bett und macht gar nichts mehr. Wenn Frauen krank werden, gehen sie vielleicht nicht mehr zu ihrer Lohnerwerbstätigkeit, müssen sich aber trotzdem um die Kinder kümmern, diese zur Schule fahren und abholen, müssen sich um die Hausaufgabenbetreuung kümmern, um den Wocheneinkauf, um den Haushalt, um das Essen, um die Pflege von Angehörigen, um den Einkauf des Pinsels, des Stiftes und der Bastelunterlagen der Kinder für die Schule und so weiter. Ansonsten würde im Familienbetrieb nichts mehr funktionieren. Frauen können es sich schlichtweg nicht leisten, krank zu sein.

Es ist ebenso die Verantwortung von Männern, sich um alle Aufgaben des gemeinsamen Lebens zu kümmern. Wenn die Partnerin krank ist, muss sie auch krank sein dürfen und der Mann ist zu 100 % zuständig und verantwortlich für die Krankenpflege, das Essen, den Einkauf, den Haushalt, die Kinderbetreuung und die Kinderförderung, die Hausaufgabenbetreuung, die Fahrten zur Schule, zu FreundInnen und zu Sportvereinen, für alle Termine, die anstehen sowie für die Pflege von Angehörigen und so weiter. Dies kann bedeuten, dass sich Männer krankmelden, Urlaub nehmen oder Überstunden abbauen müssen.

Die Welt dreht sich …

… nicht nur um Männer. In einer Partnerschaft ist es wichtig, Interesse für die Gedanken, Ziele, Wünsche und Träume der Partnerin zu zeigen und nicht permanent von sich zu erzählen. Außerdem ist die Partnerin keine „Ersatz-Mutter“. Es ist ein weitverbreitetes männliches Verhalten, dass Männer in ihren Partnerinnen ihre Mutter sehen und Verantwortung an die Partnerin abgeben.

Auch die Partnerin braucht einmal frei

Es ist wichtig, die Partnerin in allen Lebensbereichen zu unterstützen und Verantwortung zu übernehmen. Das Ziel sollten paritätische Aufgabenteilungen sein. Jedoch wird es, selbst, wenn alle Gedanken des vorliegenden Buches befolgt werden, so sein, dass in bestimmten Bereichen die Partnerin höchstwahrscheinlich weiterhin mehr leistet als der Mann. Zum einen ist es weiterhin das Ziel, einem gleichberechtigten Zusammensein näher zu kommen, zum anderen ist es wichtig, gerade weil die Partnerin höchstwahrscheinlich trotzdem noch mehr leisten wird, dass sie Freiräume für sich hat, um auch einmal die Füße hochlegen zu können, ihrem Hobby nachzugehen oder sich mit FreundInnen zu treffen. Männer nehmen sich diese Freiräume oftmals raus, während Frauen das gleichzeitig nicht dürfen. Für eine gleichberechtigte Partnerschaft sollte sich darüber Gedanken gemacht werden. Beispielsweise könnte der Mann an einem festen Wochentag anbieten, dass die Partnerin komplett frei hat und er für Kinderbetreuung und alle weiteren Aufgaben zuständig ist. Er könnte an festen Tagen in der Woche fürs Kochen, den Einkauf etc. verantwortlich sein, damit seine Partnerin ihrem Hobby nachgehen kann und so weiter.

Muttertag und Vatertag

Es ist perfide: Mütter sind es, die den absoluten Großteil aller Familienaufgaben übernehmen, während die meisten Väter vor allem durch Abwesenheit glänzen. Gewürdigt wird die unsichtbare und unbezahlte Arbeit von Frauen selten bis gar nicht. Einzig am Muttertag erhalten Mütter meist ein paar Blumen – das war es dann auch oft schon. Muttertag ist ein Sonntag – also auch kein besonders herausragender Tag. Vatertag hingegen wird im großen Stil gefeiert und fällt nicht zufälligerweise auf einen gesetzlichen Feiertag (auf Christi Himmelfahrt). An Christi Himmelfahrt wird die Rückkehr von Jesu Christi, dem Sohn Gottes gefeiert. Es gibt also eine Verknüpfung zwischen dem Tag, an dem Vätern für ihre Arbeit als Vater gedankt werden soll, und dem Fest, bei dem es um Jesus und Gott, den Schöpfer der Welt und allen Lebens geht. Dabei sind es Frauen, die Leben gebären und sich um alle Care- und Familienarbeiten kümmern. Und doch ist Vatertag ein viel größerer und angesehener Feiertag als der für Mütter. Denn Muttertag ist gar kein Feiertag.

Mütter sollten das ganze Jahr über besondere Beachtung erhalten, nicht nur am Muttertag. Damit Väter den Vatertag als ein besonderes Event ansehen können, sollten sie keine abwesenden Väter sein. Sie sollten sich um ihre Partnerin und um ihre Kinder kümmern, für sie das ganze Jahr über da sein und Verantwortung übernehmen.

Elternzeit und Arbeitszeit

Elternzeit wird auch im Jahr 2021 vor allem von Frauen genommen. Für eine gleichberechtigte Beziehung – in Bezug auf Entlastung der Partnerin, aber auch im Hinblick auf ihre Karriere und ihre Rente und damit auch auf ihre Unabhängigkeit und Selbstverwirklichung – ist eine hälftige Teilung sinnvoll. Aber auch für die Bindung zum Kind ist dies gewinnbringend. Es ist sinnvoll, frühzeitig Gespräche zu führen, wie die Zeit nach der Geburt verbracht werden soll, wie der Partner seine Partnerin entlasten kann und wie viel Elternzeit beide PartnerInnen nehmen.

Ich möchte an dieser Stelle von einem Gespräch mit einer Bekannten berichten. Meine Bekannte Maria, die sieben Monate Elternzeit genommen hat und schließlich, als ihr Mann wieder arbeiten ging, allein mit dem Kind zu Hause war, sagte einmal zu mir:

„Mein Mann ist wieder arbeiten, das heißt, ich bin jetzt mit Kind zu Hause. Ist eine ganz spannende Zeit. Ist auch ganz anders, noch mal das Kind so zu erleben und ich freu mich drauf, diese Herausforderung noch mal zu meistern und auszuprobieren."

Wirkt das merkwürdig? Wieso passt dies nicht in unsere Vorstellungen? Das seltsame Gefühl kommt höchstwahrscheinlich daher, dass wir diese Worte von einer Mutter nicht erwarten würden. Ich muss gestehen, dass es sich bei Maria gar nicht um Maria, sondern um meinen Bekannten Mario handelt. Ich wollte mit der Umkehr der Geschlechterrollen aufzeigen, welche Erwartungshaltungen und Zuschreibungen an Frauen und ihre Mutterrolle automatisch ablaufen und wie sie unser Denken und Handeln beeinflussen. Wir können uns kaum vorstellen, dass eine Mutter sagt, dass es eine spannende Zeit ist und noch einmal ganz anders ist, das Kind so zu erleben, weil der Mann nun nicht mehr in Elternzeit ist – sie sich aber freut, diese Herausforderung noch einmal zu meistern und sich auszuprobieren. Da in der Regel Frauen diejenigen sind, die sich um Kinder kümmern, funktioniert dieses Gedankenkonstrukt nur in eine Richtung. Andersherum hat es eine merkwürdige Wirkung.

Die Gesellschaft erwartet von Frauen, dass sie sich per se um Kinder kümmern können und bereits alles wissen, was es zu wissen gibt. Damit werden immens hohe Anforderungen an Mütter gestellt, die einen enormen Druck auf Frauen ausüben. Verbunden mit der konservativen Vorstellung und der weiblichen Sozialisation, die besagen, dass Frauen für das Mutter-Sein gemacht seien und dies ihre Bestimmung sei, denn sie hätten ja den „Mutter-Instinkt“, werden Frauen in die Mutterrolle gedrängt. Viele Frauen bekommen Kinder, die sie ohne den gesellschaftlichen Druck und den Einfluss aus ihrem Umfeld nicht bekommen hätten. Nicht wenige Mütter bereuen später ihre Mutterschaft und sind unglücklich. Vor allem, wenn sie merken, dass ihre Partner sie mit dem Kind und all den damit verbundenen Aufgaben allein lassen oder sie im Falle einer Trennung allein mit dem Kind/den Kindern sind. Sie spüren die große Ambivalenz: Auf der einen Seite sind sie unglücklich mit der Mutterrolle, auf der anderen Seite lieben sie aber ihr Kind.

Dieses Phänomen wird Regretting Motherhood genannt (vgl. Mundlos 2015).

Aber auch über die Vereinbarkeit von Beruf und Familie sollte gesprochen werden. In der Regel gehen die meisten

Männer nach der Geburt ihres Kindes wieder in Vollzeit ihrer Lohnerwerbstätigkeit nach, weshalb Frauen meist erst sehr viel später und dann oftmals nur in Teilzeit in ihre Lohnerwerbstätigkeit zurückkehren können. Das schafft ein Ungleichgewicht: Frauen sind permanent auf die Mutterrolle festgeschrieben, haben weniger soziale Kontakte, wenn, dann treffen sie vor allem andere Mütter, sie verdienen kein eigenes Geld, zahlen nicht in die Rentenkasse ein und sind somit finanziell von ihrem Partner abhängig. Zudem schadet das ihrer Karriere und Rente. Daher ist es viel sinnvoller, dass sich beide Elternteile gleichermaßen ihre Arbeitsstunden – beruflich wie privat – teilen, insofern die Partnerin das ebenfalls möchte.

Mir ist bewusst, dass dies nicht immer einfach ist, da Frauen bedingt durch patriarchale Strukturen insgesamt weniger verdienen. Das darf aber kein Kriterium dafür sein, dass dieser Status quo nun unhinterfragt für alle Zeiten bestehen bleibt, vor allem, weil er Frauen langfristig enorm schadet.

Kindererziehung

Nein, es liegt Frauen nicht im Blut, sich um Kinder zu kümmern und diese zu erziehen. Auch Frauen müssen sich dieses Wissen und diese Fertigkeiten aneignen. Sie werden nur im Gegensatz zu Männern ab dem Kindergarten darauf getrimmt.

Die gute Nachricht für alle Männer ist: Sie können das ebenfalls lernen, indem sie sich mit Kindererziehung beschäftigen, Ratgeber, Internetseiten über Kindererziehung und Elternzeitschriften lesen, mit zu den Vorsorgeuntersuchungen und zur Kinderärztin/zum Kinderarzt gehen, mit anderen Vätern sprechen, um sich auszutauschen oder beispielsweise einen Vaterkurs besuchen. Wichtig ist, aktiv zu werden. Die Verantwortung für die Erziehung der Kinder liegt nicht einzig und allein bei der Mutter, sondern bei beiden Elternteilen.

Abwesende Väter

Kinder wachsen bedingt durch traditionelle Familienmodelle – auch das ist eine bewusste Entscheidung von Männern und gehört, wie bereits geschrieben, hinterfragt – oft mit wenig Kontakt zu ihren Vätern auf. Das nimmt noch zu, wenn sich Paare mit Kindern trennen, denn die Hälfte aller Väter bricht den Kontakt zu ihren Kindern nach einer Trennung völlig ab und ein weiterer Teil (10 %) hat mäßigen Umgang mit den eigenen Kindern (einmal pro Jahr ein Treffen). Ein Kind bedeutet Verantwortung. Unabhängig von der Partnerschaft ist es ebenso die Aufgabe von Vätern, dass sie sich um ihre Kinder kümmern, Verantwortung übernehmen und ihnen ein feministisches Männervorbild sind.

Trösten

Es ist wichtig, dass Kinder, wenn es ihnen schlecht geht, sie traurig, einsam, wütend oder enttäuscht sind, Angst oder Schmerzen haben, getröstet werden. Gerade Jungen erleben jedoch, dass sie „halt dadurch müssen“, denn „echte Kerle sind hart und weinen nicht!“. Somit werden Jungen vor allem von ihren Vätern mit ihren Gefühlen allein gelassen. Wenn Söhne (oder Töchter) getröstet werden wollen oder müssen, dann ist es gleichermaßen die Aufgabe von Vätern, das zu tun. Väter müssen ebenso für ihre Kinder da sein und sie in den Arm nehmen – wenn sie das wollen. Die Empfindungen von Kindern oder der Grund, weshalb sie getröstet werden müssen, dürfen nicht relativiert werden. Kinder brauchen Aufmerksamkeit, Nähe und Geborgenheit. Es ist in solchen Situationen wichtig, dass die Kinder aufgebaut werden und merken, dass sie geliebt werden. Dabei können positive Erfahrungen/Erfolge des Kindes abhängig von der erlebten Situation angesprochen werden. Väter können ihre Kinder unterstützen, so dass sie sich mit der Situation und den aktuellen Gefühlen positiv und lösungsorientiert auseinandersetzen können.

Trennung

Trennungen tun den meisten Menschen weh. Viele Männer (speziell, wenn sich die Partnerin von ihnen getrennt hat, anstatt sie sich von der Partnerin), fühlen sich in ihrer Männlichkeit gekränkt. Männer sollten sich daher mit der Trauer, dem Verlust und dem Schmerz auseinandersetzen. Durch unzureichende Verarbeitungsstrategien entwickeln viele Männer Wut auf ihre Ex-Partnerinnen, stalken sie, belästigen sie, bedrohen sie und nicht wenige werden gewalttätig. Ein positiver Umgang, gegebenenfalls mithilfe einer Therapie, ist daher ratsam, um mit den eigenen Gefühlen umzugehen und weder sich selbst noch anderen wie der Ex-Partnerin oder den Kindern zu schaden.

Unterhalt

Die Hälfte aller Väter bezahlt gar keinen Unterhalt, ein weiteres Viertel bezahlt zu wenig Unterhalt und nur ein Viertel bezahlt den richtigen Unterhaltssatz (Düsseldorfer Tabelle). Es ist wichtig, Verantwortung zu übernehmen und das bedeutet auch, die entsprechende finanzielle Unterstützung zu leisten.

Kindern ein feministisches Vorbild sein

Kinder werden enorm davon profitieren, wenn ihre Väter ihnen ein feministisches Vorbild sind. Daher ist es von zentraler Bedeutung, die in dem vorliegenden Buch genannten Aspekte nicht nur zu verstehen, sondern sie auch zu leben. Väter können ihren Söhnen noch so oft sagen, dass es wichtig ist, gleichberechtigt zu leben, wenn sie gleichzeitig Vollzeit ihrer Lohnerwerbstätigkeit nachgehen und die Partnerin dies daher nur bedingt tun kann, wenn Väter daraus resultierend wenig bis gar nicht zu Hause und mehr ein Wochenend- oder Urlaubs-Papa sind. Wenn Väter sexistische Sprüche machen, sich „männlich" präsentieren und sich nicht im Haushalt und an der Kindererziehung beteiligen, dann werden traditionelle Geschlechtervorstellungen verfestigt. Wenn Väter nicht kochen, wenn sie Frauen permanent unterbrechen und ihnen die Welt erklären, dann leben sie ihren Kindern ein konservatives, traditionelles und reaktionäres misogynes Weltbild vor. Männer können, wenn sie wollen, für ihre Kinder ein feministisches Vorbild sein. Sie können ihnen dabei helfen, ein gleichberechtigtes Geschlechterbild zu entwickeln.

Taschengeld

Wenn Familien mehr als ein Kind mit unterschiedlichen Geschlechtern haben, dann muss beachtet werden, dass ihnen (ihrem Alter entsprechend) genauso viel Taschengeld gegeben wird. Oftmals bekommen Jungen mehr Taschengeld als Mädchen. Der Gender Pay Gap fängt für viele Mädchen bereits im Kinderzimmer an.

Lasst auch Töchter die Welt erkunden

Es gibt Untersuchungen, die sich damit beschäftigen, wie groß der durch die Eltern erlaubte Radius und das Zeitfenster ist, in dem sich ihre Kinder um das Wohnhaus bewegen dürfen. Das Ergebnis lautet, dass Jungen aufgrund ihres Geschlechts weiter und länger raus dürfen als Mädchen. Mädchen wird per se weniger zugetraut. Väter sollten darauf achten, dass sie ihre Töchter nicht benachteiligen und sie sich ebenso frei und selbstbewusst entwickeln können wie Jungen.

Fußball für Mädchen?

Jungen und Mädchen müssen für ihre Freizeitgestaltung unterschiedliche Handlungsoptionen ermöglicht bekommen, jenseits von geschlechterstereotypen Angeboten. Natürlich können Jungen tanzen, reiten und mit Puppen spielen und natürlich können Mädchen Fußball spielen, Karate lernen oder zum

Bogenschießen gehen. Nur müssen sie die Wahl haben und darin bestärkt werden, etwas auszuprobieren, was nicht der gesellschaftlichen Geschlechtervorstellung entspricht.

Heirat

Die meisten Menschen haben ein sehr romantisches Bild von der Ehe. Ein Ehevertrag wird meist abgelehnt, da es eben nicht romantisch sei, die Ehe mit einem Vertrag zu beginnen. Dabei ist die Ehe ohnehin ein Vertrag, nämlich ein staatlicher, der vieles während der gemeinsamen Ehezeit und darüber hinaus regelt. Ein Ehevertrag bietet die Möglichkeit, zusätzlich zu den gesetzlichen Bestimmungen selbst festzulegen, wie beispielsweise nach einer Trennung mit gemeinsamem Eigentum oder Unterhaltsansprüchen umgegangen wird. Gerade für Frauen ist es wichtig, dass sie dabei nicht benachteiligt werden. Die Problematik des Familiennamens habe ich bereits erläutert. Hier wirken unterschwellig die Mechanismen des Patriarchats, die die Frau durch eine Heirat als Besitz des Mannes deklarieren. Wenn die Frau jedoch darauf besteht, dass der Nachname der Frau der Familienname wird, so stürzt dies viele Männer in eine Krise. Männer fühlen sich in ihrer Männlichkeit gekränkt, aber auch das Umfeld, wie Familienmitglieder – speziell Väter – oder FreundInnen, reagiert oftmals verständnislos. Während manchmal ganze Familienbande brechen, weil Männer den Namen ihrer Partnerin annehmen (könnten), wird dies von Frauen jedoch standardmäßig erwartet.

Auf jeden Fall ist die Romantisierung der Ehe, die wir täglich durch die Medien und durch unser Umfeld auferlegt bekommen, problematisch. Letztendlich ist die Frage sehr legitim, ob Menschen überhaupt heiraten müssen. Dies führt in der Regel zu einer Manifestierung patriarchaler Strukturen – speziell, wenn Kinder vorhanden sind oder sein werden – aber nicht zu einer besseren Beziehungsqualität. Eine Beziehung wird nicht besonders oder intensiv, wenn Paare geheiratet haben, sondern durch die Art, wie die Beziehung geführt wird.

Bewertung von Frauenkörpern

Männer bewerten Frauenkörper – dies ist Teil hegemonialer Männlichkeit. Frauen lernen sehr früh, dass sie vor allem dann etwas wert sind, wenn sie sich so geben und präsentieren, wie es Männer gerne hätten. Es ist daher grundlegend, dass Frauen nicht von Männern auf ihr Äußeres reduziert und dementsprechend bewertet werden. Natürlich können Männer ihrer Partnerin Komplimente machen – über ihren Humor, ihre Intelligenz, ihr Wissen, ihre Leistungen und Erfolge und so weiter. Das bedeutet nicht, dass Männer nicht mehr sagen dürfen, dass sie ihre Partnerin wunderschön finden, doch sollte das nur in Maßen gemacht werden. Komplimente sollten auf keinen Fall hauptsächlich in Bezug auf Äußerlichkeiten gemacht werden. Was zudem auf keinen Fall gemacht werden sollte, ist, dass Männer das Aussehen von Frauen kritisieren.

Körpergröße und Verdienst bei der Wahl der Partnerin

Männer suchen sich in der Regel Frauen als Partnerinnen aus, die kleiner sind als sie selbst. Wenn die Frau größer ist als der Mann, entspricht dies nicht der Vorstellung des männlichen, starken, über der Frau stehenden Beschützers. Ähnlich ist es auch in Bezug auf die gesellschaftliche Stellung und das Gehalt von Frauen: Männer suchen sich Frauen als Partnerinnen, die weniger als sie verdienen und eine geringere gesellschaftliche Position haben als sie. Wichtiger für eine lange und glückliche Beziehung als die Fragen, wer größer ist oder die höhere gesellschaftliche Position hat, sind unter anderem gemeinsame Interessen, Humor, eine ähnliche Sicht auf gesellschaftliche Themen und so weiter.

Geschlechterstereotype bei Kindern

Geschlechterstereotype sind wie ein Korsett und verhindern die freie Entwicklung von Kindern. Kinder müssen bestärkt werden, dass sie das tun können, was sie wollen, unabhängig von ihrem Geschlecht. Wenn ein Junge rosa tragen möchte, Glitzer liebt und Röcke mag, dann soll er das auch ausleben dürfen.

Dies gilt ebenso für Mädchen: Sie dürfen ebenso „Jungensachen" tragen, Fußball spielen, wild und laut sein oder mit Action-Figuren spielen. Umso mehr Eltern ihren Kindern Spielzeuge, Kleidung etc. ermöglichen, die nicht den Geschlechterstereotypen entsprechen, desto verbreiteter und somit akzeptierter wird es. Wichtig dabei ist, dass die Kinder dies freiwillig machen. Somit können die Handlungsoptionen von Kindern erweitert werden.

Darüber hinaus ist es wichtig, dass Mädchen nicht permanent auf ihr Äußeres reduziert werden. Komplimente wie „hübsch" sollten Mädchen seltener gemacht werden. Da Jungen derartige Komplimente fast gar nicht erhalten, sollten diese hingegen auch einmal Komplimente für ihr Äußeres erhalten, damit sie auch alternative Rückmeldungen erhalten, die losgelöst von männlichen Zuschreibungen wie „cool" sind.

Ghosting

Ein problematisches Verhalten ist das sogenannte Ghosting. Dies bedeutet, dass, nachdem bereits Dates stattgefunden haben oder sogar eine feste Beziehung bestand, der Kontakt völlig unerwartet, ohne Erklärung und Nennung von Gründen abgebrochen wird. Dabei werden Betroffene zudem auf allen Kanälen wie WhatsApp oder Facebook blockiert, so dass jegliche Kontaktversuche ins Leere laufen.

Wenn Männer eine Frau kennenlernen, sich aber unsicher sind, ob die Beziehung eine Zukunft hat, ist es notwendig, darüber zu sprechen. Sollte eine gemeinsame Zukunft nicht vorstellbar sein, muss darüber offen und ehrlich gesprochen werden. Ansonsten vermitteln Männer Frauen das Gefühl, dass etwas mit ihnen nicht stimmen würde und dass sie so wenig wert seien, dass sie noch nicht einmal eine Erklärung verdient haben. Damit werden Frauen verletzt und zurückgewiesen. Falls Angst vor Nähe und der sich anbahnenden Beziehung besteht, ist es ebenfalls wichtig, darüber zu sprechen. Sollte das ein pathologisches Verhalten sein und der Verdacht auf eine Bindungsstörung bestehen, ist zudem therapeutische Hilfe sinnvoll, da die Probleme höchstwahrscheinlich auch bei allen folgenden Dates und (sich anbahnenden) Beziehungen ein großes Hindernis sein werden.

Toxische Männlichkeit in der Corona-Krise

In der Corona-Krise zeigte sich die traditionelle Aufteilung der Geschlechter mehr als deutlich: Männer gingen ihrer Lohnerwerbstätigkeit nach, während sich die Frauen um alles andere kümmern sollten. Das bedeutete meist, dass die Frauen im Home Office arbeiteten, parallel Home Schooling mit den Kindern machten, den Einkauf erledigten, Essen kochten, den Haushalt erledigten, Kranke und Angehörige pflegten und so weiter. Vieles davon machten Frauen auch schon vorher – nun kam die Dauerbelastung durch Kinder hinzu, die permanent zu Hause waren und täglich beschult werden mussten, keine sozialen Kontakte und Freizeitaktivitäten mehr hatten und dementsprechend schlecht gestimmt waren. Frauen sollten also während dieser Zeit wie bisher den Großteil der anfallenden Arbeit erledigen, während sie zusätzlich den ganzen Tag die Kinder betreuten, diese bespaßten und Lehrerin sein mussten. Parallel stiegen die Zahlen von häuslicher Gewalt und von Femiziden.

Während der Pandemie wurde deutlich, dass es einmal wieder männliche Experten waren, die der Welt das Problem und die Lösungen der Krise erklärten – Frauen waren dabei mal wieder nicht nur unterrepräsentiert, sie wurden auch gar nicht erst angehört. Leider vergaßen dann die männlichen Experten bei all ihren Lösungen Mädchen und Frauen sowie Alleinerziehende (also in der Regel Frauen). Das Corona-Virus legte immer und immer wieder den Finger in die Wunde unserer patriarchalen Gesellschaft, zeigte mit Scheinwerfern auf das weltweite Problem der toxischen Männlichkeit, zeigte auf, wie sehr unsere Gesellschaft auf der Unterdrückung von Frauen basiert und nur funktioniert, weil Frauen im Hintergrund alles managen. Entscheidend ist, dass Männer sehen und anerkennen, was Frauen täglich leisten, und dass sie ebenfalls Verantwortung übernehmen und Frauen nicht alleine lassen.

Zu Beginn der Corona-Krise wurde ein großes Problem deutlich: Es existierten nicht einmal ansatzweise genügend Schutzmasken. Also mussten Masken selbst genäht werden. Doulas, Hebammen, Pflegekräfte und Privatmenschen begannen nun, sich Masken zu nähen. Es war auffällig, wer sich vor allem dafür verantwortlich zeigte und dies tat: Es waren wieder einmal Frauen. Der Grund ist vor allem, dass Männer nicht nähen können und dies keine „Männeraufgabe“ ist.

Solche Aufgaben liegen jedoch nicht in der alleinigen Verantwortung von Frauen. Es ist gewinnbringend, wenn sich Männer ebenfalls mit dem Nähen beschäftigen. Das ist nicht nur in Zeiten wie in der Corona-Krise wichtig.

3.7 MÄNNER UND IHRE GESUNDHEIT

Vorsorgeuntersuchungen

Männer gehen seltener als Frauen zu Vorsorgeuntersuchungen oder generell zu ÄrztInnen. Daher werden viele Krankheiten nicht oder erst zu spät erkannt, was oftmals mit einem frühzeitigen Tod endet. Darüber hinaus werden dadurch hohe Krankenkassenkosten verursacht. Wenn ein Verdacht auf eine Krankheit besteht, dann sollten Männer zeitnah entsprechende Fachkräfte aufsuchen, um sich untersuchen zu lassen.

Therapie

Auch auf ihre psychische Gesundheit achten die meisten Männer nicht, da die Inanspruchnahme therapeutischer oder psychiatrischer Hilfe als schwach und unmännlich angesehen wird. Wer aber psychische Probleme hat, der kann in einer Therapie über seine Probleme, Ängste, Sorgen, über toxische Männlichkeit, Aggressionen etc. sprechen und sich professionell helfen lassen. Mithilfe einer Therapie wäre die Suizidrate von Männern mit hoher Wahrscheinlichkeit geringer. Auch kann ein stationärer Reha- oder Klinikaufenthalt sinnvoll sein.

Es ist wichtig zu wissen, dass Therapien und stationäre Aufenthalte von den Krankenkassen bezahlt werden, wenn die TherapeutInnen eine Kassenzulassung haben. Bei stationären Krankenhausaufenthalten fällt eine Zuzahlung von zehn Euro pro Tag an, die aber maximal 280 Euro pro Kalenderjahr kostet.

Der Männeranteil ist in vielen Kliniken leider sehr gering. Das liegt vor allem daran, dass Männer ihre psychischen Probleme nicht erkennen, nicht wahrnehmen, diese, wenn sie darum wissen, nicht ernst nehmen und sich selten Hilfe suchen. Für ein glückliches und gesundes Leben ist es wichtig, auf sich und die eigene psychische Gesundheit zu achten. Wenn jemand einen Beinbruch hat, dann würde diese Person ins Krankenhaus gehen. Wenn jedoch die Seele eine Wunde hat, dann sollte sie ebenso behandelt werden, da ohne Unterstützung eine Heilung sehr unwahrscheinlich ist und das Risiko besteht, dass sich der Zustand weiter verschlechtert.

Stress

Viele Männer achten selten auf sich selber und die eigenen Grenzen. Stresssymptome werden häufig nicht wahrgenommen. Das kann zu psychischen Erkrankungen und zu körperlichen Schäden bis hin zu Herzinfarkten und Schlaganfällen führen. Es ist hilfreich, wenn man mehrmals am Tag in sich hineinhorcht, sich fragt, wie es einem geht, Selbstfürsorge betreibt, genügend Pausen macht und sich genügend Auszeiten nimmt. Damit kann das Stresslevel gesenkt werden.

Gesunde Ernährung

Die wenigsten Männer kochen selbst, regelmäßig, ausgewogen, frisch und gesund. Dabei ist die Beschäftigung mit gesunder Ernährung ein wesentlicher Bestandteil für Selbstfürsorge und einen gesünderen Lebensstil. Der Konsum von Fertig-Gerichten, Fast Food, Alkohol, Energydrinks, Tabak und Fleisch hat deutliche negative gesundheitliche Konsequenzen. Drogen sollten gänzlich gemieden werden. Genügend Bewegung, frische Luft und regelmäßige Pausen haben ebenfalls positive Auswirkungen auf den Gesundheitszustand.

Peniswaschen

Jeder zweite Mann in Deutschland duscht nicht täglich, wechselt nicht täglich die Unterwäsche und vernachlässigt seine Intim-Hygiene. Das kann weitreichende Folgen haben: Unter der Vorhaut bildet sich Smegma. Smegma (vgl. Wikipedia

Smegma) ist eine weiße bis hellgelbe Substanz, die sich zwischen der Vorhaut und der Eichel des Penis bildet. Smegma besteht aus dem Talg der Vorhautdrüsen, sowie Zelldetritus des Eichelepithels und Bakterien. Auch können Urin- und Spermarückstände enthalten sein (vgl. ebd.). Es entsteht ein unangenehmer Geruch, die Gefahr von Peniskrebs steigt und Infektionen können sich bilden. Zudem wird das Risiko von übertragbaren Geschlechtskrankheiten erhöht – beispielsweise von Chlamydien oder Trichomonaden. Außerdem können Männer über diesen Weg Frauen mit Gebärmutterhalskrebs anstecken. Dabei kommt der Gebärmutterhals beim Geschlechtsverkehr mit HPV-infiziertem Smegma des Mannes in Berührung. Daher ist es wichtig, dass Männer täglich duschen, sich täglich ihren Intimbereich waschen (auch und gerade unter der Vorhaut mit beispielsweise pH-neutraler Seife) und täglich ihre Unterwäsche wechseln.

Unabhängig von der eigenen Gesundheit und der eigenen Körperhygiene: Es ist mehr als unappetitlich, mit einem Mann intim zu werden, der einen dreckigen und übelriechenden Penis hat. Da vergeht die Lust. Zudem möchte sich niemand mit Geschlechtskrankheiten anstecken.

Den Penis nach dem Urinieren säubern

Ich bin immer wieder erstaunt: Es gibt in so ziemlich jedem Restaurant, jeder Kneipe, jedem Kinderspielpark, jeder Tankstelle und jeder Diskothek Urinale für Männer. Aber daneben hängt kein Toilettenpapier. Es ist nämlich gar nicht angedacht, dass sich Männer nach dem Urinieren den Penis abtrocknen. Was für Frauen selbstverständlich und Teil ihrer Erziehung ist, existiert für die meisten Männer nicht. Auch noch einige Zeit nach dem Urinieren tropfen Resttropfen Urin aus der Penisspitze. Wenn Männer sich nicht ausgiebig nach dem Toilettengang den Penis abtrocknen, tropft also weiterhin Urin in die Unterwäsche. Das ist unhygienisch und ein Paradies für Bakterien. Und auch ganz schön eklig. Daher ist es wichtig, sich den Penis ordentlich abzutrocknen. Es ist darüber hinaus viel hygienischer, normale Toiletten und keine Urinale zu nutzen. Zudem gibt es in Toilettenkabinen WC-Papier. Sollten Sie doch Urinale benutzen, dann nehmen Sie sich Taschen- oder WC-Tücher mit, um Ihren Penis anschließend abzutrocknen. Die Tücher entsorgen Sie dann in einer normalen Toilette oder in einem Mülleimer des Toilettenraumes.

Händewaschen

Auch beim Händewaschen offenbart sich männliche Sozialisation, die alles andere als hygienisch ist. Männer waschen sich selten die Hände – selbst dann, wenn sie auf die Toilette gehen. Wann auch immer ich auf öffentliche Toiletten gehe (in Restaurants, in Hotels, bei IKEA, im Schwimmbad usw.), trifft mich fast der Schlag: Der Großteil der Männer, die nach mir den Toilettenraum betreten haben, verlassen diesen wieder vor mir. Der Grund: Neben dem bereits beschriebenen fehlenden Abtrocknen ihres Penis verlassen sie nach dem Toilettengang den Raum – ohne ihre Hände zu waschen. Besonders eklig wird es, wenn ich mitbekomme, dass Männer ihr „großes Geschäft" erledigen und dann ebenfalls, ohne ihre Hände zu waschen, die Toilettenräumlichkeiten verlassen. Nicht selten habe ich kurz darauf dieselben Männer am Buffet wiedergetroffen. Sie standen bei den Lebensmitteln und wühlten mit ihren ungewaschenen Händen darin rum. Aus genau diesem Grund sind zum Beispiel Nüsse an Bars auch häufig voller Bakterien. Das Händewaschen mit Seife nach dem Toilettengang ist daher unverzichtbar. Alles andere ist unhygienisch und auch für alle anderen Menschen widerlich. Zudem werden ansonsten Bakterien (und eventuell auch Viren), die für andere und für Männer schädlich sein können, verbreitet.

3.8 FORDERUNGEN

Wir leben in einer patriarchalen Gesellschaft und haben somit ein gesamtgesellschaftliches Problem. Dies wird sich nicht von heute auf morgen ändern. Allein in Bezug auf die unterschiedlichen Gehälter zwischen Männern und Frauen gehen Hochrechnungen davon aus, dass bei gleichbleibendem Tempo erst in über 200 Jahren Gleichberechtigung hergestellt sein wird (vgl. Groß 2017).

Nicht berücksichtigt dabei ist die generelle strukturelle Benachteiligung von Frauen, die Kopplung von Fähigkeiten und Kompetenzen an ein Geschlecht, die Unsichtbarkeit von Frauen in der Sprache, die Objektivierung und Sexualisierung von Frauen durch die Medien, sexuelle Belästigung, Vergewaltigung, Femizide, Pornografie und Prostitution und so weiter. Damit wir einen radikalen gesellschaftlichen Umdenkprozess anstoßen können, wie es beispielsweise in skandinavischen Ländern zu beobachten ist, werden grundlegende Veränderungen nötig sein.

Ein Bewusstsein bezüglich der Problematik der toxischen Männlichkeit und der Geschlechterhierarchien muss in der *Politik* gefordert werden. Es muss Teil des Programms von Parteien sein. Die Politik muss sich darüber Gedanken machen, wie sie Gleichberechtigung als zentrales Thema implementieren kann. Darüber hinaus muss sie sich mit der Frage beschäftigen, wie Männer mit einbezogen werden können, damit sie sich angesprochen fühlen und verstehen, warum das Thema – auch für sie – so wichtig ist.

Geschlechtersensible Pädagogik sollte als verpflichtendes Fach für Lehrende, pädagogische Fachkräfte, therapeutische Fachkräfte und für alle in sozialen Berufen arbeitenden

Menschen eingeführt werden. Somit entsteht bei genau den Menschen, die unsere Kinder miterziehen, bilden, fördern, fordern und prägen, die Möglichkeit, auf ein gleichberechtigtes Miteinander hinzuarbeiten. Ziel ist ein grundlegendes Verständnis für Gleichberechtigung, das als normal und selbstverständlich angesehen wird. Daraus resultierend sollte das Wissen über geschlechtersensible Pädagogik und Gleichberechtigung, toxische Männlichkeit und patriarchale Wirkweisen in allen Lehrplänen mitgedacht werden und theoretische und praktische Anwendung finden. Auch müssen die Fachkräfte regelmäßig geschult werden und Fortbildungen zu den Themen besuchen.

Es sollte ein *Schulfach* geben, in dem es um Feminismus, feministische Theorien, Leistungen von Frauen, toxische Männlichkeit und ein soziales Miteinander geht. Geschlechterreflektierende und geschlechtersensible Pädagogik, Auseinandersetzung mit Gefühlen etc. muss in der Schule im Mittelpunkt stehen. *Schulbücher* müssen ebenfalls diverser werden und Geschlechterstereotype thematisieren, entlarven und dekonstruieren, um alternative Geschlechterbilder anzubieten. *Sexualkundeunterricht* muss thematisieren, wie gleichberechtigte Sexualität aussehen kann. Die aktuelle Sichtweise, bei der es ausschließlich um die Befriedigung des Mannes geht, muss revidiert werden – und es muss Wissen über die weibliche Anatomie und über die Bedürfnisse von Frauen vermittelt werden.

Das Thema *Frauenbewegung* sollte in jedem Fall im Unterricht durchgenommen werden. Denn es ist höchst erstaunlich und bezeichnend, dass eine DER Revolutionen überhaupt, die zudem noch gar nicht weit in der Vergangenheit liegt und für alle Frauen so entscheidend wichtig war und es bis heute ist, in vielen Bundesländern im Kontext Schule gar kein Thema oder zum Teil nur freiwillig von den Lehrkräften wählbar ist.

Die *gleiche Bezahlung*, unabhängig vom Geschlecht, sollte selbstverständlich sein.

Da Frauen in vielen Berufen kaum die Chance erhalten, trotz besserer Abiturnoten und Universitätsabschlüsse eine höhere berufliche (und entsprechend bezahlte) Position oder eine Führungsposition zu erhalten, benötigen wir dringend eine *Frauenquote*. Dass Frauen diskriminiert werden, weil sie Frauen sind und zudem auch noch Kinder bekommen könnten oder welche haben, ist völlig inakzeptabel und muss enden.

Wir benötigen zudem *Parität im Parlament und in der Justiz*, damit auch dort Frauen repräsentiert sind und weibliche Perspektiven berücksichtigt werden.

Projekte, die sich für eine gleichberechtigte Gesellschaft einsetzen, wie beispielsweise feministische Mädchen- und Jungenarbeit, *müssen durch Landes- und Bundesgelder gefördert werden*. Auch die Prüfung *kommunaler Finanzierungsmöglichkeiten sowie von EU-Geldern* ist nötig. Diese müssen eine hohe Priorität bei der Auswahl der Projekte und der Finanzierungsmittel besitzen.

Damit eine Gesellschaft ein gleichberechtigtes Geschlechterbild entwickelt, ist es unabdingbar, auch die *Eltern* abzuholen. Das kann mittels freiwilliger Angebote stattfinden, durch Infoabende an Schulen, in Elternratgebern, Schwangerschaftsbüchern und Broschüren zu dem Thema. Kinderärzte und Kinderärztinnen können informieren und Informationen auslegen, ebenso wie TherapeutInnen, Vereine, Jugendzentren und BürgerInnenämter. Infopost kann an Eltern versendet werden, zum Beispiel im Zuge der Mitteilungen über die U-Untersuchungen, in denen Tipps und Anregungen sowie Basiswissen über eine feministische Erziehung enthalten sein können.

Die *Medien* sollten angehalten sein, gleichberechtigte Geschlechterdarstellungen zu zeigen. Kritiker behaupten, dass dies einer Zensur gleichkommen würde. Dabei ist es aktuell doch so, dass es unausgesprochen nur eine Sicht in den Medien gibt: Eine patriarchale zu Gunsten von Männern. Sexismus in den Medien und in der Werbung sollte verboten werden.

Durch das *Steuersystem* werden vor allem verheiratete Frauen, die in der Regel weniger als Männer verdienen, benachteiligt (Ehegattensplitting). Der Steuerabzug ist daraus resultierend bei ihnen größer als bei Männern, die dafür dann mehr Gehalt erhalten. Dies hat einen enormen psychologischen Effekt auf die Frauen. Noch problematischer wird es, wenn Frauen *Kinder* bekommen. Sie sollen unbezahlt die Aufgaben der *Betreuung und Erziehung* übernehmen, am besten über Jahre, was für viele den Karrieretod bedeuten kann, einen erschreckenden Einfluss auf ihre Rente hat und sie finanziell abhängig von ihrem Mann macht. Wenn Mütter nach der Geburt wieder ihrer Lohnerwerbstätigkeit nachgehen, um für sich selber zu sorgen, finanziell unabhängig von ihrem Mann zu sein/zu bleiben und ihr Kind in eine Betreuung geben, werden sie als „Rabenmutter“ abgestempelt. Dass Väter ihre Karriere an erste Stelle setzen, macht sie in unserer Gesellschaft nicht zum „Rabenvater“, ganz im Gegenteil: Damit wird das archaische Bild des Familien-Ernährers reproduziert. Am schlimmsten trifft es *Alleinerziehende,* also in der Regel Mütter, die vom Staat völlig allein gelassen werden. Aus diesen Gründen ist eine Änderung des Steuersystems absolut notwendig. Darüber hinaus müssen Betreuungsmöglichkeiten ausgebaut werden, es muss eine bessere Bezahlung für soziale Berufe geben, es wird eine Mütterrente benötigt und Familien und Alleinerziehende müssen finanziell besser unterstützt werden.

Unser *Rechtssystem* greift bekanntermaßen kaum bei sexueller Belästigung, Stalking, Gewalt durch (Ex-)Partner, Vergewaltigung. Das muss sich grundlegend ändern. Frauen werden bereits bei dem Versuch, eine Anzeige bei der Polizei aufzugeben, belächelt und nicht ernst genommen. Es wird ihnen sogar vorgeworfen, dass sie lügen würden, um sich selber zu schützen. Polizeikräfte benötigen intensive Schulungen über Traumatisierungen und patriarchale Gewalt/häusliche Männergewalt. In Gerichtsverfahren werden Frauen immer wieder mit dem traumatischen Erlebnis konfrontiert. Doch wird ihnen in der Regel nicht geglaubt. Die Konsequenz ist eine Verurteilungsrate bei Vergewaltigungen von weniger als 1 %, obwohl mindestens jede siebte Frau in Deutschland bereits vergewaltigt wurde. Es ist deutlich, dass grundlegende Änderungen im Rechtssystem dringend notwendig sind: Für Menschen, die in der Justiz arbeiten wie RichterInnen, ist bezüglich Traumata von Frauen und Gewalt gegen Frauen eine intensive Schulung wichtig. Dazu gehören auch Verfahrensbeistände, die in der Regel nicht die Sicht betroffener Mütter im Blick haben, sondern sich mit Männern/Vätern solidarisieren. Zudem müssen Jugendamtsmitarbeitende ebenfalls intensiv geschult werden. Auch die Polizei benötigt Fortbildungen, um die grundlegenden gesellschaftlichen und rechtlich relevanten Probleme zu erkennen und richtig einordnen zu können, um dann dementsprechend adäquat zu handeln.

Gewalt unter der Geburt muss von der Bundesregierung anerkannt werden, und es müssen entsprechende Maßnahmen, gemäß der Verpflichtung Deutschlands durch die Ratifizierung der Istanbul-Konvention, umgesetzt werden.

Damit Prostituierte geschützt, finanziell unterstützt und in Berufe vermittelt werden können, ist die Einführung des *Nordischen Modells* zwingend notwendig. Die vier Säulen des Nordischen Modells sind: 1. Kriminalisierung der Freier, 2. Entkriminalisierung der Prostituierten, 3. Hilfe für den Ausstieg sowie 4. Aufklärung der Bevölkerung.

Der Zugang zu *Pornografie* muss beschränkt werden. Wenn schon ein generelles Verbot nicht möglich ist, so ist es jedoch wichtig, dass es eine *Altersprüfung*/eine Authentifizierung (beispielsweise per Personalausweis) gibt, damit Kinder und Jugendliche nicht über ihr Smartphone oder andere internetfähige Geräte Zugriff auf Pornografie besitzen. Die dargestellte Gewalt an Frauen und der objektivierende und sexualisierte Blick auf Frauenkörper prägt die Gesellschaft, prägt unsere Kinder und steht der Entwicklung einer gleichberechtigten Gesellschaft entgegen.

In Deutschland existieren zu wenige *Frauenhäuser* und *Schutzwohnungen*, um betroffenen Frauen angemessen helfen und sie schützen zu können. Deutschland muss seiner Verpflichtung nachkommen, die Bedingungen der Ratifizierung der Istanbul-Konvention erfüllen und Frauenhäuser und Schutzwohnungen bundesweit ausbauen. Zudem ist es grundlegend, dass auch eine nicht jährlich neu zu beantragende Kostenübernahme gewährleistet wird – ohne dass eine Eigenleistung der Träger durch Spenden nötig ist. Es ist erforderlich, dass betroffene Frauen auch unabhängig von einer Kostenübernahme aufgenommen werden können.

Auf *Toiletten* sollten bundesweit auch neben Urinalen Toilettenrollen hängen und darunter Mülleimer stehen, damit Männer an die eigene Intim-Hygiene auf öffentlichen Toiletten herangeführt werden und es für sie normal ist, sich nach dem Urinieren abzutrocknen. Eine grundsätzliche Abschaffung von Urinalen wäre darüber hinaus eine sinnvolle Alternative. Zusätzlich sollten hygienische Tipps für die Erziehung von Jungen in Elternratgebern und von kinderärztlichem Fachpersonal weitergegeben werden.

Aufbauend auf der Idee *„Schule gegen Rassismus“* benötigen wir bundesweite Zertifizierungen für eine „Schule gegen Sexismus“. Es existiert seit Juli 2019 nur ein einziges Projekt

(Pinkstinks e.V.), das durch das Bundesfrauenministerium gefördert wird und sich mit der Thematik an Schulen beschäftigt, was für eine deutschlandweite Abdeckung völlig ungenügend ist. Zum anderen werden von der durchführenden Organisation einige der problematischsten patriarchalen Eckpfeiler und Auslöser für frauenverachtendes Denken, nämlich die Themen Pornografie und Prostitution und die dort stattfindende Gewalt gegen Mädchen und Frauen, heruntergespielt, geleugnet und teilweise verherrlicht. Gerade Pornografie ist aber bei männlichen Jugendlichen Teil ihrer Jugendkultur und (re)produziert täglich frauenverachtendes Denken und Gewalt gegen Frauen. Jungen (und auch Mädchen) werden durch Pornografie geprägt, das soziale Miteinander, die Sicht auf Mädchen und Frauen und der Umgang mit Sexualität werden maßgeblich negativ beeinflusst. Zudem müssen auch die problematischen Zusammenhänge zwischen Pornokonsum und dem Bewusstsein, Frauenkörper und Handlungen gegen Geld kaufen zu können, in eine pädagogische Arbeit mit Jungen einbezogen werden.

3.9 SHESPECT – UNTERSTÜTZUNG FÜR FRAUEN BEI HATE SPEECH UND SEXISMUS E. V.

Im Dezember 2019 wurde C. Mundlos auf einen frauenverachtenden Facebook-Post des bekannten „Hundeprofi“ Martin Rütter aufmerksam gemacht. Unter dem Post häuften sich misogyne, frauenverachtende, antifeministische und sexistische Kommentare. Daraufhin mobilisierte sie in unzähligen feministischen Netzwerken und über ihre eigene Seite Feministinnen, die auf die misogynen Kommentare reagierten und sich gegenseitig unterstützten, woraufhin Rütter das gesamte Thema von seiner Seite löschte. Durch diese Aktion entstand die Idee, eine Gruppe zu gründen, in der sich AktivistInnen organisieren können, um gemeinsam mit selbst erstellen Memes auf sexistische und frauenverachtende Posts zu reagieren. Unter anderem auch deswegen, weil Facebook in der Regel nichts gegen derartige Kommentare unternimmt, auch dann nicht, wenn sie gemeldet werden. Selbst bei Bedrohungen gegen Frauen meldet Facebook regelmäßig zurück, dass es aus ihrer Sicht nichts daran zu beanstanden gebe und der entsprechende Post den Gemeinschaftsstandards entsprechen würde. Am 31.12.2019 wurde die Gruppe schließlich gegründet[10].

Hier ist eine beispielhafte Auswahl erfolgreicher Aktionen vom Januar 2020:

- Die erste Aktion fand auf der Seite „Soldaten können auch Spaß haben“ statt. Von dort aus hatte Martin Rütter seinen

10 Der Name der Gruppe wird aus Gründen der Sicherheit der Mitglieder nicht veröffentlicht.

frauenverachtenden Post verbreitet. Die Gruppenmitglieder posteten auf der Soldatenseite 1.100 Memes.
- Die zweite Aktion erfolgte auf der Facebook-Seite der Firma Rossmann, die nach ihrer sexistischen Werbekampagne ihre eigene Seite nicht moderierte und unzählige frauenverachtende Kommentare dort stehen ließ. Es wurden dort zum Thema Sexismus und Hate Speech 1.400 Memes gepostet.
- Gegen einen Politiker, der das deutsche Fridays for Future-Gesicht Luisa Neubauer öffentlich sexuell objektivierte und sexuell belästigte, positionierte sich die Gruppe mit 2.000 Memes.
- Es folgte eine Aktion bezüglich eines Liedes von Udo Lindenberg, der Sex mit Minderjährigen verherrlichte, mit 2.500 Memes.
- Auf der Seite von Pinkstinks, auf der Pornografie verherrlicht wurde, wurden 1.500 GIFs gepostet (Memes waren auf der Seite nicht möglich).
- Auf der Seite der Firma Würth, die sexistische Kalender kostenlos an Firmen verteilt, wurden 2.000 Memes hinterlassen.

Es folgten viele weitere Aktionen. Besonders hervorheben möchte ich die Aktionen auf den Seiten der beiden Rapper FLER und FiNCH ASOZiAL, bei denen die Gruppenmitglieder über 4.000 Memes posteten. Zudem setzte sich die Gruppe auf der Seite des KiWi-Verlages (Verlag Kiepenheuer & Witsch) ein, der ein Buch des Sängers Till Lindemann von Rammstein veröffentlichte, in dem das Gedicht „Wenn du schläfst“ enthalten ist, das Vergewaltigungen (im Zusammenhang mit K.o.-Tropfen) verherrlicht.

Durch die Aktionen haben sich nicht nur viele Feministinnen empowert gefühlt, es wurde nicht nur die sexistische Kommunikation gestört und viele Frauen unterstützt, sexistischen

Männern Grenzen aufgezeigt und vielleicht auch der ein oder andere zum Nachdenken angeregt, es wurden darüber hinaus auch Erfolge erzielt. Einige Beispiel dafür aus den ersten Monaten sind:

- Der ursprüngliche Rütter-Text wurde komplett offline genommen.
- Die Firma Rossmann entschuldigte sich für ihre schlechte Moderation und versprach Besserung.
- Die Firma Würth lud zu einem persönlichen Gespräch ein.
- Edeka gab laut eigener Aussage die Kritik an ihrer sexistischen Werbekampagne an die Marketing-Firma weiter.
- FiNCH ASOZiAL entschuldigte sich mit einem Video und kündigte ein Konzert an, dessen Einnahmen komplett an Frauenorganisationen gespendet werden sollen. Auf Grund der Corona-Krise wurde dieses zunächst verschoben.
- Die Bewertung des KiWi-Verlages sank auf unter zwei von fünf Sternen, die Amazon-Bewertungen des Gedichtbandes von Till Lindemann sanken ebenfalls massiv.

Je mehr Menschen sich für Gleichberechtigung einsetzen und sich gegen Frauenhass, Misogynie und Sexismus positionieren, desto mehr wird dies in der Öffentlichkeit thematisiert, desto mehr Menschen werden aktiv und unterstützen Frauen, desto mehr fühlen sich in diesem Kampf nicht mehr allein und desto weniger werden toxische Männlichkeit und Sexismus, Benachteiligung von Frauen und Gewalt gegen sie gesellschaftlich akzeptiert sein.

Der nächste Schritt bestand in einer Vereinsgründung, um für On- wie Offline-Aktionen, Aufklärung bei Sexismus und Hate Speech, Beratungen, Sticker, Poster oder Flyer sowie bezahlte MitarbeiterInnen Fördergelder beantragen zu können. Im Juni 2020 wurde der Verein SHESPECT – Unterstützung für Frauen bei Hate Speech und Sexismus e. V. gegründet.

3.10 GRUPPE „TOXISCHE MÄNNLICHKEIT – ERKENNEN, REFLEKTIEREN UND VERÄNDERN"

Ich bin sehr viel in sozialen feministischen Gruppen auf Facebook unterwegs. Zum Thema toxische Männlichkeit gab es jedoch, obwohl dies eines der großen aktuellen Themen ist, keine eigene Gruppe. Es existierten einige andere Gruppen, die sich mit Männlichkeit auseinandersetzten, jedoch meist mehrere Grundsäulen des Patriarchats völlig ignorierten oder sogar leugneten – dies betraf vor allem Themen wie Pornografie und Prostitution. Daher gründete ich am 02.10.2019 die Gruppe „Toxische Männlichkeit – erkennen, reflektieren und verändern".

Es ist dort möglich, eigene Themen und Erfahrungen zu diskutieren, sich über Veranstaltungen zu informieren, Literatur zu empfehlen oder Artikel und Blogbeiträge zu teilen und sich somit inhaltlich mit Feminismus, toxischer Männlichkeit und patriarchalen Strukturen auseinanderzusetzen. Die Gruppe steht nicht nur Männern offen, sondern allen, die sich für das Thema interessieren. Da reine Männergruppen häufig Sexismen reproduzieren, anstatt sie aufzulösen und zu viele Perspektiven, Erfahrungen und Lebensrealitäten ausgeblendet werden, die aber für eine Geschlechterdekonstruktion und den Kampf gegen das Patriachat absolut notwendig sind, ist die Gruppe nicht auf Männer begrenzt. Ich halte es auch in Workshops für Männer für sinnvoll, dass auch die Welten von Frauen einbezogen werden. Dafür kann beispielsweise eine weibliche Referentin engagiert werden, die über die Perspektive und Lebensweltrealitäten von Frauen berichtet, um die Männer zu sensibilisieren.

Der Autor Robert Jensen (vgl. 2017) beschreibt in seinem Buch „The End of Patriarchy“ beispielsweise eine Übung, die er in Workshops mit Männern und Frauen nutzt, um die unterschiedlichen Perspektiven und Lebenserfahrungen aufzuzeigen: Jensen bittet zunächst die männlichen und anschließend die weiblichen Teilnehmenden davon zu berichten, was sie in der vergangenen Woche gemacht haben, um das Risiko für einen sexuellen Übergriff zu senken. Das Ergebnis: Männer haben sich in der Regel darüber gar keine Gedanken gemacht und dementsprechend auch nichts unternommen, während Frauen eine ganze Bandbreite an Vorbereitungen und Maßnahmen vornehmen mussten, um sich zu schützen und ihre Unternehmungen so zu planen, dass sie ein möglichst geringes Risiko haben, Gewalt oder sexuelle Gewalt erleben zu müssen.

Die Gruppe steht allen Interessierten offen, die sich mit ihren Anteilen toxischer Männlichkeit sowie mit feministischen Themen beschäftigen wollen. Grundlage für einen Beitritt ist, dass patriarchale Strukturen und Gewalt an Frauen nicht geleugnet werden.

3.11 FEMINISTISCHE JUNGENARBEIT

Mir wurde im Zuge meiner Tätigkeit in der Jungenarbeit klar, dass ein Großteil der Angebote an dem eigentlichen Ziel, patriarchale Strukturen und Geschlechterstereotype zu dekonstruieren, vorbeilaufen.

Viele Jungenarbeiter, leider auch einige sehr bekannte, konstruieren Jungen als Opfer des Systems und blenden patriarchale Strukturen und Wirkweisen völlig aus, reproduzieren Sexismen und haben nicht das Ziel, toxische Männlichkeit abzubauen. Ich habe in den vergangenen Jahren an vielen AGs, Arbeitskreisen etc. zum Thema Jungenarbeit teilgenommen und war über die vielen unreflektierten, toxischen, frauenverachtenden Aussagen und Arbeitsansätze erschrocken. Die betreffenden Personen waren Sozialarbeiter, Professoren, Soziologen und bundesweit anerkannte Experten. Was sie eint: Es sind meist ältere, weiße, privilegierte Männer. Es gibt natürlich auch ganz tolle Angebote und Projekte in der Jungenarbeit, dies sei an dieser Stelle ebenfalls erwähnt.

Die Frage ist: Wie viele Projekte nehmen alle Anteile toxischer Männlichkeit in den Blick? Oftmals stehen alternative Lösungsstrategien für Konflikte, Emotionsregulation sowie Selbstbehauptung im Fokus der Jungenarbeit. Selten werden jedoch Mansplaining, Manspreading, männliche Privilegien, Geschlechterstereotype und damit verbundene vermeintliche Kompetenzen, unterschiedliche geschlechtsbezogene hierarchische Stellungen in der Gesellschaft und daraus resultierende Konsequenzen (Bezahlung, Rente, Aufgabenverteilung, Care-Arbeit etc.), feministische Partnerschaften, gleichberechtigte Sexualität oder die Wirkungsweisen des Patriarchats im Kontext von Prostitution und Pornografie thematisiert. Welche

Sozialarbeiter in der Jungenarbeit berücksichtigen patriarchale Strukturen und toxische Männlichkeit und wollen einen Beitrag für eine gleichberechtigte Gesellschaft leisten – auch im Sinne von Mädchen und Frauen?

Danke an dieser Stelle an alle Sozialarbeiter, die dies bereits tun.

2018 entwickelte ich ein auf meiner feministischen Grundhaltung basierendes Konzept, das sich grundsätzlich an der antisexistischen Jungenarbeit anlehnt. Die feministische Jungenarbeit geht jedoch einen Schritt weiter – inhaltlich wie aber auch in der Begrifflichkeit. Sprache beeinflusst unser Denken und Handeln. Es hat Auswirkungen, ob ich eine Jungenarbeit feministisch nenne und dabei all die Machtunterschiede und toxischen Anteile berücksichtige oder nicht.

Es entstand die feministische Jungenarbeit, die ich dann in einem Kinder- und Jugendtreff mit einer festen Jungengruppe in Hannover als Pilotprojekt startete. Daraus entstanden dann feministische Workshops für Schülerinnen und Schüler, die ich ab Mitte 2019 durchführte. Das Hauptziel ist, den Jungen patriarchale Strukturen, Denk- und Verhaltensweisen bewusst zu machen, zu reflektieren und Lösungsansätze zu erarbeiten, Ideen für mögliche Dekonstruktionen der eigenen männlichen Sozialisation vorzustellen, auf Beziehungen zu schauen und im Kontext der Schule das gemeinsame soziale Miteinander zu thematisieren und Handlungsoptionen an die Hand zu geben. Die Gruppen waren als Schutzraum zunächst in reine Jungen- und Mädchengruppen eingeteilt, um sie später aber aufzubrechen und gemeinsam die Erlebniswelten zu reflektieren und über Lösungsansätze zu sprechen.

Ich möchte im Folgenden einige Praxisbeispiele aus dem Pilotprojekt vorstellen. Diese sind natürlich nur exemplarisch bei der Fülle möglicher Methoden und Themen. Sie sollen einen kleinen Einblick und einen Impuls geben, was in der

Arbeit mit Kindern und Jugendlichen – auch mit den eigenen Kindern – möglich sein kann.

Praxisbeispiele

1. Wir sprachen in der Jungengruppe darüber, wie die Jungen sich einen „typischen Jungen“ sowie ein „typisches Mädchen“ vorstellen. Wir sammelten die Ergebnisse zunächst am Flipchart, um dann gemeinsam das Zusammengetragene zu besprechen. Es wurde schnell deutlich, dass die Ergebnisse sehr stereotyp waren. Darüber haben wir anschließend gesprochen. Die Jungen kamen sehr schnell zu der Erkenntnis, dass Rollenvorstellungen nichts damit zu tun haben, ob sie ein Junge oder ein Mädchen sind und dass solche Zuschreibungen viel mehr hinderlich als förderlich sind. Auch in Bezug auf biologische Unterschiede erkannten die Jungen, dass diese gar nicht so groß sind, wie sie eigentlich dachten. Wir sprachen dabei über intersexuelle Menschen. Davon hatten die Jungen noch nichts gehört und nach anfänglicher Unsicherheit stellten sie interessierte Fragen und beschäftigten sich mit dem Thema. Anschließend sprachen wir über das Schönheitsdiktakt und über die problematische Darstellung von Mädchen und Frauen in den Medien, über die Auswirkungen auf sie und welcher Druck dadurch entsteht. Wir thematisierten, welche Anforderungen an Jungen bezüglich ihrer Präsentation gestellt werden, welchen Druck sie dadurch erleben und welche Unsicherheiten und Ambivalenzen dadurch hervorrufen werden.

2. In der Jungengruppe sprachen wir über Ohnmachtserfahrungen. Da berichtete ein Junge, dass er körperliche Übergriffe durch andere Jungen erlebt hat und wie er sich dabei gefühlt hat. Daraufhin berichteten weitere Jungen ebenfalls von ähnlichen Situationen und von ihren angewendeten Lösungs-

strategien. Wir erarbeiteten anschließend Handlungsoptionen und präventive Möglichkeiten für derartige Situationen. Dabei merkten die Jungen an, dass Mädchen viel seltener als Jungen in gewalttätige Auseinandersetzungen involviert sind, worauf wir über männliche und weibliche Sozialisation sprachen. Die Jungen sprachen über strukturelle Benachteiligungen aufgrund des Geschlechts, was das für Mädchen bedeutet und wie die Lebenswelten von Mädchen aussehen. Viele Jungen schienen „Aha-Effekte“ zu haben.

3. Ich zeigte den Jungen das Video „Eine Lektion fürs Leben“, das über Facebook verbreitet wurde. In dem Video wird eine Grundschulklasse gezeigt. Die Lehrerin gibt die Aufgabe, dass die Kinder eine Person zeichnen sollen, die bei der Feuerwehr arbeitet, eine, die bei der Polizei arbeitet und eine, die ein Flugzeug fliegt. Die Ergebnisse sind nicht überraschend: Es wurden fast ausschließlich Männer in den jeweiligen Berufen gemalt. Die Lehrerin verkündete nun, dass sie aus jeder Berufsgruppe eine Person eingeladen hat. Als die Tür aufging und die Personen den Raum betraten, machten die Kinder überraschte Augen: Eine Feuerwehrfrau, eine Polizistin und eine Pilotin traten ein. Die drei Frauen berichteten über ihre Berufe und die Kinder hörten gespannt zu.

Gemeinsam reflektierte ich mit den Jungen den gesehenen Film, der sie augenscheinlich sehr aufwühlte und beschäftigte. Es ging um die Frage, wie eigentlich solche einseitigen Geschlechterstereotype entstehen. Für die Jungen stand schnell fest, dass Berufe nichts mit dem Geschlecht zu tun haben und dass es im Allgemeinen keinen Zusammenhang zwischen Fähigkeiten/Kompetenzen und geschlechtlichen Unterschieden gibt. Die Jungen berichteten von ihren Eltern und deren Berufen und stellten fest, dass auch dort nicht überall Stereotype vertreten waren. Ein weiterer Junge merkte an, dass Frauen meist weniger als Männer verdienen. Ich thematisierte die Gehaltsunterschiede zwischen Männern und Frauen zu Gunsten der Männer und zeigte auf, dass Männer 73 % mehr Rente erhalten, dass in den Medien aber immer nur die kleinere Zahl zu Gunsten der Männer genannt wird. Die Jungen waren darüber sehr schockiert. Daraufhin diskutierten die Jungen darüber, dass es vor allem die Mütter sind, die nach einer Geburt zu Hause bleiben, während die Männer ihrer Lohnerwerbstätigkeit nachgehen. Sie empfanden es als ungerecht, dass Mütter mit der Care-Arbeit und dem Haushalt von ihren Partnern allein gelassen werden, dass das von Müttern per se erwartet wird und dass Väter dadurch sehr wenig Zeit mit ihren Kindern verbringen. Diese Erkenntnis machte einen der Jungen sehr traurig. Zudem wurde ihnen klar, dass durch unser frauenfeindliches Familiensystem die meisten Frauen im Anschluss nur Teilzeit arbeiten gehen können. Außerdem erkannten sie, welche weitreichenden negativen Konsequenzen für Frauen bezüglich ihrer Karriere, ihrer Unabhängigkeit und finanziellen Absicherung dadurch entstehen.

Es war den Jungen unverständlich, wieso sich die Väter nicht mehr einbringen und sich nicht die Hausarbeit, die Care-Arbeit und die Zeit bei der Lohnerwerbstätigkeit hälftig teilen.

4. Im Kontext meiner Arbeit in der offenen Kinder- und Jugendarbeit bot ich 2018 ein Hörspiel-Ferienprojekt an. Ich schrieb zuvor das Skript mit dem Fokus, mich völlig von Geschlechterstereotypen zu lösen, sodass beispielsweise die Männer kochten, während Frauen für das Sammeln des Holzes zuständig waren, Jungen Angst zeigten und Mädchen sie beschützten, Mädchen vor allem die Entscheidungen trafen und jede Rolle einen gleichen Redeanteil hatte. Auch wurde kein generisches Maskulinum verwendet. Zudem wurde von Kindern anstatt von Jungen und Mädchen gesprochen, um die Erwartungshal-

tung an Geschlechterstereotype bei den Hörenden zu minimieren und sie so besser erreichen zu können. Vermeintliche Zuschreibungen waren also ausschließlich über die geschlechtliche Zuordnung der Namen möglich, die jedoch nicht permanent genannt wurden. Außerdem klangen die Stimmen von Jungen und Mädchen gleich, so dass für Hörende oftmals gar nicht zu erkennen war, ob es sich nun um einen Jungen oder ein Mädchen handelt. Reflektierend ist zu kritisieren, dass sich zu dem Projekt mehr Jungen als Mädchen angemeldet hatten und es daher auch mehr Jungenrollen gab. Hier hätten zum Beispiel auch die Jungen Mädchenrollen sprechen können, was andersherum ja bekanntermaßen nichts Ungewöhnliches, für Jungen jedoch meist nicht vorstellbar ist. Eine weitere Möglichkeit wäre gewesen, geschlechtsneutrale Namen für die Rollen auszuwählen und keine Pronomen zu benutzen. Das Projekt lief eine Woche, in der wir zunächst über den geschlechtersensiblen Ansatz sprachen und diesen während der Aufnahmen auch immer wieder thematisierten und reflektierten.

Im Zuge der Jungenarbeit habe ich nach den Aufnahmen gemeinsam mit den Jungen einen Teil der Geräusche erstellt und aufgenommen. Die Jungen und ich haben gemeinsam eine Liste der noch fehlenden Geräusche erstellt, uns dann überlegt, wie wir diese selber herstellen können, wir haben das Material dazu beschafft und diese dann aufgenommen und in das Projekt eingefügt. Die Jungen waren sehr gespannt darauf, wie sich die Szene mit den gerade aufgenommenen Geräuschen anhören würde.

Die Kinder hatten bei den Hörspielaufnahmen sehr viel Spaß. Das Resultat wurde abschließend bei einem gemeinsamen Abend mit den Kindern und deren Angehörigen mit Chips, Salzstangen und Getränken gehört. Das Hörspiel bekamen alle Kinder als CD mit nach Hause und es ist auch auf YouTube unter dem Namen „Das Geheimnis der alten Mühle. Ein feministisches Kinderhörspiel“ zu finden.

5. Gemeinsam mit den Jungen sah ich den von BBC produzierten Kurzfilm „Girl toys vs boy toys: The experiment“, der auf YouTube zu finden ist. Dabei wird ein Genderexperiment präsentiert, bei dem Babys im Mittelpunkt stehen. Den männlichen Babys wurden vermeintliche Mädchensachen – also in rosa – und den weiblichen Babys wurden vermeintlichen Jungensachen – also in blau – angezogen. Es betraten nun nach und nach Erwachsene den Raum und hatten die Aufgabe, sich mit den Babys zu beschäftigen. Auf dem Boden gab es eine Menge Spielzeug. Die Erwachsenen griffen automatisch nach dem Spielzeug, das nach ihrer Auffassung zu dem erwarteten Geschlecht – interpretiert durch die Farbe der Kleidung – passte. Also gaben sie den Mädchen vermeintliche Jungenspielzeuge und den Jungen vermeintliche Mädchenspielzeuge. Das Resultat ist nicht überraschend: Die Babys spielten damit. Für sie ist es unerheblich, ob sie mit einer Puppe oder einem Auto spielen, da sie noch nicht in Geschlechterkategorien denken. Anschließend wurde das Experiment aufgelöst. Die Erwachsenen waren selbst von ihrem Schubladendenken irritiert und erkannten, dass es für die Babys keine Rolle spielte, ob sie sich mit einem vermeintlichen Jungen- oder Mädchenspielzeug beschäftigt hatten. Nach dem Ansehen des Videos reflektierte ich mit den Jungen das Gesehene. Wir sprachen über die Wirkungsweisen von Gendermarketing. Die Jungen berichteten von ihren eigenen Erfahrungen. Sehr schnell erkannten sie, dass die Vorstellungen, dass bestimmte Farben und Spielzeuge nur für ein Geschlecht gedacht sind, sie in ihrem Spielen, in ihrem Handeln, in ihrer Entwicklung, in ihrer Freiheit und in ihrer Entscheidungsmöglichkeit sehr stark begrenzen.

6. Als ich an einem Montagnachmittag in den Kinder- und Jugendtreff zur Jungengruppe kam, waren die nach und nach eintreffenden Jungen sehr unruhig und aufgedreht. Daher schlug ich ihnen vor, dass wir eine Entspannungsübung machen könnten. Die Jungen waren begeistert von der Idee und stimmten zu. Jeder suchte sich einen Platz im Raum, den er gemütlich fand: Auf einem der Sofas, auf einem der Sessel oder auf einer Weichbodenmatte. Einige nahmen sich auch Decken, um sich damit zuzudecken. Ich schaltete ruhige Musik ein und begann, ihnen eine Traumreisegeschichte vorzulesen.

Für mich war sehr interessant, dass sich gerade die Jungen, die an diesem Tag am unruhigsten und lautesten waren, voll und ganz auf die Geschichte einlassen konnten, teilweise beinahe einschliefen oder die vorgelesenen Aktionen wie „Füße am Strand in den Sand buddeln" nachahmten. Die Jungen berichteten, dass sie sich das Vorgelesene gut vorstellen konnten und sich dabei wohl gefühlt hatten. Wir sprachen über Träume und Sehnsüchte, die durch das hervorgerufene Bild der Traumreise, in diesem Fall waren es Sonne, Strand, Meer, Freiheit und Urlaub, hervorgerufen wurden.

3.12 METHODENBEISPIELE

Im Folgenden werde ich eine kleine Auswahl an Methoden beschreiben, die in der pädagogischen feministischen Jungenarbeit in der Schule, in AGs, in Workshops und auch im familiären Kontext angewendet werden können, um Geschlechterbilder aufzubrechen und für patriarchale Strukturen zu sensibilisieren.

Grundlegend ist jedoch nicht die Methode, sondern die Haltung, die wir den Kindern und Jugendlichen (oder auch Erwachsenen) entgegenbringen. Es geht nicht darum, zu missionieren. Es geht darum, auf Augenhöhe die so wichtigen Themen sichtbar zu machen und damit Raum für eigene Erfahrungen, Gedanken und Ängste und für die Auseinandersetzung zu schaffen.

Methode: Nähe und Distanz

Diese Methode ist unter vielen Begriffen bekannt (beispielsweise „Wohlfühlzone"). Zwei Kinder stellen sich einander gegenüber und haben die Aufgabe, einen geeigneten Abstand zu dem anderen Kind einzunehmen: Nicht zu weit weg, aber auch nicht so eng. Diese Übung kann in verschiedenen Konstellationen durchgeführt werden – beispielsweise in Zweier- oder Dreiergruppen. Der Vorteil bei Dreiergruppen ist, dass die dritte Person die Situation beobachten kann. Die Übung kann, wenn es der Rahmen und das Vertrauensverhältnis zulassen, auch in der großen Gruppe durchgeführt werden – beispielsweise im Anschluss an die Kleingruppen. Daraufhin können die Beobachtungen in der Gruppe besprochen werden.

Das Interessante an der Übung ist, dass jede Person einen eigenen Abstand hat, der für sie am besten ist. In der Übung ist zu beobachten, wie nach und nach austariert wird, wie sich der Abstand für beide gut anfühlt, da jede Person eine andere „Wohlfühlzone“ hat. Eine Person geht einen Schritt vor, die andere geht einen Schritt zurück usw. Jungen spüren in diesem Prozess oft eine Unsicherheit und überspielen dies mit Lachen oder verbalen Äußerungen.

Ich nutze diese Methode, um deutlich zu machen:

a. Jede Person hat eine eigene Wohlfühlzone.
b. Diese hängt auch von meinem Gegenüber ab: Es gibt Menschen, die dürfen mir etwas näher kommen, andere dürfen sich gar nicht nähern, wieder andere dürfen mir auch ganz nah kommen. Das bedeutet aber nicht, dass die andere Person das ebenfalls so sieht.

- Die Methode bietet den Raum, um mit den Jungen über Grenzen zu sprechen. Zum einen geht es darum, Grenzen überhaupt zu spüren, aber zum anderen auch, diese zu äußern, wenn sie jemand überschritten hat. Beispielsweise kann ein betroffener Junge äußern, dass er von seinem Onkel nicht in den Arm genommen und geküsst werden möchte. Im Übrigen gilt das auch gegenüber Eltern, denn niemand hat das Recht, Grenzen zu überschreiten.
- Jungen können mithilfe der Methode in die Metaperspektive wechseln: Wie fühlen sich andere, wenn ich mich ihnen nähere? Achte ich ihre Grenzen? Woher weiß ich, dass ich meine Klassenkameradin am Arm berühren oder sie in den Arm nehmen darf? Habe ich sie jemals gefragt und hat sie es mir erlaubt? Und wenn sie es mir erlaubt hat, gilt diese Erlaubnis nun uneingeschränkt?

Methode: Körpersprache und Körperposition

Bei der Übung gehen die Jungen zu Paaren zusammen. Sie verteilen sich im Raum und es erhält jeweils ein Kind pro Paar die Aufgabe, eine bestimmte Position einzunehmen. Der zweite Junge bekommt ebenfalls die Aufgabe eine jedoch andere Position einzunehmen. Anschließend werden die Aufgaben getauscht, um danach darüber zu sprechen, wie sich die jeweilige Position angefühlt hat. Das Ziel der Übung ist es, dass die Jungen erkennen, dass ihre Art der männlichen Präsentation eine Wirkung besitzt, oft eine einschüchternde, bedrohliche oder aggressive. Die Jungen können sich mit Hilfe dieser Übungen in Macht- und Ohnmachtsituationen hineinfühlen und diese reflektieren, um dann alternative Verhaltensweisen zu erarbeiten.

Ein Beispiel:
Der erste Junge setzt sich auf einen Stuhl. Der zweite stellt sich breitbeinig und selbstbewusst mit verschränkten Armen davor.

- Wie fühlt es sich an, jemanden über sich stehen zu haben – der selbstbewusst von oben auf einen hinabblickt?
- Wie fühlt es sich an, von oben auf jemanden hinabzublicken?

Die Empfindungen können verstärkt werden, indem beispielsweise das Kind auf dem Stuhl die Beine eng zusammennimmt, die Hände in den Schoss legt, die Schultern hängen lässt und zwischenzeitlich nach unten statt nach oben blickt.

Die unterschiedlichen Machtpositionen werden dadurch sehr schnell spürbar. Die Jungen können sich damit auseinandersetzen, wann sie welche dieser Positionen bereits erlebt haben, wie sich diese Positionen anfühlen und wie sie mit diesen Situationen umgehen können.

Anschließend können patriarchale Strukturen eingebunden werden. Frauen sind in der Regel kleiner als Männer, werden so sozialisiert, dass sie vor allem weniger wert sind als Männer und sich klein und unsichtbar machen sollen. Die meisten Vorgesetzten sind männlich. Das heißt, dass Frauen oft nach oben schauen müssen: Zu ihren männlichen Vorgesetzten, aber auch zu männlichen Mitarbeitenden. Zusätzlich nutzen manche männliche Chefs Tricks, um sich noch größer als ohnehin zu machen: Sie thronen hinter einem riesigen Schreibtisch auf einem Stuhl, der oftmals viel höher ist als der Stuhl auf der anderen Seite des Tisches. Es hat einen psychologischen und einschüchternden Effekt. Durch die Übung kann das Gefühl ein Stück weit nachvollzogen und Ideen für einen Umgang damit herausgearbeitet werden.

Mit Hilfe dieser Methode können Machtgefälle sichtbar und nachfühlbar gemacht werden. Weitere Beispiele sind:

- Wie fühlt es sich an, wenn die gegenübersitzende Person breitbeinig sitzt und die andere mit verschränkten Beinen?
- Wie fühlt es sich an, wenn eine Person sehr laut und die andere sehr leise spricht?
- Wie fühlt es sich an, wenn eine Person mit erhobenem Kopf und mit Händen in der Hüfte vor einem steht und die andere Person sich klein macht?

Die Übungen können beliebig erweitert werden.

Methode: Gehalt

Um einmal zu thematisieren, wie groß die Gehaltsunterschiede zwischen Männern und Frauen sind, können zwei leere Flaschen genommen werden. Nun werden die Jungen gefragt, was sie glauben, wie viel Männer und wie viel Frauen im Vergleich verdienen.

Zur Erinnerung: Männer verdienen 26,6 % mehr als Frauen, Frauen verdienen 21 % weniger.

Nun können die Kinder die Flaschen mit Bonbons füllen, um ihr Ergebnis zu präsentieren. In der Regel fällt das Ergebnis nicht so erschreckend wie die Realität aus. Jedoch wird die Geschlechterhierarchie sich deutlich abzeichnen. Nun kann die Fachkraft die Flaschen richtig auffüllen. Meiner Erfahrung nach sind die Kinder darüber sehr schockiert. Dies bietet nun die Möglichkeit, das dahinterliegende Problem, aber auch dessen Konsequenzen zu thematisieren. Anschließend können die Kinder, falls erlaubt, die Bonbons essen.

Diese Übung kann ebenfalls in Bezug auf die Rente durchgeführt werden. Ich habe neben der Flasche auch schon mit aufgemalten Tortendiagrammen gearbeitet. Die Kinder sind in meinen Workshops regelrecht erschrocken, dass Männer 73 % mehr Rente als Frauen erhalten. Auch hier kann nun über die Hintergründe gesprochen, ein erster Impuls für das eigene spätere Handeln gesetzt und ein Bewusstsein dafür geschaffen werden.

Viele Jungen berichten zudem in den anschließenden Gesprächen, wie die Rollenverteilung bei ihnen zu Hause ist. Da die meisten in traditionellen Familien aufwachsen, in denen ihr Vater in Vollzeit der Lohnerwerbstätigkeit nachgeht, während ihre Mutter meist für die Care-Arbeit und alle Haushaltstätigkeiten zuständig ist und daher häufig maximal in Teilzeit ihrer Lohnerwerbstätigkeit nachgehen kann, eröffnet das die Möglichkeit, sich reflektiert damit auseinanderzusetzen. Der Großteil der Jungen meldet zurück: „Papa geht arbeiten und Mama bleibt zu Hause.“ Diese Formulierung beschreibt nicht nur finanzielle Unterschiede und Abhängigkeiten sowie persönliche und karrierebezogene Beschränkungen für Frauen, es wird auch deutlich, welchen Stellenwert „Mama bleibt zu Hause“ im Vergleich zu „Papa verdient das Geld“ hat. Die fehlende gesellschaftliche Wertschätzung für Care-Arbeit und Haushaltstätigkeiten, die in der Regel viel mehr Zeit in Anspruch nehmen als die Lohnerwerbstätigkeit von Männern, wird dadurch ersichtlich. Über diesen Zugang lassen sich spannende und öffnende Diskussionen mit den Jungen beginnen.

Methode: Gefühle

Ich habe für die Workshops an Schulen vorab Karten aus dem Methodenkoffer vorbereitet, auf denen pro Karte jeweils ein Gefühl/eine Emotion steht. Jeder Junge nimmt sich verdeckt eine Karte und schaut sich diese an. Manchmal gibt es Jungen, die diese nicht lesen können. Dann ist es wichtig, aufmerksam und sensibel zu handeln und kein Kind bloßzustellen.

Nun stellen die Jungen der Reihe nach ihr Gefühl/ihre Emotion pantomimisch nach. Die anderen Kinder raten, welches Gefühl dargestellt wird. Dies macht den Kindern in der Regel sehr viel Spaß. Es ist wichtig, mit Unsicherheiten der Kinder bei solchen Übungen adäquat umzugehen und sie gegebenenfalls zu unterstützen.

Anschließend kann das Thema Gefühle thematisiert werden:

- Warum ist es wichtig, die Gefühle anderer erkennen zu können?
- Es ist manchmal gar nicht so leicht, Gefühle zu lesen.
- Manchmal liegt man damit auch falsch.
- Manche Menschen spielen Gefühle vor.
- Gesichtsausdrücke zeigen auch Grenzen, die eingehalten werden müssen.
- Die Beschäftigung mit den eigenen Gefühlen ist wichtig. Weiß ich eigentlich, wie es mir geht, und höre regelmäßig in mich rein? Wie gehe ich mit Gefühlen um? Kann ich sie überhaupt klar benennen?
- Führen manchmal das falsche Interpretieren oder das Ignorieren von Gefühlen – der eigenen oder die der anderen – zu Konflikten?

Es geht auf der einen Seite darum, sich mit unterschiedlichen Gefühlen zu beschäftigen, auf der anderen Seite geht es um das Deuten von Gefühlen anderer und die entsprechenden Konsequenzen daraus. In den Workshops bietet diese Übung einen guten Zugang, um allgemein über die eigenen Gefühle und den Umgang damit zu sprechen. Die Jungen berichten häufig von vor allem als negativ empfundenen Gefühlen und ihrem destruktiven Umgang damit. Hier kann angeknüpft werden, um alternative Handlungsoptionen und Umgänge zu thematisieren.

Methode: Comic

Comics (und Zeitschriften) sind ein Medium, das viele Kinder nutzen oder genutzt haben. Sie reproduzieren in der Regel patriarchale Denkstrukturen. Ich nehme für die Methode Comics, die die Kinder in der Regel aufgrund ihres Alters nicht mehr lesen. Problematisch wird es dann, wenn beispielsweise die Kinder gerade die Bravo lesen und genau diese dann aufgrund der darin vorkommenden Geschlechterbilder kritisiert wird. Reaktanzen sind vorprogrammiert. Daher ist es für die Reflexion sinnvoll, Comics oder Zeitschriften auszuwählen, die bei den Jungen keine Gegenreaktionen hervorrufen. Eine langfristige Änderung der eigenen (altersentsprechenden) Mediengewohnheiten ist jedoch ein perspektivisches Ziel, welches nicht aufgezwungen werden kann, sondern auch mit der eigenen Einsicht einhergeht. Ich nehme beispielsweise in der Arbeit mit Jugendlichen Mickey Mouse-Comics. Diese sind durchzogen von stereotypen Geschlechterbildern und Sexismus, aber die meisten Jugendlichen lesen sie in der Regel nicht mehr. Natürlich muss bei jeder Altersgruppe erneut überprüft werden, welche Comics sinnvoll sind und welche nicht.

In der Gruppe sammeln wir zunächst, welche männlichen und welche weiblichen Charaktere es in dem entsprechenden

Comic-Universum gibt. Dabei wird sehr schnell deutlich: Die Figuren sind fast ausschließlich männlich und die zugewiesenen Rollen stereotyp angelegt.

Alle Jungen lesen nun eine ausgewählte der meist kurzen Geschichten. Anschließend besprechen wir die im Comic dargestellten Geschlechterstereotype. Einige Beispiele können sein:

- Männer, die die Handlung bestimmen.
- Männer, die Frauen unterbrechen.
- Männer, die zu Gewalt greifen.
- Männer, die häufig Wettkampf-Situationen (beispielsweise um eine Frau) ausfechten.
- Frauen, die vor allem für den Haushalt und die Mahlzeiten verantwortlich sind.
- Frauen, die sich mit Themen wie ihr Aussehen oder Einkaufen beschäftigen und von Männern gerettet werden.

Dies eröffnet eine reflektierte Betrachtung auf Geschlechterstereotype und schafft die Möglichkeit, auch über andere Medien wie Filme, Serien, Werbung, Videospiele oder Musik zu sprechen. Das Muster, das sich stringent durch alle Medien zieht, kann den Jungen so bewusst werden. Gemeinsam mit den Jungen kann erörtert werden, welche positiven Medienbeispiele es gibt, in denen Geschlechter weniger sexistisch und stereotyp dargestellt werden.

Methode: Sprache

Ich gebe den Jungen nacheinander folgende Aufgaben:

- Malt eine Person, die ein Flugzeug fliegt.
- Malt eine Person, die bei der Feuerwehr arbeitet.
- Malt eine Person, die bei der Polizei arbeitet.

Das Ergebnis ist, wie ich bereits vorgestellt habe, vorhersehbar: Es werden fast ausschließlich Männer gezeichnet. In der Reflexionsrunde fällt dies den Jungen in der Regel sehr schnell auf.

Anschließend können alltägliche Situationen thematisiert werden. Wie sprechen beispielsweise Lehrkräfte zu den Kindern der Klasse?

Ein typisches Beispiel: „Welcher Schüler möchte in dem Theaterstück mitspielen?“

Auf die Frage, ob denn damit nur Jungen oder auch Mädchen gemeint sind, entwickelt sich meist sehr schnell eine rege Diskussion. Natürlich fallen dann Argumente wie: „Damit sind doch alle gemeint.“ An dieser Stelle lohnt es sich, einen Perspektivwechsel vorzunehmen, den die Jungen nachfühlen können: Wie ist es, wenn sie permanent mit der weiblichen Form angesprochen werden würden? Wie wäre dies für sie, wenn dies ab sofort der Fall wäre? Da können sich die Jungen einfühlen. Es wird ihnen dadurch ermöglicht zu erkennen, dass sich dies gar nicht gut anfühlt und dass sie sich auch nicht angesprochen fühlen.

Methode: Quiz

Um zu verdeutlichen, wie sehr wir alle Geschlechterstereotype verinnerlicht haben, kann dazu ein kurzes Fragequiz mit den Jungen gespielt werden.

Dabei werden den Jungen nacheinander unterschiedliche Tätigkeiten/Beschreibungen von Menschen vorgelesen. Die Aufgabe der Jungen besteht darin, dass sie intuitiv sagen, wen sie durch die Beschreibung vor sich sehen. Wichtig ist die anschließende Reflexion, um die Problematik hinter diesem stereotypen Denken zu thematisieren. Ein paar Beispiele für das Quiz könnten die unten stehenden Begriffe sein. Es ist zu bedenken, dass einige Begriffe nicht für alle Altersgruppen geeignet sind.

Eine kämpfende Person.	Eine Person, die Amok läuft.	Eine Person, die in der Wissenschaft sehr anerkannt ist.
Eine Person, die bei der Polizei arbeitet.	Eine Person, die andere Menschen operiert.	Eine Person, die beruflich Feuer löscht.
Eine Person, die an der Börse arbeitet.	Eine Person, die für den Haushalt zuständig ist.	Eine Person, die sich um alte und kranke Menschen kümmert.
Eine Person in der Prostitution.	Eine Person, die ständig andere unterbricht.	Eine Person, die rücksichtslos ist.
Eine Person, die permanent zu schnell Auto fährt.	Eine Person, die im Gefängnis sitzt.	Eine gewalttätige Person.
Eine Person, die sich prügelt.	Eine Person, die andere beschützt.	Eine Person, die Kriege führt.
Eine Person, die liebevoll und fürsorglich ist.	Eine Person, die sich um Kinder kümmert.	Eine Person, die in der Kita arbeitet.
Eine Person, die an einer Grundschule unterrichtet.	Eine Person, die an einem Gymnasium arbeitet.	Eine Person, die eine Schule leitet.
Eine Person, die schnell cholerisch und aggressiv wird.	Eine Person, die in der Wirtschaft viel Geld verdient.	Eine Person, die gefährliche Aktionen macht.
Eine Person, die sehr geduldig ist und gut zuhören kann.	Eine Person, die andere sexuell belästigt.	Eine Person, die andere stalkt.
Eine Person, die besonders gut rechnen kann.	Eine Person, die beschützt werden muss.	Eine Person, die andere bedroht.
Eine Person, die gefährlich ist.	Eine Person, die sich ungesund ernährt.	Eine Person, die gut nähen kann.
Eine Person, die an der Kasse im Supermarkt arbeitet.	Eine heldenhafte Person im Fernsehen.	

Diese exemplarisch dargestellten Methoden zeigen auf, wie Jungen sich auf der einen Seite mit ihren Ohnmachtsgefühlen, ihren Sorgen und Ängsten sowie mit Emotionen wie Wut oder Trauer auseinandersetzen können, auf der anderen Seite werden patriarchale Strukturen und toxische Männlichkeit miteinbezogen. Es ist wichtig, den Spagat zu meistern zwischen den mitgebrachten Themen der Jungen und toxischer Männlichkeit.

Die Methoden sind wie eingangs beschrieben jedoch nur ein Mittel – und beliebig erweiterbar.

4. Erfahrungsberichte

Die folgenden Erfahrungsberichte wurden von verschiedenen Expertinnen und Experten, Müttern, Vätern, Betroffenen und weiteren Menschen geschrieben. Sie geben einen Einblick in unterschiedliche Erfahrungen von toxischer Männlichkeit, zeigen verschiedene Perspektiven, Gedanken und Ideen sowie den Umgang damit und Lösungen auf.

Die Erfahrungsberichte bieten Lesenden eine Möglichkeit, auf weitere Erfahrungsschätze zurückzugreifen und das Thema aus verschiedenen Blickwinkeln zu beleuchten. Somit bieten sie einen praktischen Zugang.

Es sind aber nicht nur reflektierte Berichte, es sind auch sehr mutige, denn es werden private und intime Gedanken und Auseinandersetzungen mit dem Thema geschildert, für deren Veröffentlichung viel Mut benötigt wird.

Ich möchte an dieser Stelle allen Menschen danken, die einen Erfahrungsbericht beigesteuert haben, und wünsche nun allen Interessierten einen spannenden Einblick.

Lisa, 32 Jahre, Mediengestalterin

Der Grund, wieso ich darüber berichten möchte, wie mein Alltag als Mädchen und junge Frau in einer patriarchal geprägten Welt aussah und immer noch aussieht, ist, dass ich möchte, dass die Lebensrealität von Frauen endlich wahrgenommen und ernstgenommen wird.

Frauen haben eine andere Lebensrealität als Männer, auch wenn das viele Männer immer noch nicht glauben wollen.

Sexuelle Belästigung und Angst sind für die meisten Frauen alltäglich.

Ich war schon immer ein schüchternes, sehr ruhiges Kind und später auch eine ruhige junge Frau, die trotzdem etwas Rebellisches in sich trägt. Dieses Unsichere in mir schienen Männer, als ich in die Pubertät kam, förmlich zu riechen. Natürlich wollte ich, wie jede andere junge Frau, die von Film, Musik und Fernsehen geprägt wurde, schön und attraktiv sein. Als junges Mädchen und Frau wird einem das von sämtlichen Seiten so vorgelebt. Der Wert einer Frau scheint sich über das Aussehen zu definieren. Daraus leitet sich ab, dass Frauen sonst nicht viel zu bieten haben, außer eben schön und sexy zu sein.

Bereits in sehr jungen Jahren wurde mir das im gemischten Sportunterricht klar gemacht. Die Jungs buhten und schimpften, wenn ich deren Schmetterbälle in Mannschaftsspielen nicht gefangen habe und taten so, als seien Mädchen nicht im Stande, gut zu spielen. Ich wurde immer widerwillig als Letzte in eine Mannschaft gewählt und hatte seitdem schreckliche Angst vor Mannschaftssportarten. Später bewerteten Jungs in der Schule lautstark das Aussehen von anderen Frauen und, ob sie „fickbar" seien oder nicht. „Loch ist Loch" war auch ein Spruch, den man leider schon als junges Mädchen kannte und der einem vermittelte, selbst wenn man als Mädchen/Frau unattraktiv ist, ist man immer noch gut genug, um für Sex „herzuhalten".

Auf einer Feier zückte ein Junge in meinem Bekanntenkreis mal eine Pornozeitschrift und es wurden die Brüste, Brustwarzen und Genitalien der Frauen begutachtet und bewertet. Das war natürlich zutiefst erniedrigend, ich habe das auch gespürt, aber damals noch nicht bewusst wahrgenommen.

In unserem Freundeskreis wurde frauenverachtender Deutschrap gehört, was zu der Zeit leider keine Ausnahme mehr war, sondern ein aufstrebender Trend.

Einmal guckten sich die Jungs im Computerraum in der Schule lachend Gewaltvideos online an. Dort sah man eine Frau, die sich vaginal eine 1-Liter-Flasche eingeführt hatte. Das war für mich als junges Mädchen sehr schockierend, da ich zu dieser Zeit noch keinerlei Erfahrungen mit Sex hatte und meinen Körper noch gar nicht richtig kannte. Dieses Bild und vor allem die Situation sind mir bis heute negativ im Kopf geblieben.

Mit 17 hatte ich meinen ersten Freund. Ein viel älterer Mann, der sich als jünger ausgab und mich sexuell ausnutzte und mit anderen Frauen betrog. Ich war zu naiv und leichtgläubig und sehr darauf gepolt, sexuell aktiv zu sein. Kein Wunder bei der Sozialisierung, die mir als junges Mädchen widerfahren ist. Diese Erfahrung nahm mich sehr mit. Auch meine weiteren männlichen Bekanntschaften entpuppten sich als Männer, die an einer ernsthaften Beziehung kein Interesse hatten. Alles, was sie interessierte, war Sex. Und ich machte oft bereitwillig mit, weil ich dachte, das ist cool und offen. Jedoch merkte ich im Laufe der Jahre, dass Männer Frauen, die sexuell aktiv sind, noch mehr abwerten als andere Frauen.

Mit 18, nach meiner ersten Beziehung zu diesem älteren Mann, betrank ich mich (wie so oft) mit Freunden während eines Volksfestes in einem Stadtpark. Ich war nicht mehr Herrin meiner Sinne, landete in irgendeinem Haus mit vielen fremden Männern und wurde gruppenvergewaltigt. Ich weiß bis heute keine Details, da ich höchstwahrscheinlich K.o.-Tropfen eingeflößt bekam, absolut wehrlos war und totale Blackouts hatte. Ich erzählte es danach meiner Freundin, wir riefen die Polizei. Ein Kripobeamter unterstellte mir, dass es kein Wunder sei vergewaltigt zu werden, wenn man „so herumläuft". Was ich anhatte? Eine Jeans, ein schwarzes Trägertop und Sandalen. Es war Hochsommer.

Einer der Täter wurde erst nach Jahren ermittelt, aber er hatte sich nach Frankreich abgesetzt. Zu einem Gerichtsverfahren kam es nie. Ich bin heute auch froh, nichts mehr damit zu tun zu haben. Manchmal wünschte ich, ich wäre nie zur Polizei gegangen. Es war eine Tortur. Trotzdem möchte ich Frauen dazu ermutigen, Vergewaltigungen anzuzeigen. Wir dürfen uns das nicht gefallen lassen, was Männer sich herausnehmen.

Zu der Zeit wurde ich auch in der Fahrschule von meinem Fahrlehrer sexuell belästigt. Er war alt, grau und rauchte immer Pfeife während der Fahrstunden. Er strich mir oft über meine Hand auf der Gangschaltung und zeigte mir, wie man „mit Gefühl" den richtigen Gang einlegt. Ich solle dabei an meinen Freund denken. Während der Fahrstunden hatte ich schon immer totale Schweißausbrüche. Dazu meinte der Fahrlehrer, „ich wäre ja ganz schön feucht". Ich lächelte nur unsicher und wusste mir damals leider nicht zu helfen. Meinen Eltern sagte ich das auch nie. Es war mir peinlich und unangenehm. Und so zog sich mein Führerschein über mehrere Jahre. Meine Eltern waren verärgert, weil ich so „herumtrödelte".

Auf der Straße wurde mir oft hinterhergehupt oder – gepfiffen. Ich fiel sehr auf, da ich blonde Locken habe und dies einfach ins Auge sticht. Ich war mir mittlerweile bewusst, dass ich ein sexuelles Wesen bin und mich Männer dadurch besonders wahrnehmen.

Einmal, als ich im Zug saß, setze sich ein älterer Herr neben mich. Er las die Bildzeitung. Sein Arm rutschte immer weiter zu mir, bis der Arm ganz auf mir lag. Ich war so perplex in dieser Situation, dass ich mich einfach nur wegdrehte und nichts sagte.

Ein anderes Mal saß ich abends im Zug ganz alleine in einem Abteil. Der Zug hielt am Bahnhof, ich guckte heraus und sah zwei junge Männer neben dem Zug laufen und mich anstarren. Ich hatte sofort ein ganz unangenehmes Gefühl und betete innerlich, dass sie nicht einstiegen. Aber sie stiegen ein, kamen in das Abteil, in dem ich ganz allein saß und setzten sich genau hinter mich. Sie fingen irgendwann an mich anzuquatschen. Ich war sichtlich desinteressiert, aber das hinderte sie leider nicht daran, mich weiter zu belästigen. Sie fragten mich aus. Ich erzählte ihnen, dass mein Vater mich dann am Bahnhof abholt. Dadurch wurden sie etwas verhaltener. Der Schaffner hatte die Situation wohl auch bemerkt und ist glücklicherweise etwas öfter durch das Abteil gelaufen. Zumindest hatte ich das Gefühl, er schaut, ob alles okay ist.

Es gab noch eine andere skurrile Situation mit einer Freundin von mir im Zug. Wir schauten an einem Bahnhof aus dem Zugfenster in einen anderen Zug. Dort stand ein Mann am Fenster und holte sich einen runter.

Es sollte nicht bei diesen Erfahrungen im Zug und an Bahnhöfen bleiben. Eine weitere sexuelle Belästigung erlebte ich in Karlsruhe vor dem Hauptbahnhof. Ein Mann kam auf mich zu und haute mir mit seiner Hand auf meinen Po. Ich erschrak und ging weg, aber er lief mir hinterher und wollte es wieder versuchen. Ich sagte, er soll aufhören, aber er ließ nicht ab von mir. Es standen viele Leute um mich herum, keiner half mir. Alle guckten nur verdutzt. Dann lief ich aus der völligen Hilflosigkeit heraus auf zwei Männer zu und bat sie mir zu helfen. Sie verscheuchten den Grapscher.

Mit ca. 20 Jahren ging ich während meiner Ausbildungszeit nebenher putzen in einer Metzgerei in einem Supermarkt. Der Metzger dort machte immer mal wieder Bemerkungen zu meinem Aussehen. Seine Frau, die ein Kind von ihm erwartete, arbeitete auch dort. Er war jedes Mal sichtlich erfreut mich zu sehen und musste mir immer wieder mitteilen, wie gut ich doch wieder aussehe. Eines Tages, als ich gerade das Büro putzte, kam er rein und haute mir ebenfalls mit ziemlicher Wucht auf den Po. Ich war total peinlich berührt und absolut perplex, dass ich nur leise: „Hey“ säuselte und noch mehr Angst als vorher vor diesem Typen hatte. Leider war ich zu jung und schüchtern und hatte Angst, es jemandem zu sagen. Im Nachhinein, als bewusste und feministische Frau mit 32 Jahren und viel mehr Selbstbewusstsein, ärgert mich das sehr.

Mit ca. 21 Jahren auf einer Party gaben zwei junge bekannte Männer meiner Freundin und mir Getränke aus und verlangten dann, als wir in deren Auto auf dem Nachhauseweg saßen, dass wir zum Dank mit ihnen die Nacht im Hotel verbringen sollen. Als wir ablehnten, wurden sie sehr wütend. Ich forderte sie auf, uns aussteigen zu lassen und wir fuhren mit dem Zug nach Hause.

Ein anderes Mal nach einem Diskothekbesuch fuhr kein Zug mehr zurück nach Hause. Meine Freundin und ich standen hilflos und ohne viel Geld in einer fremden Stadt. Es war eisig kalt, circa 4 Uhr morgens und Feiertag. Da fuhr ein freundlich wirkender junger Mann an uns vorbei und bot uns an, uns nach Hause zu fahren. Wir waren erleichtert und willigten ein.

Leider entpuppte sich unser Fahrer als Hobbyentführer, der auf Drogen war. Er fuhr auf der Autobahn in die falsche Richtung, hielt auf einem verlassenen Rastplatz im Wald an, setzte sich zwischen uns auf die Rückbank und verlangte sexuelle Handlungen von uns. Wir weigerten uns natürlich. Er wurde sauer, schrie rum, fuhr weiter, schrie weiter. Ich schrie, er soll uns rauslassen, meine Freundin weinte nur noch. Vier Stunden später, nach etlichem Stop and Go, hielt er wieder an einem Rastplatz an, auf dem zwei Autos vor uns standen. Meine

Freundin sagte heulend, sie müsse brechen, er ließ mich mit ihr aus dem Auto. Wir schauten uns an und rannten los zu dem ersten Auto, das vor uns stand. Es war eine Frau. Wir erzählten ihr alles, sie nahm uns mit und der Typ schaute uns nur noch hinterher.

Während dieser ganzen Zeit kam ich natürlich auch irgendwann mit Pornografie in Berührung und mir wurde dadurch natürlich zusätzlich eingetrichtert, wie Frauen sich im Bett zu verhalten haben. Meiner persönlichen Sexualität war das alles, wie man sich vielleicht denken kann, nicht sehr zuträglich. Ich habe mittlerweile einige Schwierigkeiten mit Sexualität und sehe es eher als etwas Negatives, was für viele Männer natürlich ein Problem darstellt. Was auch sonst? Denn wir wissen ja, Frauen sind in dieser Gesellschaft sexuelle Wesen, die dem Mann offensichtlich zur Verfügung stehen sollen. Und das erwarten auch die meisten Männer. Nicht ohne Grund gibt es „Sexkauf“, welcher unbedingt gesetzlich geahndet und gesellschaftlich boykottiert werden muss.

Wie man sieht, ist meine Liste der negativen Erfahrungen mit Männern lang. Ich könnte sie noch ewig weiterführen und ich weiß, dass ich nicht die einzige Frau bin, der es so ergeht.

Männer sehe ich heute kritischer als je zuvor. Heute bin ich viel selbstbewusster und stehe für mich und meine Rechte ein. Wenn mich ein Mann versucht sexuell zu belästigen, ist er bei mir mittlerweile an der ganz falschen Adresse. Ich lass mich weder als Sexobjekt noch als hilflose Frau behandeln und kämpfe dafür, dass Männer Frauen endlich als gleichwertige Menschen respektieren und behandeln. Scheinbar strahlt man so etwas auch aus. Seitdem ich da so selbstbewusst bin, werde ich viel seltener sexuell belästigt, und das habe ich dem Feminismus und meiner Mutter zu verdanken. Sie hat mir oft gezeigt, wie man sich als starke Frau verhält, auch wenn ich das als junge Frau noch nicht umsetzen konnte.

Kai-Uwe Bevc, 52 Jahre

Ein Rückblick aufs Jetzt

Leitung der IT eines weltweit tätigen mittelständischen Ingenieurbüros klingt irgendwie männlich, oder? So nach Durchsetzungsfähigkeit, Führung, Verantwortung (für Entscheidungen und Geld), Macht, Einfluss, in letzter Konsequenz Geld? Eine Statur von 185 cm, 96 kg und dabei nur etwas Bauchansatz ist jetzt auch nicht unpassend dazu? 25 Jahre Ehe, Vater einer 18-Jährigen, Motorradfahrer, Bergwanderer passt auch ganz gut, oder?

Ja, so ähnlich sehen mich manche und meine Aufgabe, auch manchmal die, für die ich das tue. Das merke ich z. B. an ihren Vorstellungen, wie ich auftreten solle, wie ich Entscheidungen vertreten solle.

Ich weiß dann nur immer: Das bin ich nicht.

Die Wurzel davon liegt jetzt ca. 45 Jahre zurück:

Ein kleiner Junge, der recht selbstverständlich mit Puppen, Spielzeugautos, Plüschtieren, Eisenbahn spielt, der gerne klettert, aber auch Blumen pflanzt und später viel liest, am liebsten Fantasy in jeglicher Form. Sehr gerne bei den alten Nachbarinnen sitzt und mit denen redet oder ihnen bei der Hausarbeit hilft (da gibt es noch Holzöfen und -herde), Katzen versorgt und ihnen auf ihren Pfaden nachläuft – Ja, daheim ist es aus verschiedenen Gründen nicht so heimisch, als Dorfkind sucht man sich dann anderes.

Und, ohne dass ihn das stört oder er es realisiert, gerne mit Mädchen spielt, mit Jungs weniger. Die sind ihm zu überaktiv.

Mit der Grundschulzeit fängt das allerdings an, andere zu interessieren, dieser Typ ist irgendwie komisch. Er soll doch mal sportlicher sein, aggressiver, sich wehren, sich nichts gefallen lassen, Mädchen ärgern usw. Er geht aber lieber im Wald spazieren, mit Hund, aber auch mit den Erwachsenen, wundert sich allerdings immer, warum Männer und Frauen in getrennten Grüppchen laufen, und bleibt bei den Frauen.

Dass er als komisch galt, war ihm zu dem Zeitpunkt egal, da gab's ja noch die anderen Mädchen. Doch mit etwa acht Jahren ändert sich da was, die wollen dann nach und nach auch nichts mehr von ihm wissen – Jungs sind ja blöd. Kapiert er nicht, aber gut, es bleiben ja immer noch ein paar wenige Freundinnen übrig.

Jungs sind allerdings wirklich blöd, spielen komische Spiele mit sich an die Eier greifen, bis es weh tut oder ähnliches Zeug, das ihn null interessiert.

Dann passiert etwas, was er sich nicht erklären kann: Er will kein Junge sein, Mädchen ist viel besser, alles Vorherige ergäbe damit einen Sinn, aber er versteht nicht, warum das so ist.

Währenddessen wird das mit den Jungs aber nicht besser, auch Erwachsene machen dabei mit, die einen versuchen, ihn ständig anzuspornen, doch ein richtiger Junge zu sein, die anderen machen ihn dafür fertig, dass er es nicht ist.

Klar, wohin das zunächst führt: In einen Rückzug, denn folgen will und kann er diesen Ansprüchen nicht. Das klappt dann so leidlich, denn Schule ist kein Problem und Wissen schafft Freunde. Da kann man dann auch die ständigen Hänseleien ertragen.

So löst sich das auch auf in der Oberstufenzeit, wenn auch so manches Defizit zunächst bestehen bleibt. Irgendwie verstehen die „Anführer" der Hänselnden, dass mit dem Typen nix falsch ist, der einfach nur anders ist und sie den nicht ändern dadurch, dass sie ihn ständig zu triezen versuchen.

In der Zwischenzeit beschäftigt er sich zeittypisch (für die meisten Mädchen und die wenigsten Jungs) mit eher Spirituellem, Psychologischem und Philosophischem: Kahlil Gibran, C.G. Jung, Hesse usw.

Das bietet dann auch Lösungen, denn er erkennt, dass er einfach sehr viele weibliche Aspekte in sich hat, mit denen die anderen nicht klarkommen. Kann man eigentlich den Körper wechseln? Das würde doch einiges lösen?

Die erste und lange haltende Beziehung ist dann gleich wieder geprägt vom Anderssein. Der Schwiegervater in spe sieht in ihm einen „Waschlappen", doch da der es versteht, mit seiner Tochter umzugehen (was jener nicht schafft), schließt der irgendwann Frieden mit dieser Andersartigkeit, versteht sie aber dennoch nicht.

Viel wichtiger ist aber der Austausch, das Verstehen, das Füreinander-da-Sein in der Beziehung. Das gibt Basis und Raum für einige Experimente mit dem Äußeren, aber auch damit, sich in der Öffentlichkeit zu trauen, als unmännlich geltendes Verhalten auszutesten. Die Zeit macht's dazu einfacher: Androgyn ist Zeitgeist.

Dennoch: Im Zivildienst und im ganzen Studium gehen Kontakte mit Männern immer wieder schief: Sobald mehr als drei auf einem Haufen sind, kommen die Muster wieder, die schon in der Schule genervt hatten: Geltungsbedürfnis und Imponiergehabe, kaum ist die letzte Frau von der Bühne, gehen auch die dummen Jungenwitze wieder los. Die Gespräche drehen sich ansonsten um Erreichtes und Leistungen.

Jungs sind also immer noch blöd.

Und Freundschaften zu Frauen bekommen ein neues Problem: Er ist ja in Beziehung, das darf nicht, denn er ist ja Mann, also will er was von den Frauen – oder sie von ihm.

Das ständige Denken an einen Wechsel nimmt dabei immer mehr Raum ein, doch es formt sich auch die ernüchternde Erkenntnis im Austausch mit der Partnerin, dass das nicht wirklich möglich ist, eine Flucht wäre, die kein Ziel findet. Er wird sich weiterhin dieser Andersartigkeit stellen müssen.

Heute kann ich das alles beschreiben, benennen, kann die daraus widerstreitenden Gefühle und Wahrnehmungen in ein friedliches Miteinander bringen. Die Erfahrungen als Kind am

Übergang zum Jugendlichen sehe ich als Kollision mit einer Art Initiationsriten der „männlich“ geprägten Gesellschaft, die bestimmt, wie „männlich“ und „weiblich“ definiert ist, weit über das hinaus, was man als Geschlecht erkennen kann. Ich habe nicht (mehr) „weibliche“ und (weniger) „männliche“ Anteile, sondern ich entspreche einfach nicht den Vorgaben der geschlechtsbezogenen Erfahrungs- und Deutungsgewohnheiten und ich stelle das auch nicht expressiv dar. Weiterhin langweilen mich Unterhaltungen mit Männern oft sehr schnell, immer noch wiederholen sich vorherrschend die Muster, zu denen ich einfach keinen Bezug finde. Und das nicht bei expressiv „männlichen“ Männern, sondern ganz gewöhnlichen. Latente Geltungssucht, Kampf um Positionen statt Inhalte, latente bis explizite Abwertung des Weiblichen, bemühte Abgrenzung davon, emotionale Schablonen, u.v.m. Jede rein männliche Zusammenkunft wird sehr schnell von Mechanismen geprägt, die dem als Kind und Jugendlichem Erfahrenen entsprechen. Schon die Anwesenheit einer einzigen Frau ändert das Verhalten massiv, selbst, wenn sie in keinem Fokus steht.

Manchmal macht sich das auch erst im Alltag bemerkbar, wenn ich mitbekomme, dass sie Situationen und vor allem auch Empfindungen des Gegenübers nicht wahrnehmen.

Es sind nur wenige, bei denen ich ähnliches finde und das sind beileibe nicht nur Männer, mit denen ich Freundschaft schließen würde, sie sind ebenso individuell und unterschiedlich wie alle anderen, aber eines zeichnet sie aus: Sie passen nicht in die Normierung und versuchen, mit dieser Abweichung konstruktiv klar zu kommen.

Felicitas Vogt-Herr, Lehrerin & Sozialpädagogin

Sozialisation zu toxischer Männlichkeit in der Schule & toxische Männlichkeit im Urlaub

Seit ich im Schuldienst bin, ärgern mich dominante, störende, lärmende und brutale Jungen. Von der 5. aufwärts gibt es sie in (fast) allen Klassen: Sie interessieren sich besonders für ihre Genitalien, malen diese auf Tische, Bänke und Tagebücher, beschimpfen Klassenkameraden als Schwuchtel, Fotze oder Mädchen und erwarten im Unterricht, dass ihr mangelndes Interesse durch besonders intensive Zuwendung aufgefangen wird (das erwarten übrigens auch deren Eltern). Sie behaupten gerne, die Lehrkraft möge die Mädels lieber und nutzen diese Ausrede auch für weitere Störaktionen – sie sind ja benachteiligt, ist ja klar!

Mindestens so schlimm wie diese nervigen Kleinkalibermachos sind aber die Kollegen und Kolleginnen, deren Leitspruch „Jungen sind die Bildungsverlierer“ seit 20 Jahren unhinterfragt lebendig ist und die von den Mädchen ihrer Klasse (und den unauffälligen Buben auch) erwarten, ihre kostbare Lern- und Lebenszeit damit zu verbringen, dass sie

- warten müssen, bis die Kleinkalibermachos (KKM) ihre Aufmerksamkeitsdefizite abgearbeitet haben
- Lernstoff vorenthalten bekommen, weil die unmotivierten, störenden KKM nicht so viel verkraften (Jungen und Schule passen nicht zusammen, O-Ton Schul-Sozialpädagoge)
- feinsinnige Techniken in Kunst nicht ausprobieren dürfen, weil das „unmännlich“ ist und deshalb eine brachialere Technik umgesetzt wird.
- Gruppenarbeiten stets mit „coolen“ Mitschülern bestreiten müssen, weil gewisse Typen immer auf vernünftige Lerngruppen verteilt werden müssen.

- neben unsympathischen KKM sitzen und sich deren Sprüche anhören müssen, weil diese aus disziplinären Gründen dort ihren Platz bekommen.

Besonders tragisch erlebe ich gerade einen Fall in meiner jetzigen Schule, in der ein männlicher Lehrer eine Kollegin mobbt und die Klasse unterschwellig gegen diese aufbringt, indem er ihr Unfähigkeit attestiert, mit seiner sehr schwierigen Hauptschulkasse umzugehen. Tatsächlich ignoriert dieser Lehrer aber die Probleme in der Klasse und benutzt das „Versagen" der Kollegin dazu, sich selbst als besonders fähig darzustellen.

In dieser Klasse gibt es eine sehr problematische Gruppe von Jungen (12 bis 14 Jahre alt), die sich per WhatsApp Pornofilme austauschen, wie mir bekannt geworden ist. Der Schul-Sozialpädagoge wies meine Bitte um Unterstützung mit der Aussage ab, dass es doch normal sei, dass Jungen in dem Alter Pornos schauten. Ich war fassungslos.

Ich mache häufig die Erfahrung, dass Mädchenförderung (wenn sie nicht rosarot daher kommt in Form von „Beautydays" o. ä.) sehr schnell als Jungen-Benachteiligung ausgelegt wird. Dieses Phänomen gleicht der Reaktion, die provoziert wird, wenn man eine geschlechtergerechte Sprache verwendet. Und das Perfide daran ist, dass eine Lehrkraft, die sich darum bemüht, auch noch gleich in ihrer Professionalität in Frage gestellt wird. Anders herum geschieht das nicht. Mädchen nicht ausreichend zu fördern oder Bücher zu nutzen, die diskriminierende Geschlechterrollen darstellen, findet kaum jemand kritikwürdig. Es fällt auch nicht auf, weil es ja die Regel ist.

Ich möchte noch von einer Situation berichten, die sich im Urlaub zugetragen hat. Die Namen habe ich geändert.

Wir (beide 49 Jahre) waren auf dem Weg in den Sardinien-Urlaub. Mit dem Motorrad an die Fähre und über Nacht auf die Insel. Eine spannende Woche erwartete uns. Auf der Fähre trafen wir uns mit einem 48-jährigen Bekannten meines Mannes, der die Reise mit uns unternehmen wollte. Kurzfristig hatte er noch eine Freundin (30 Jahre) mit einer Leihmaschine mitgebracht – seine Mitarbeiterin und Zweit-Frau; seine Lebensgefährtin (21 Jahre) blieb zu Hause. Ich kannte bis dahin alle drei nicht.

Der Urlaub startete am nächsten Morgen bereits etwas holprig, da Peter, der Bekannte, seine Freundin, die erst seit drei Monaten den Motorradführerschein besaß, versuchte, unter meinen Fittichen zu parken (nach dem Motto: die Frauen fahren hinterher) und sich zwischen meinen Mann und mich zu drängen, was ich allerdings rigoros unterband. Ich hatte so gar keine Lust, auf Sardinien babyzusitten, immerhin bin ich eine geübte und flotte Fahrerin. Nachdem er das geschluckt hatte, kam die nächste Nummer. Auf einer Baustellenstraße, an der wir wenden mussten (bei 30 Grad mit offenen Helmen) raste er mit einem Wheely mehrmals an uns vorbei, sodass wir von oben bis unten mit Dreck und Staub bedeckt waren. Er fand das unglaublich cool.

Aber das Beste folgte dann. Er fuhr nicht mit uns dreien im Konvoi, nein, er blieb abwechselnd zurück, überholte uns dann wieder und zeigte uns stets, wie waghalsig er in die Kurven ging. Als wir dann auf einer Strecke von zwei slowenischen Fahrern überholt wurden, konnte er diese Schmach nicht ertragen und raste an uns vorbei, den beiden auf den Fersen. Dadurch übersah er eine Ausfahrt, und wir mussten im nächsten Ort eine Stunde auf ihn warten. Als er ankam, berichtete er stolz, er hätte den einen Motorradfahrer am Hinterrad gestoßen, sodass dieser ins Schlingern gekommen und fast gestürzt wäre – er glühte vor Stolz! Ich war bestürzt und schämte mich fremd. Auf Grund dieses Vorfalls beschloss ich, den restlichen Tag ohne die beiden weiterzufahren und so machten wir das dann auch. Abends kam er ohne seine Freundin an, er hatte sie irgendwo verloren. Gott sei Dank fand sie aber auch noch zum Hotel.

Nach der gemeinsamen abendlichen Pizza suchte ich das Gespräch und stellte ihm zur Auswahl, entweder sozialverträglich mit uns mitzufahren oder aber die nächsten Tage alleine zu verbringen. Ich war auch bereit, seine Freundin mit in unser Team zu nehmen, dann könnte er ja rasen oder offroad fahren und alle wären zufrieden. Diese Zurechtweisung durch eine Frau konnte er aber nicht ertragen. Er bemerkte, ihm sei bewusst, dass „wir Frauen dabeihätten" (wer ist wir? fragte ich ihn) und die Männer Rücksicht nehmen müssten. Mehr kam erstmal nicht. Er beschwerte sich am anderen Tag erbost bei meinem Mann über meine Respektlosigkeit, immerhin sei er selbstständiger Unternehmer und so ließe er nicht mit sich sprechen. Außerdem erklärte er ihm ausführlich, dass ich nicht Motorrad fahren könnte und mein Mann sich außerdem darüber klar sein sollte, was ich für eine schreckliche Frau sei. Unsere Wege trennten sich daraufhin und es wurde noch ein schöner Urlaub zu zweit. Die Zweit-Frau musste ihren Urlaub leider stark verkürzen. Die Beiden fuhren mit der nächsten Fähre wieder heim.

Anonym

Toxische Männlichkeit. Wo fang ich da an und wo hör ich auf? Ich bin alleinerziehend und alleinverdienend. Ich bin Überlebende von häuslicher Gewalt und sexualisierter Gewalt, sowie Gewalt unter der Geburt. Ich bin eine bisexuelle Frau mit reichlich Erfahrung damit, wie Frauenliebe wahlweise abgewertet oder zur Männerwichsfantasie „erhoben" wird. Ich bin Mobbingüberlebende (Schule und Arbeitsplatz). Ich bin eine Frau mit zwei Ausbildungen (1 x IHK und 1 x Hochschule) und habe das Studium schwanger, mit Baby und Kleinkind und nebenher jobben gehen durchgezogen. Ich bin eine von vielen, die unter ihrer Qualifikation arbeitet – wegen „Vereinbarkeit". Und was das letztere angeht, bin ich als Frau im öffentlichen Dienst noch hervorragend geschützt und würde auf hohem Niveau jammern, jammerte ich denn.

Ich werde von einer Männergruppe betatscht und angepöbelt. Ich erschrecke mich, verlasse den Zugwaggon. Und frage mich ernsthaft, ob meine Shorts zu kurz waren und ich die besser nicht angezogen hätte. Das war mit Anfang 20. Heute hätte ich wohl leider immer noch nicht den Mut mich zu wehren. Aber das Wissen, dass ich hier verdammt noch mal nicht das Problem bin – genau so wenig wie meine Klamotten.

Typisch auch das, was ich von Eltern von Jungs erlebe. Wenn ein Junge rabaukt und andere Kinder real schädigt, ist sehr schnell Verständnis da („Jungs sind halt so", „Die Erzieherin ist halt schon älter/eine Frau und macht zu wenig Tobespiele für die Jungs und immer nur Mädchensachen." Kein Scheiß, alles exakt so gehört). Meine Tochter ist tatsächlich schon angepflaumt worden, weil sie am Hauptbahnhof (!) laut (!!) war. Und zwar ohne andere Kinder oder irgendwen anzugreifen.

Einfach nur laut. Aber das ist schon zu viel für ein Mädchen offenbar.

Meine Lieblinge auch: die Väter, die gefeiert werden müssen, weil sie gelegentlich den ein oder anderen Handgriff für ihre Kinder tun. Wahnsinn. Obwohl sie doch berufstätig sind. Jungs, wisst ihr was? Ich bin auch berufstätig. Ich ernähre hier so richtig die Familie. Und wisst ihr noch was? Ich bin zusätzlich für ALLES rund ums Kind so richtig ZUSTÄNDIG. Krass, oder? Also für was wollt ihr abgefeiert werden? Insbesondere, wenn die Frau und Mutter an eurer Seite zusätzlich zur Zuständigkeit auch noch erwerbsarbeiten geht?

Gruselig auch die „Ratschläge“, die wir weiterhin erhalten. Ich habe wirklich schon original den Satz gehört: „Wenn du als Frau oder Mädchen allein da und da langgehst, bist du selbst schuld, wenn du vergewaltigt wirst.“ Allen Ernstes. Und ich dachte immer, Vergewaltiger seien an Vergewaltigungen schuld.

Gerade jetzt im Winter muss ich als Überlebende von häuslicher Gewalt auf dem Weg nach Hause meinen Wohnungs- und Haustürschlüssel sehr sehr fest halten. Nicht weil ich damit Angreifer abwehren will. Sondern für die ganz bestimmte Gewissheit, dass ich ein warmes und friedliches Zuhause habe. In dem ich heizen kann, Essen im Kühlschrank ist und ein warmes Bett zum Schlafen. Um ganz bestimmt geschützt zu sein, wenn es kalt und dunkel wird.

Mich fragte mal jemand, was denn so das Problem sei, wegen dem ich Therapie mache. Meine Antwort: „Ich bin Frau im Patriarchat! I got 99 problems but a guy aint one …“

Warum gehört Toxische Männlichkeit abgeschafft? Yes: Warum zur Hölle sollte sie BLEIBEN? Was spricht dafür? Selbst wenn euch die Frauen neben euch scheißegal sind: stehen eine höhere Suizidrate, das Sterben von Schwachsinnstoden wie bei illegalen Autorennen und Co., die Entfremdung von euch selbst und die Zerstörung unserer Lebensgrundlage, nämlich dieses Ökosystems, echt dafür? Nee, garantiert nicht. Und NEIN: jetzt kommt kein: „was die Frauen/der Feminismus“ dafür tun sollen. Eure Problematik. Wir sind die mit 2/3 der Arbeit für weniger als 10 % des Einkommens. Der Job ist eurer.

Robert Adler (aus der Steiermark in Österreich), 27 Jahre

Seit ich denken kann, bin ich mit sogenannter „toxischer Männlichkeit“ in Berührung geraten, auch wenn ich es lange nicht definieren konnte. Ein Mann muss dies sein, ein Mann muss das sein. Ein Mann muss hart sein, darf keine Gefühle zeigen. Je älter ich wurde, umso mehr wurde mir klar, wie viel internalisierte Misogynie und struktureller Sexismus in unserer Gesellschaft vorherrscht und wie wir Männer oft selbst unterbewusst Ressentiments diesbezüglich schon „verinnerlicht“ haben aufgrund unserer Prägung und Sozialisierung. Inzwischen bin ich viel sensibilisierter, erkenne Sexismus und Misogynie in Filmen, in der Werbung, einfach überall. Die längste Zeit über habe ich mir aber keine Gedanken gemacht über den Frauenhass, der in unserer Gesellschaft herrscht. Das Thema „Prostitution“ beispielsweise hat mich nie wirklich beschäftigt früher. Erst als ich mit zahlreichen Ex-Prostituierten in Verbindung kam, wurde mir klar, dass Prostitution weder eine normale „Arbeit“ noch echter „Sex“ ist, sondern schlicht und einfach der Kauf einer Frau auf Zeit.

Ich denke, das Patriarchat schadet uns allen. Vor allem aber Frauen. Und das muss endlich aufhören.

Ich habe zwei wundervolle Frauen kennengelernt (Ronja und Helena, beides ehemalige Prostituierte) und auch einen männlichen Ex-Prostituierten (Sven), die mir die Augen geöffnet haben, dass es keine ethische Prostitution geben kann. Denn eine dissoziative Sexualität ist keine selbstbestimmte.

Auch drei Freundinnen von mir, Karola, Susanne und Margit, haben mir gezeigt, dass Radikalfeminismus der einzig wahre Feminismus ist, weil der liberale Feminismus das Patriarchat stützt, anstatt es zu entwurzeln. Radikal steht dafür, das Problem an der Wurzel (Radix) anzugehen.

Ich denke, erst wenn das Patriarchat entwurzelt ist, kann unsere Gesellschaft erblühen.

Sabrina, Mutter von Ben

Als hochsensibler Junge in unserer Gesellschaft

Mein Kind ist acht Jahre alt.

Schon immer war er sehr empfindsam, verschmust, verträumt und sensibel. Er hat viel Körperkontakt gebraucht und tut es heute noch. Er möchte schmusen, beim Spaziergang mit mir Händchen halten und schläft zum Großteil noch im Familienbett.

Und das ist ein Problem.

Denn während es im Säuglingsalter noch süß war und im Kleinkindalter zwar schon skeptisch beäugt, aber dennoch toleriert wurde, hat die Gesellschaft irgendwann beschlossen, dass es nun an der Zeit wäre, dass mein kleiner Junge sich endlich mal wie ein echter Kerl verhalten soll. Denn echte Kerle weinen nicht, sind wild, raufen sich und kuscheln nicht mit ihrer Mutter.

Blöd nur, dass genau diese Gesellschaft sich dann über (heranwachsende) Männer beschwert, die keine Gefühle zeigen oder zulassen, die nur an ihren eigenen Vorteil denken und sich als Maß aller Dinge betrachten. Mein Sohn leidet. Er leidet jetzt schon unter seiner Andersartigkeit, seiner Sensibilität und seiner optischen Erscheinung. Denn er hat lange Haare bis zum Po und allein das ist für manche Menschen, auch Fremde, Grund genug nachzufragen, ob er wirklich ein Junge sei. Diese Menschen fordern ihn dazu auf, er soll sich doch die Haare schneiden lassen, damit er endlich aussähe wie ein richtiger Junge. Diese Menschen fordern auch, er soll nicht so empfindlich sein, sich nicht so anstellen – er sei doch kein Mädchen. Ich wünschte, ich könnte behaupten, dass es Einzelfälle wären, aber das sind sie nicht.

Diese Menschen sind FreundInnen, Bekannte, LehrerInnen, ÄrztInnen und Fremde. In der Schule wird er von den meisten Jungs ausgegrenzt, unter anderem auch, weil er sich weigert, die Mädchen zu ärgern. Er bekommt auch von ihnen ständig zu hören, dass er anders ist, eine Mimose und ein Mädchen.

Das findet er ganz schlimm, weil er beleidigt wird und nicht versteht, warum „Mädchen" eine Beschimpfung sein soll. Mein Sohn hat Angst, Kleider oder andere mädchenzugeschriebene Kleidung in der Öffentlichkeit zu tragen, weil er deshalb auch schon beschimpft wurde. Er kann es nicht ertragen, sich jeden Tag für alles rechtfertigen zu müssen. Bei seinen langen Haaren allerdings macht er keine Kompromisse. Ihm gefallen sie einfach so gut und er sagt, dass er so die Menschen besser unterscheiden kann. In Diejenigen, die nur auf das Äußere achten und Diejenigen, die ihn so akzeptieren wie er ist, auch wenn es ihm jedes Mal das Herz bricht, zu spüren, dass nur wenige ihn wirklich so annehmen wie er ist. Mein Kind ist wütend! Und ich bin es auch! In welcher Welt leben wir, in der sich schon Grundschulkinder für ihre Identität rechtfertigen müssen? In der mein Kind mit blutenden Fingernägeln im Unterricht sitzt, weil ein Klassenkamerad ihn mit Kastanienschalen sticht und er seitens der Lehrerin keine Hilfe bekommt, weil sie von seinem Weinen genervt ist? Getröstet werden nur die Mädchen, weinende Jungs werden ignoriert und von den Jungs der Klasse als Baby bezeichnet. Mein Sohn wird von Mitschülern geschlagen, angeschrien und seine Hausschuhe werden versteckt. Die Lehrer weisen die Verantwortung von sich und beharren darauf, dass mein Kind einfach zu empfindlich sei und lernen müsse sich durchzusetzen. Das wäre soziale Kompetenz, die er (!) erlernen müsse.

Das Verhalten der Mitschüler sei einfach typisch für Jungs, sie seien einfach so und müssten Kräfte messen. Und so wird mein Kind wieder zum „Anderen" gemacht, der ja selbst schuld ist, weil er sich nicht „jungstypisch" verhält und wenn er sich nur ein wenig mehr wie ein richtiger Junge verhalten würde, er diese Probleme nicht hätte. Als wenn er irgendwo an seinem Körper einen Regler hätte, an dem wir einstellen könnten, wie er empfindet oder sich verhält. Wenn er einen Regler hätte, so hätte ich ihn schon längst betätigt!

Nicht, weil ich mein Kind gerne anders hätte, sondern weil ich es nicht mehr ertragen kann, wie er behandelt wird. Eigentlich ist Empathie eine Stärke; wir brauchen Menschen mit Empathie und Gerechtigkeitssinn, um diese Gesellschaft am Leben zu halten und nicht im Chaos zu enden. Aber es scheint, als ob diese Gabe nur Mädchen und Frauen zugestanden wird.

Jungs und Männer scheinen nur bis zu einem gewissen Grad empathisch sein zu dürfen, ohne die Rolle des Sonderlings zu bekommen.

Zugegeben, die Hochsensibilität ist eine Eigenschaft, die nicht jedes Kind hat. Und alleine dadurch können sich sicherlich Probleme ergeben, die es ohne die erhöhte Sensibilität nicht geben würde. Dennoch ändert es nichts am Grundproblem, dass Kinder in binäre Schubladen gesteckt werden und damit in ihre Identitätsfindung massiv eingegriffen wird. Denn sie dürfen sich nur bis zu einem gewissen Grad ausprobieren und das wird nicht danach bemessen, ob es anderen schadet, sondern ist abhängig von ihrem biologischen Geschlecht. Wenn ein Junge dazu noch hochsensibel ist, macht es das für ihn nicht einfacher. Manche Menschen scheint es zu triggern, dass er sich nicht so verhält, wie von ihm verlangt wird, und dazu auch noch seine reflektierte Meinung über diese Ungerechtigkeit kundtut. Dadurch wird mein Kind zum Schwachen, zum Waschlappen, zur Heulsuse degradiert.

Denn Mitgefühl, Gerechtigkeitssinn und das Umsorgen von anderen Menschen ist nichts, wodurch ein Junge Anerkennung bekommt. Mein Sohn neigt mittlerweile zu Wutausbrüchen.

Diese sind richtige Meltdowns und resultieren aus seiner Überforderung und weil er nicht ernstgenommen wird. Er möchte doch nur er selbst sein dürfen, ohne abgewertet zu werden und ohne auf sein Geschlechtsteil reduziert zu werden.

Laut dem Grundgesetz hat „jeder Mensch das Recht auf freie Entfaltung seiner Persönlichkeit, soweit er nicht die Rechte anderer verletzt“ und „Alle Menschen sind vor dem Gesetz gleich. Mann und Frau sind gleichberechtigt.“

Dass dem oft nicht so ist, müssen schon Kinder feststellen. Wir müssen unseren Kindern nicht sagen, was oder wer sie sind. Wir müssen ihnen nur vorleben, einander zu respektieren und neugierig zu bleiben.

Marc

Die Auswirkungen von Pornografie auf mich

Ich bin männlich und ich bin mit Pornografie großgeworden. Den ersten Porno entdeckte ich hinter Büchern versteckt im Wohnzimmer meiner Eltern. Das war in den 90ern und wenn ich diesen Film mit den heutigen vergleiche, dann wird mir die erschreckende Entwicklung bewusst, die die Pornografie seitdem gemacht hat. Und das, was die Darstellerinnen alles erleiden müssen. Und ich frage mich heute, was es bereits mit Kindern macht, wenn sie täglich diese Form von Gewalt und Misshandlung an Frauen konsumieren. Die Entwicklung des Highspeed-Internets führte dazu, dass jeder Pornos zu jeder Zeit und an jedem Ort ansehen kann. Man kann sich von Film zu Film, von Seite zu Seite klicken. Ich möchte rückblickend gar nicht wissen, wie viele Filme ich gesehen habe. Mit dem Pornokonsum änderte sich etwas bei mir. Ich merkte, dass ich beim Onanieren immer ausgefallenere Sachen sehen musste, um zum Orgasmus zu kommen. Mit den Filmen konnte ich mehrmals hintereinander kommen, ohne fiel es mir mehr und mehr schwerer, überhaupt zu kommen. Es war, als ob es nicht mehr darum ging, den eigenen Körper zu erforschen, zu spüren, wie er reagiert, die Erregung langsam zu steigern und sich mit dem Gefühl und eventuell auch mit der eigenen Fantasie dem Orgasmus zu nähren. Der Bezugspunkt war nicht mehr ich, nicht mehr mein Körper, meine Gedanken, meine Empfindungen. Etwas war dazwischengeschaltet: Der Porno. Es ging nur noch um das Rezipieren der Bilder für einen Orgasmus. Es war der Film, der nun immer dazwischengeschaltet werden musste. Ich hatte mich selber auf diese Bilder konditioniert. Ich spürte bei intimen Berührungen kaum noch etwas. Alles fühlte sich nur noch dumpf an. Ich hatte wahnsinnige Probleme, zum Orgasmus zu kommen – alleine wie mit meiner

Partnerin. Manchmal klappte es gar nicht. Als ob etwas nicht mit mir stimmte.

Dann setzte die Veränderung ein.

Mir wurde von einem Artikel erzählt, in dem ehemalige Pornodarstellerinnen berichteten, was ihnen alles beim Dreh angetan wurde und welche Verletzungen sie davongetragen hatten. Allein beim Zuhören wurde mir schlecht. Dieses Gespräch wirkte nach. Ich machte mir sehr viele Gedanken über Pornografie, führte viele Gespräche und las Berichte von ehemaligen Darstellerinnen. Ich kam zu dem Schluss, dass ich so etwas nicht mehr sehen konnte und nicht mehr sehen wollte. Ich verstand, dass in Pornos Frauen vor laufender Kamera misshandelt und vergewaltigt werden.

Ich hatte Probleme, von heute auf morgen damit aufzuhören. Daher wählte ich eine Zwischenlösung: Ich suchte nur noch nach Filmen, die aus dem Fernsehen bekannt waren: Sex-Szenen aus Filmen oder Serien. Auch fand ich Filme, die extra so produziert wurden, dass dort kein echter Geschlechtsverkehr oder ähnliches gezeigt wurde, sondern die gestellt waren (Softcore-Filme).

Mir war aber bewusst, dass auch diese Darstellungen Frauen sexualisieren und objektivieren und dass auch dort kein gleichberechtigter Sex gezeigt wird. Wenn ich beim Suchen nach Softcore-Filmen unweigerlich auch Vorschaubilder zu Gewaltpornos sah, sah ich diese nun mit ganz anderen Augen und konnte mir nicht mehr erklären, wieso ich mir auf solche erschreckenden Gewaltdarstellungen einen runterholen konnte, ja dies sogar toll fand.

Letztendlich hörte ich auch auf, Softcore-Filme zu sehen.

Ich gucke heute gar keine Filme mehr, in denen „Sex“ dargestellt wird. Und es hat sich etwas bei mir verändert: Ich spüre meinen Körper wieder, ich fühle die Erregung, ich kann problemlos durch die eigene Hand kommen, es muss kein Film dazwischengeschaltet werden, ich habe keine Probleme mehr, beim Sex mit meiner Partnerin zu kommen, ich genieße die Gefühle, die über mich kommen. Und ich nehme Berührungen wieder viel sensibler und stärker wahr.

Ich möchte jeden Mann dazu ermutigen, diesen Schritt zu gehen. Es lohnt sich für euch und es lohnt sich für eure SexualpartnerInnen. Und: Umso mehr Menschen auf derartige Vergewaltigungsfilme verzichten, desto größer wird der Einfluss auf die Pornoindustrie – für eine gleichberechtigte Welt, in der nicht Männer über Frauen stehen, sie ausbeuten, misshandeln, benutzen und vergewaltigen. Für eine Welt auf Augenhöhe und Respekt.

Huschke Mau – Ex-Prostituierte und Gründerin des Netzwerks Ella sowie von Sisters e. V.

Der Freier. Warum Männer zu Prostituierten gehen, und was sie über diese denken (Mau 2016).

Neben meinem Schreibtisch steht so eine Kiste, in der sammel ich böse Erinnerungen. Jedes Mal, wenn ich einen Flashback oder „intrusive Gedanken" habe, schreibe ich die ganz schnell auf einen Zettel, werfe diesen in die Kiste und mach die Klappe zu. Die Kiste ist ziemlich voll. Heute habe ich in dieser Kiste einiges aufgewühlt, weil ich einen Text über Freier schreiben wollte. Und ja, ich sage „Freier" – das kommt von „jemanden freien", wie „auf Freiersfüßen wandeln" – und ist damit ein Euphemismus für sexuellen Missbrauch, den die Freier in der Prostitution ja betreiben, und eines von vielen Beispielen dafür, dass wir in einer Gesellschaft leben, die sexuelle Gewalt gegen Frauen akzeptiert, normalisiert und kleinredet. Den Begriff „Freier" verwende ich trotzdem, aus Mangel an Alternativen, und weil Prostituierte ihre „Kunden" eben so nennen, und ja, man darf in diesen Begriff durchaus einen abfälligen Touch reinhören. Ich sage bewusst nicht „Sexkäufer", denn in der Prostitution findet kein Sex statt, der von „Sexarbeiterin" zu „Sexkäufer" transferiert und über die Ladentheke gereicht würde. Merkwürdigerweise wird über die Menschen, die diese Gewalt ausüben, wenig gesprochen. Es geht beim Thema Prostitution meist um die Frauen, die das doch „machen dürfen sollen". Ich höre dann immer von all den „selbstbewussten, netten, sympathischen Huren", die wieder irgendjemand kennt, was aber gar nichts aussagt, denn ich kenne auch einige „selbstbewusste, nette, sympathische" Hartz IV-lerInnen, was mich trotzdem nicht davon abhält, das System Hartz IV abzulehnen. Prostitution abzulehnen bedeutet nicht, Prostituierte abzulehnen, sondern das System Prostitution verstanden zu haben –

ein System, dass die Freier erst begründen – durch ihre Nachfrage.

Neulich wurde ich gefragt, woran man einen Freier erkennt, und da musste ich zugeben: wenn er nicht gerade im Puff vor Dir steht und mit einem Hunni wedelt, gar nicht. Nein, auch ich erkenne Freier in der freien Wildbahn nicht, auch nach zehn Jahren Prostitution nicht. Das liegt daran, dass es, wie man so häufig hört, wirklich „ganz normale Männer" sind, was jetzt und hier aber nicht als Beruhigung gemeint ist. Fragt man Männer, ob sie schon mal im Puff waren, lügen sie einen meist an („Würde ich nie tun") oder erzählen einem das Märchen von „Ich war nur ein einziges Mal und es war so voll schlimm, dass ich es nie wieder getan habe" (wenn ihr sowas hört: RENNT!). Freier sind völlig unterschiedliche Typen. Es ist einfach alles vertreten, alle Berufe, alle Altersklassen, alle Charaktere – nur eines haben sie alle gemeinsam – dazu später mehr.

Freier

Aber wie sind Freier denn so? Vorab: die Geschichten von all den behinderten Männern, die Prostitution brauchen, um ihre sexuellen Bedürfnisse zu erfüllen, sind nicht wahr. In zehn Jahren Prostitution hab ich keinen einzigen behinderten Freier gehabt, davon mal abgesehen ist es diskriminierend, Behinderten zu unterstellen, es würde eh niemand freiwillig mit ihnen Sex haben wollen. Für den weiblichen Teil der Menschen mit Einschränkungen trifft das eh nicht zu, denn die werden sogar überdurchschnittlich häufig missbraucht. Ebenfalls nicht wahr ist, dass „viele nur zum Reden kommen". Das war in all der Zeit bei mir genau ein Freier. Diese Begründung dient augenscheinlich dazu, Männer als Opfer darzustellen (sie müssen ja immer stark und dominant sein, die Armen) und gleichzeitig schönzureden, was sie im Bordell wirklich tun. Wie Freier so sind, ist völlig unterschiedlich. Ich hatte

Freier, die wollten mich an der Scheibe eines Hochhauses vögeln und danach gern anspucken, auf allen vieren krabbeln lassen und mir ins Gesicht spritzen. Ich hatte Freier – sehr viele – die mich gefragt haben: „Was kostest du?“, und die damit eingestanden haben, dass es sich hier nicht um Sex, sondern um Frauenkauf handelt. Ich hatte Freier, die haben mich auf so eine widerliche Art angegrinst, wenn sie merkten, dass ich Schmerzen hatte (mein erster Freier war so einer). Ich hatte Freier, die haben Drogen mitgebracht, um sie mit mir gemeinsam zu konsumieren. Ich hatte Freier, die es geliebt haben, meine Grenzen zu überschreiten und genau das zu tun, was nicht abgemacht war. Freier, die mir ihren Waffenschrank zeigen wollten, als sie mit mir und ihren zwei Riesendoggen in ihrem Haus allein im Wald waren (inklusive zwei Meter hohem Sicherheitszaun und null Handyempfang), und die es mochten, mich immer wieder zu fragen: *„Na, hast du Angst jetzt?“*. Manche haben genau gemerkt, dass ich nicht wollte, haben aber trotzdem weitergemacht. Manche waren pervers oder pädophil, manche haben schon im Hausflur des Wohnungsbordells gewichst (ja, auch nichtprostituierte Frauen werden von Prostitution belästigt, die Mieterinnen werden sich bedankt haben), manche haben mich gefragt, wie jung ich beim ersten Mal war oder haben mir erzählt, dass sie auf sehr junge Mädchen oder Kinder stehen *(„Ich arbeite auf so einem Reiterhof, da sind ganz junge Mädchen, die werden richtig geil, wenn du ihnen nur den richtigen Sattel gibst“).* Manche haben sich bemüßigt gefühlt, mir anzubieten, mich zu schwängern (warum auch immer), manche haben mich gefragt, ob sie mich „abgreifen“ dürfen. Es hat Freier gegeben, die waren von sich selbst und von ihren sexuellen Leistungen derart überzeugt, dass sie mir unterstellten, ich würde mich schämen, „dafür auch noch Geld zu nehmen“, denn ich hätte doch „auch was davon gehabt“. Es gab Freier, die haben an den Preisen rumgehandelt und mir, wenn ich mich nicht runterhandeln ließ, vorgeworfen, es ginge mir nur ums Geld und ich solle „wieder Mensch werden". Ganz so, als seien Prostituierte eine Art Caritas-Station für Männer. Ich hatte Freier, die meinten, es mir mal „richtig zeigen" zu müssen, weil sie „so eine da draußen nicht einfach so kriegen", und Freier, die dachten, mir mit objektifizierenden Äußerungen („geile Titten") Komplimente zu machen. Ich weiß nicht, wie oft ich gefragt wurde, ob ich „gerne ficke", während ich an die Decke oder auf meine Nägel geguckt habe, ich weiß nicht, wie oft ich von Freiern gehört habe, es wäre „leicht verdientes Geld". Haben Freier gemerkt, dass ich sie nur mit Drogen oder Alkohol abfertigen kann, haben sie es mir hingestellt. Viele hatten Spaß daran, mich zu quälen, endlos lange zu ficken, bis mir einfach alles wehtat. Einer stand mit einer Skimaske vor der Tür und hatte wohl den Fetisch, als der „maskierte böse Mann" Prostituierte in Wohnungsbordellen zu erschrecken (das ging schief, denn ich kam gerade vom Zimmer und hatte die Peitsche noch in der Hand). Ein Freier meinte, er habe mich bestellt, weil er sexuell außer Übung sei, er habe es mit einer Gummipuppe probiert, das wäre nicht so seins gewesen, dann nähme er eben mich. Einer hatte beinah einen Herzinfarkt, was mir natürlich zupass kam, einer war Christ und weigerte sich, nachdem das Kondom abgerutscht war, seine Personalien dazulassen und sich an den Kosten für die Pille danach zu beteiligen, denn das sei „unmoralisch und außerdem Mord". Einer stand darauf, mich zum Orgasmus zu zwingen *(„Wenn ich will, dass du einen Orgasmus kriegst, kriegst du einen, der Kunde ist König"),* und viele haben sich entschuldigt, wenn sie keinen hochgekriegt haben, denn jetzt hätte ich ja nichts davon. Bevor jetzt hier jemand denkt, ich wäre auf dem Straßenstrich gestanden und beschriebe hier nur das unterste Ende der Skala des Freierniveaus: beileibe nicht, diese netten Herren sind mir alle im

Wohnungsbordell bzw. im Escort untergekommen. Und übrigens sind die Kunden auf dem Straßenstrich beileibe nicht nur Männer mit wenig Geld. Es sind eher die, die drauf stehen, möglichst wenig Grenzen gesetzt zu kriegen und aus dem Elend anderer möglichst viel Macht und sexuelle Lust gewinnen zu können.

Komplizen. Sie wissen genau, was sie tun

Schaut man sich in Freierforen um, ergibt sich kein viel schöneres Bild. Da gibt es Männer, die junge Frauen, die kein Wort deutsch sprechen, in ihren Kellern mit Strom quälen und sich freuen: *„Die fängt schon an zu zittern, wenn sie mich sieht!“* Reaktion der Freierkollegen aus dem Forum: *„Respekt!“* Männer, die Zwangsprostituierte buchen und sich freuen, dass diese noch nicht „eingeritten“ sind *(„Die kneift noch die Beine zusammen, süß! Hier gibt's noch echte Gefühle, die ist noch kein Automat. Hab sie anal genommen bis sie nicht mehr konnte“)* oder gleich beim „Einreiten“ helfen: *„Das erste halbe Jahr darf man die eh nur als Sklavia buchen, bis sie sich dran gewöhnt hat“; „Ich bringe ihr gerade Deep Throat bei und glaubt mir, sie wird es lernen“; „Sie wusste wohl nicht, dass in ihrer Anzeige steht, dass sie auch anal und AO*[11] *macht, lol, habs natürlich trotzdem durchgezogen, wurde ja so angeboten“; „Vor einem halben Jahr hat sie von sich aus noch kein anal AO gemacht, das mussten wir ihr erst beibringen, dass sie das zu machen hat“.* Die Praktiken werden immer härter (Gesichtsbesamung, anspucken, Fisting, „Schlamm schieben“ und „vorbesamt bestellen“, Gangbangs, Nadeln, anpissen, Deep Throat bis zu Erstickungs- oder Würgeanfällen) und man kriegt das Gefühl nicht los, dass es nicht um Sex geht, sondern um Folter, darum, jemanden – eine Frau – zu quälen. Immer wieder wird gefragt, wie „belast-

11 *„AO“ ist die Abkürzung für „Alles ohne“. Das bedeutet, dass kein Kondom benutzt wird.*

bar" die Frau sei, wie hart sie anal vertrage, wie viel Sperma sie schlucken kann, ohne zu würgen, kurz, wie viel sie aushält und dabei trotzdem noch stillhält *(„Wenn sie sich so billig anbietet und im Schaufenster steht, muss sie damit rechnen, dass ein Mann da mehr will als abgemacht!")*. Dass sie das in vielen Fällen muss: geschenkt. So berichtet ein Freier in einem Thread davon, eine Prostituierte habe ihm gesagt, sie habe drei Besitzer (!), müsse 24 Stunden am Tag bereit sein Kunden zu bedienen, „alles ohne" machen und dürfe keine Praktiken ablehnen, zudem dürfe sie von den 130 Euro Stundenlohn nur 30 behalten. Empathiebefreiter Kommentar des Freiers: *„Tja, das macht halt kaputt, das sieht man auch. Aber immerhin, 30 Euro sind viel Geld in Rumänien."* Ich habe die Threads zu den Foren mit Absicht nicht verlinkt, um keinen Traffic zu schaffen – fühlt euch frei zu googlen, der Suchbegriff „Freierforum" genügt.

Über andere Frauen. Ehefrauen und Freundinnen

Aber Freier reden nicht nur über Prostituierte so, sondern auch über andere Frauen *(„deutsche Frauen nerven mich, diese Emanzenf***")* und über ihre Partnerin (denn ja, sehr viele Freier sind gebunden – ich schätze mal über die Hälfte). Manche sagen, sie hätten (noch) schönen Sex mit ihrer Partnerin, aber sie bräuchten die Abwechslung (das sind die selbsternannten „Genießer", die Frauenkörper konsumieren wie guten Wein, da muss Mann sich schließlich auch durchtesten). Viele haben keinen Sex mehr mit ihrer Partnerin und kommentieren dann, die Frau würde sich ihnen „verweigern", sei „prüde" und jetzt „selbst schuld", wenn er zu einer Prostituierten gehe, er werde ja von ihr „dazu gezwungen". Manche haben mir erzählt, dass ihre Ehefrau „leider" die vorgeschlagenen Praktiken ablehne, was sie sehr traurig mache, aber irgendwo müssten sie diese ja dann ausleben (auf Nachfrage kommen dann meistens derartige Perversionen zu Tage, dass man sich nicht mehr wundert, dass diese von Seiten der Frauen abgelehnt worden sind). Was ganz deutlich wird, ist, dass sich die Männer erstens aus der Verantwortung nehmen (die Frau ist schuld! Kein Sex mehr oder eben nicht der richtige Sex) und dass sie durchgängig meinen, sie hätten zweitens ein Recht auf Sex (und irgendwo müssen sie den ja herkriegen, Herrgott, und wenn die Alte ihn nicht rausrückt ...). Dabei haben sie oft nicht mal ein schlechtes Gewissen: Einmal wurde ich von einem Mann zu einem Hausbesuch bestellt, der da so gemütlich auf dem Sofa saß, über ihm hing ein gerahmtes XXL-Familienbild. Als er meinen Blick bemerkte, erzählte er mir fröhlich, seine Frau sei gerade im Krankenhaus und habe Zwillinge zur Welt gebracht, er sei sehr stolz und wolle das feiern, und da sie „gerade" nicht könne, habe er mich bestellt. Manche Freier haben mir auch erzählt, in der Kindheit ihrer Frauen sei etwas Schlimmes vorgefallen, deswegen würden diese jetzt ungern Sex haben (und erst recht keinen Analsex, Oralsex mit Schlucken, Fisting, ins Gesicht spritzen, hach, schade!), also müssten sie ja in den Puff gehen. Überdeutlich ist hier, dass nicht der Missbrauch an sich problematisiert wird (der Kindesmissbrauch, der Missbrauch des Freiers an seiner Ehefrau, der Missbrauch des Freiers an der Prostituierten), sondern dass sich die Freier sogar noch als Helden fühlen, weil sie ihre Ehefrau damit verschonen, ihr „Recht" durchzusetzen. Der Missbrauch der Partnerinnen geht soweit, dass diese teilweise in den Sex mit Prostituierten einbezogen werden. Wie oft hab ich gehört: „Meine Partnerin ist ein bisschen bi, da dachte ich, ich tu ihr mal einen Gefallen und bestelle eine Prostituierte, und dann machen wir es zu dritt" und hab gleich abgelehnt, weil ich genau wusste, dass die gute Frau von der ihr angedichteten Bisschen-Bisexualität gar nichts weiß und hier gerade zu etwas gedrängt werden soll, was sie gar nicht will. Ob sie sie „verschonen" oder „mit einbeziehen“, sogar das verkaufen Männer noch als „Gefallen“, den sie ihrer Frau tun – was dann zu so schönen Angeboten führt wie: *„Hey, ich würde gern in meine Frau spritzen und du leckst das dann raus, während ich dich ohne Gummi ficke, geht das?“* – Männer handeln deswegen so selbstsicher, wenn es um Prostitution geht, weil sie denken, das sei etwas, das ihnen ZUSTEHT. Ich habe in ziemlich vielen Ehebetten gelegen und ziemlich viele Überraschungsanrufe von Partnerinnen mitgekriegt *(„Oh, jetzt muss ich aber mal rangehen – ja, Schatz? Das ist schön, ich freu mich auch auf heute Abend!“)* und mich immer wieder gewundert, wie routiniert, gewissensbefreit und sicher Männer dabei ihr Programm gegenüber der Partnerin abspulen. Warum? Wer etwas tut, von dem er denkt, dass es ihm zusteht, der braucht kein schlechtes Gewissen verstecken, weil er einfach keines hat! Rauskommen darf das Ganze nur deswegen nicht, weil es unangenehm würde, wenn die Partnerin zetert.

In einem besonders widerlichen Thread in einem Freierforum steht gar zu lesen, dass ein Ehemann es sich zur Routine gemacht hat, auf Hausbesuch bestellte Prostituierte mit dem Dildo seiner Frau zu bearbeiten und diesen ungewaschen wieder an seinen Platz zu stellen – seine ganz persönliche Art der Rache an der Frau, die ihm in seinen Augen Sex schuldet und diesen einfach nicht hergeben will. Von all den Typen, die alles ohne (AO) praktizieren und dann heimgehen und da weitermachen, will ich gar nicht reden. Obwohl für den Freier beide, Prostituierte und Ehefrauen, dazu da sind, ihnen Sex zu offerieren, unterscheiden Freier doch genau zwischen beiden. So wurde mir immer wieder gesagt: *„Du bist zu gut für den Puff, du gehörst hier nicht hin“*, was ja impliziert, es gäbe Frauen, die eben nicht gut genug sind (Ehefrau zu sein?) und die in den Puff gehören. Ihre Frauenverachtung aber trifft beide, Partnerin und Hure. Sie trifft alle Frauen.

Wie will man das zusammenfassen? – Freier sind Männer, die einen Blick auf Frauen haben, in denen diese zu Nutztieren werden. Das sieht man ganz gut an Freiersätzen wie: „Ich muss ja nicht gleich die ganze Kuh kaufen, wenn ich mal ein bisschen Milch will." Gerne vergleichen Freier Prostituierte auch mit Lebensmitteln/Konsumgütern: „Zuhause gibt's halt immer nur Erbsensuppe, ich will halt auch mal Schweinebraten" oder „Immer Opel fahren ist ja schön und gut, aber ab und zu darfs auch gerne mal was schnittigeres sein".

Der nette Freier

Immer wieder werde ich gefragt, ob es denn nicht auch nette Freier gegeben habe, und da kann ich nur sagen, ja, die gab es. Es ist aber nicht wichtig, ob jemand nett ist, sondern was er tut. Ich hatte einen, der wollte dauernd Händchen halten und mit mir danach essen gehen. Die Termine waren der Hass, weil sie so lange dauerten, auch im Bett. Das war einer von diesen „netten" Kunden, und die wollen meistens „Girlfriend-Sex", das heißt, sie wollen Nähe, Intimität, Schmusen, Küssen, den ganzen Kram, und das ist anstrengend, weil es persönliche Grenzen überschreitet, weil man noch mehr schauspielern muss, und es versaut einem Intimität restlos, eben weil sie restlos eingefordert wird. Man darf nichts mehr für sich selber behalten, in dem man auch diese Gesten der Zärtlichkeit imitiert (echt sind sie ja nicht) und verkauft, gehören sie einem nicht mehr, sie werden Teil des Entertainerinnenrepertoires und damit bedeutungslos, da abgespalten vom Ich. Sie müssen in einer freierfreien Zukunft erst wieder neu zurückgefordert und neu erlernt werden. Hinzu kommt, dass zu dem Gefühl, missbraucht zu werden, durch die Freigabe derart intimer Gesten das Empfinden kommt, an dem Missbrauch beteiligt zu sein, sich selbst zu missbrauchen, da kein „harter Kern" übrig bleibt, der vor dem Freier geschützt wäre. Es ist wie eine

Totalauslieferung. Dieser Freier jedenfalls wollte, dass ich ihm vorspiele seine Affäre zu sein – er war einer von den „Genießern“, die mit nur einer Ehefrau nicht klarkommen, und er bedauerte mich regelmäßig wegen der anderen Freier, die ich abarbeiten musste. Auf die Idee, dass er selbst zu diesen unangenehmen Freiern gehörte, ist er nie gekommen: Freier denken von sich selbst nicht als Freier, es sind immer nur die anderen schlimm (außer bei den Sadisten: die wollen gern als „die Schlimmsten“ in Erinnerung behalten werden). Er hat mir ziemlich viel Kohle geboten, damit ich das „nicht mehr machen muss“, aber bei Freiern ist nichts umsonst, Freier helfen auch nicht einfach so, nein, eine Prostituierte ist ein öffentliches Gut, und da will jeder was davon haben, und am liebsten „helfen“ Freier, um sich ihre eigene kleine Privatnutte heranzuzüchten. Also sollte ich mich mit ihm treffen, aber nur mit ihm, und ohne Geld. Er wollte mich quasi „einkaufen“. Denn Männer denken so sehr, dass sie ein Recht auf Sex haben, dass sie eigentlich, in ihrem tiefsten Inneren, nicht mehr einsehen, warum sie dafür zahlen sollen. Schauspielert man gut, hatte man ja „auch was davon“ und muss eigentlich nicht bezahlt werden (= zu gute Illusion erschaffen), hat man schlecht geschauspielert, hat man die „Leistung nicht erbracht“ und muss eigentlich auch nicht bezahlt werden. Man kann nicht gewinnen! Der Blick von Freiern auf Prostituierte ist ein zwiegespaltener: Einerseits wünschen sie sich eine Maschine, die alle gleich behandelt („was sie anbietet, muss sie auch machen, egal wer da kommt“, eine Ablehnung ihrer Person ist nicht vorgesehen), andererseits wollen sie etwas Besonderes sein. Entweder weil sie ja so bemerkenswert gut im Bett sind, oder weil sie, wenn sie sadistisch sind, die Prostituierte besonders gut fertig machen können. Was sie nie sein wollen: einer wie jeder andere, Nummer 8 oder 9 auf der Tagesliste. Nein, man soll sie in Erinnerung behalten, das ist eine Sache des Egos.

Warum Männer zu Prostituierten gehen

Auf die Frage, warum Männer zu Prostituierten gehen, versuchen mehrere Studien zu antworten. Leider vergessen vor allem die deutschen WissenschaftlerInnen, dass die befragten Freier ihnen antworten, wie es gesellschaftlich erwartet wird („Romantiker", „probiere gern aus", „kriege keinen Sex mehr Zuhause"), und zeichnen also ein weiches Bild vom Freier, das so nicht der Realität entspricht (in den Freierforen hätten sie ein paar härtere Einblicke gewonnen!). Beispiele solcher „Studien" sind z.B. in der Süddeutschen oder dem Tagesspiegel erschienen. Warum also machen Männer das? Manche sind einfach Sadisten, die Frauen hassen und ihnen gerne mal eine „Lektion in Sachen Hardcorefick/Hatefuck erteilen" wollen. Manche sind arme Würstchen, die es nötig haben, einer Prostituierten ihre Männlichkeit zu beweisen. Manche sind „Romantiker", die eine Art Verbindung herstellen wollen, eine Beziehung, eine Romanze. Sie alle haben etwas gemeinsam: sie denken, sie hätten ein Recht auf Sex, ihnen ist eine gewisse Frauenverachtung inne und sie orientieren sich an einem Bild von Männlichkeit, dass vor toxic masculinity nur so trieftropft. Aber vor allem: Sie alle wissen oder könnten wissen, dass diese Frauen sich nicht freiwillig und gerne unter sie legen. Es ist ihnen aber schlichtweg EGAL. Es wird bestellt wie auf der Speisekarte: Einmal französisch total bitte, mit anal danach, und dann wird sich ein bestimmter Körper ausgesucht, auf dem das Menü verspeist wird. Der Aspekt des Körperaussuchens ist übrigens der Beweis dafür, dass Sex keine Dienstleistung ist: es ist also nicht egal, wer sie erbringt, denn es geht nicht nur um den Sex, es geht darum, eine Frau zu BENUTZEN.

Denn: selbst die Romantiker suchen keine echte Nähe. Sie haben das Bild einer Frau, das Bild einer Beziehung zu dieser Frau vor sich, und sie bezahlen dafür, es erfüllt zu bekommen, egal wie die Realität sein mag. Und sie ähneln darin den Sadisten, die die Frau ebenso benutzen, und denen ihr wahrer Wille egal ist. Prostitution funktioniert nicht ohne Zwang, es wird niemals genügend Frauen geben, die sich „freiwillig" prostituieren, ein gewisser Teil wird immer gezwungen werden müssen. Freier können oft nicht wissen, ob sie eine Zwangsprostituierte unter sich haben, und das ist ihnen auch schlichtweg gleichgültig. Der Zwang stört sie nicht, es stört sie nur, wenn sie ihn sehen müssen, weil er dann ihr Bild zerstört. Sie finden ihn geil (wie die Sadisten), gehen nicht mehr hin (weil sie die Illusion, für die sie zahlen, so nicht mehr hinkriegen) oder reden ihn klein (neulich in einem Freierforum gefunden: *„Was ist schon Zwang, ich muss jeden Morgen aufstehen und was essen, das ist auch Zwang")*. Prostituierte sind für Freier keine Menschen, und äußern sie, dass sie Schmerzen haben, „stellen sie sich an". Am liebsten hätten sie eine, mit der sie alles machen können und die trotzdem noch lächelt: eine Puppe. 66 % aller Freier wissen, dass viele Frauen von Zuhältern gezwungen werden, aber es ist ihnen schlicht egal. 41 % aller Freier gehen trotzdem hin, in dem direkten Wissen, dass es sich hier um Opfer von Zuhältern handelt.

Vom Freier zum Täter

Das entspricht auch meiner Erfahrung. Als ich noch im Wohnungsbordell war, war für viele Freier klar, dass im Nebenzimmer jemand sitzt, und als ich im Escort war, zeigten sich viele überrascht, dass ich keinen „Chef" bzw. Zuhälter habe, so sehr waren sie daran gewöhnt. Es gibt Freier, die meinen, Ekel genau gesehen zu haben, denen das aber nichts ausgemacht hat *(„Hör auf dich wegzudrehen, wenn ich dich küssen will"; „Ich hab das Gefühl, du kannst schon keine Schwänze mehr sehen")*. Dann gab es die, die das angemacht hat und dann gab es die, denen mein Ekel das Bild zerstört hat, für das sie zahlten und die nicht mehr wiederkamen. Es geht um Kontrolle, es geht um Kontrolle über Frauen. Die einen werden sauer, wenn nicht gut vorgespielt wird, die anderen freuen sich, wenn die Maske der Selbstbeherrschung auf Seiten der Prostituierten rutscht und hauen extra drauf. Die Gewalt, für die bezahlt wird, ist nur die eine Seite, die andere ist die Gewalt, die nicht ausgemacht wurde: Vergewaltigungen, Folter, Handgreiflichkeiten, Mord.

Es geht also darum, eine Frau in der Kontrolle zu haben, sie machen zu lassen, was Mann sich wünscht, so zu sein, wie Mann es sich wünscht. Und das ist der Kernpunkt der Prostitution: alles ist zentriert auf die Bedürfnisse des Mannes, Sex ist immer verfügbar, er muss nichts weiter dafür tun, er hat die freie Auswahl an Frauenkörpern, das Prinzip der Zurückweisung ist nicht vorgesehen. Zwar hören Freier gerne, dass eine Prostituierte „durchaus auch Kunden ablehnt", weil ihnen das das Gefühl gibt, einem elitären Kreis anzugehören. Sie selber können sich aber nicht vorstellen, dieser abgelehnte Kunde zu sein. Jedes Mal, wenn ich Kunden abgewiesen habe, war das ein großes No-No, etwas, das sie bis dato nicht in Erwägung gezogen hatten und auf das sie so allergisch reagierten, als schulde ich ihnen etwas, als sei ich eine öffentliche Bedürfnisanstalt, zu der nur sie keinen Zutritt hätten, als hätte ich die Spielregeln gebrochen.

Wer nun glaubt, ich redete hier von einer Minderheit, von einer geringfügigen kleinen Anzahl kranker Männer, der irrt. Je nachdem, welche Statistik man befragt, geht in Deutschland entweder jeder fünfte Mann zu Prostituierten oder drei von vier Männern. Errechnet werden konnte, dass jeden Tag (!) bis 1,2 Millionen Männer in deutsche Puffs gehen. Nicht mit einberechnet sind Männer, die sich gefilmte Prostitution (= Pornografie) anschauen. Denn die sind ja auch irgendwo Freier.

Melissa Farley hat in einer Studie herausgefunden, dass Freier deutlich häufiger Vergewaltigungen begehen als

Nichtfreier. Daraus lässt sich erstens schließen, dass Prostitution einen Lerneffekt auf Männer ausübt, nämlich den, dass Gewalt gegen Frauen unter bestimmten Umständen okay ist. Nicht nur, dass in der Prostitution besonders viele bereits missbrauchte Frauen landen, sie erleben dort auch noch weitere Gewalt, und die Freier nehmen von ihrem Besuch bei Prostituierten gesenkte Hemmschwelle mit, was sexualisierte Gewalt gegen Frauen angeht. Und das bedeutet: Prostitution ist die Folge von Gewalt gegen Frauen, ist selbst Gewalt gegen Frauen und ist Ursache von Gewalt gegen Frauen.

Prostitution geht alle Frauen an

Deswegen geht Prostitution auch ALLE Frauen an. Wenn eine Frau käuflich ist, sind es alle: Wie oft habe ich von Freiern gehört, dass sie lieber mich bezahlen als *„irgendeine, das ist ja auch teuer, Blumen, Restaurant und so, am Ende darfste nicht mal ran“*. Dazu kommt, dass Freier oft Szenen aus Gewaltpornos im Bordell nachstellen, also vom Voyeur sexueller Gewalt zum direkt Ausübenden werden, diese Praktiken dann für sich als normal, da machbar und ohne Konsequenzen ausübbar definieren und sie dann auch ihren Partnerinnen vorschlagen bzw. diese von ihnen verlangen. Prostitution steht nicht außerhalb dieser Gesellschaft, sie wird von ihr hervorgebracht und auch benötigt, um das traditionelle Rollenbild immer und immer wieder zu zementieren: Mann aktiv und aggro, Frau passiv und unterwürfig. Sie ist finanziell abhängig von ihm, während er sexuell über sie verfügen kann, ihre Bedürfnisse haben keine Priorität. Es ist kein Zufall, dass die BefürworterInnen der kompletten Dekriminalisierung der Prostitution immer wieder sagen, dies sei immer noch besser als die Ehe, denn beides, Ehe und Prostitution, beruht ja auf genau demselben Grundprinzip. Es ist so schade, dass wir in einer Gesellschaft leben, die sich eine Sexualität nicht vorstellen kann, in der Frauen keine EntSCHÄDIGUNG gezahlt wird, einfach weil kein SCHADEN entstanden ist. Stattdessen leben wir in einer Gesellschaft, die glaubt, dass Männer ein Recht auf Sex haben, unter allen Umständen, auch wenn das heißt, dass eine Frau dazu gezwungen wird. Is dann schade, is aber halt dann leider so, gell? Die Welt ist eben schlecht. Deutlich wird, dass die Bedürfnisse von Männern anscheinend wichtiger sind als die körperliche und seelische Unversehrtheit von Frauen, nicht zu vergessen wichtiger als ihre sexuelle Selbstbestimmung.

Denn Prostitution ist das Gegenteil sexueller Selbstbestimmung. Und die Freier wissen das, und das macht sie an, oder sie wissen es nicht, könnten es aber wissen, oder sie verdrängen es. Kurz: wollen wir in einer Gesellschaft leben, in der Männer darauf stehen, wenn Frauen ihren Ekel unterdrücken müssen und in der ihnen das BESTENFALLS egal ist? Freier sehen Prostituierte nicht als Frauen, sie sehen nur das Objekt, den Körper, eventuell noch das schmückende Beiwerk (die Gesellschafterin). Sie können nicht wirklich wissen, wie es ihr wirklich geht, warum sie sich prostituiert, was sie wirklich denkt, was sie bisher für ein Leben hatte, ob sie gerade hier sein will oder nicht. Es ist ihnen schlichtweg gleichgültig. Die Frau, deren Rechte, deren Willen und Gefühle sind ihnen gleichgültig, und das ist das, was alle Freier gemeinsam haben, wirklich alle: Gleichgültigkeit. Freier zahlen für das Nichtvorhandensein der Würde, des Ichs und des Willens einer Frau, und die Frage ist, warum wir eigentlich eine Institution brauchen, die ihnen derartiges ermöglicht.

Mathias Gall, Lehrer und Musiker

Erlebnisbericht eines DS-Lehrers (Oberstufe)

Darstellendes Spiel (DS) am Gymnasium – An meiner Schule steckte dieses Fach noch in den Kinderschuhen, als ich (quasi fachfremd) mit meinen elf Teilnehmerinnen und Teilnehmern in der Jahrgangsstufe 11 zu experimentieren begann. Beim Thema „Mimik und Gestik" führte das zu einem recht simplen Arbeitsauftrag, der auf anderer Ebene höchst bemerkenswerte Ergebnisse zutage förderte: „Findet euch in Gruppen zusammen und erstellt darin Foto-Comics, die ohne Begleittext(e) eine kleine Geschichte erzählen – nur anhand eurer Mimik und Gestik".

Tatendurstig zogen die jungen Leute los, dreißig Minuten später bewunderten wir die Werke: Gruppe 1 bestand aus zwei Mädchen und einem Jungen – letzterer hatte sich sogleich zum Fotografen ernannt und die Mädchen „ihre Mädels-Geschichte" spielen lassen: Eine Schülerin stürzt, die andere kommt besorgt hinzu, hilft auf, beide drücken sich herzlich und verabschieden sich schließlich.

Vier Jungs des DS-Kurses, die sich richtig gut verstehen, hatten sich zu Gruppe 2 zusammengefunden. In dieser Fotostory ging es deutlich unharmonischer zu, wie die Präsentation rasch zeigte: Zwei Schüler unterhalten sich im Schulflur, ein weiterer läuft auf sie zu. Es kommt plötzlich zu einem heftigen Wortgefecht, das sich schnell zu Handgreiflichkeiten hochschaukelt. Der Hinzugekommene wird in einem Foto mit dem Kopf in den Mülleimer gesteckt. Doch damit nicht genug: In der nächsten Einstellung wird das „Opfer" noch die Treppe heruntergestoßen. Das Schluss-Selfie zeigt die zwei „Täter" mit dem am Boden Liegenden plus Fotograf freudig in die Kamera lächelnd.

Gruppe 3 war die einzige wirkliche „Mixgruppe“: drei DS’lerinnen, ein DS’ler, die sich beim Fotografieren abgewechselt hatten und in ihrer Geschichte beide Geschlechter agieren ließen: Hierin sieht man zunächst drei beste Freundinnen eng umschlungen auf einer Bank des Schulhofs. Im nächsten Bild verlässt ein Mädchen die Gruppe, Hand in Hand mit einem Jungen. Die Zurückgelassenen sehen sehr betrübt aus. Die „Beziehung“ geht allerdings in die Brüche. Reumütig kommt die „Single-Freundin“ zurück und wird sogleich wieder in den Kreis der „Best Friends“ aufgenommen. Erneut ist das Abschlussfoto das einer innigen Umarmung. Es war eine Kursteilnehmerin, die als Erste etwas bemerkte: „Kann es sein, dass die Frauen-Storys liebevoll und die Männer-Geschichte recht derb enden?“

Ja, das konnte/kann sein. Obwohl die Aufgabenstellung für alle gleich (offen) war …

Ari Gosch, Schauspieler, Sänger, Sprecher und Redakteur
beim Rundfunk Berlin-Brandenburg

War vor Corona alles so toll? oder könnte die Zeit des Lockdowns eine Chance (gewesen) sein?

Ein Anlass darüber nachzudenken, wie ein besseres Leben aussehen könnte?

Einleitung

Unsere Persönlichkeiten haben viel zu tun mit der Familie. Ich bin aufgewachsen wie viele Privilegierte: Außer wenig Taschengeld gab es keine materielle Not. Alles ging seinen bürgerlich-familiären Lauf, während mein Vater meine Mutter vergewaltigte.

Durfte er ja auch. War bis 1996 erlaubt.

Der zweite Ehemann meiner Mutter – nachdem sie Beziehungen zu zwei zwar auch autoritären, aber auf ihre Weise fairen Männern hatte, der zweite starb leider – bekam von der Nachbarin Hausverbot. Sie reichte eine Klageschrift ein, die erfolgreich war. Darin berichtete sie, dass der zweite Ehemann meiner Mutter nicht nur sie, sondern auch jedes weitere weibliche Wesen, dessen er habhaft werden konnte, ungefragt an sich drückte und versuchte abzuknutschen. Auch das unerlaubte Anfassen weiblicher Brüste durch ihn ist nachgewiesen.

Und meine Mutter? Sie machte gute Miene zum bösen Spiel. Der Preis war, dass das Hausverbot auch auf sie ausgeweitet wurde und es zu Dauerkonflikten kam – inklusive Verachtung durch die NachbarInnen.

Warum hat sie das alles ertragen? Liebe? Sexualität? Leider kommt mir das selbst nur zu bekannt vor. Ich kenne das vom unter anderem vom Tanzen im Club.

Im Club

Warum erdulden gerade beim Tanzen im Club so viele Frauen so viele Belästigungen?

An mich herangetragene Tiefpunkte der letzten Zeit:

1. „Ja, er grapscht – aber er ist doch Italiener!“
2. „Ja, er hat mich vergewaltigt und geschlagen. Aber er ist doch ein armer junger …“

Erklärungsversuch

Abgesehen davon, dass offensichtlich vielen Frauen noch gar nicht bewusst ist, dass ein Ignorieren eines „Nein“ von ihrer Seite zwar erst seit 2016, aber immerhin strafbar (!) ist, werden zudem viele weibliche Familienmitglieder von vornherein so erzogen, dass sie als Mädchen – da Papi das ja auch oft macht (ein Großteil der sexuellen Gewalt gegen Kinder findet in der eigenen Familie statt) – ungewollte Berührungen, zweideutige Sprüche etc. zu ertragen bzw. als „Kompliment“ zu genießen haben.

Und dass Mädchen auf der Straße spätestens ab dem Alter von 12/13 Jahren durch Mikroaggressionen (Dank an die feministische Rapperin Babsi Tollwut für Sensibilisierung dafür) wie das klassische Hinterherpfeifen, Mustern statt Ansehen, unnötige Berührungen und und und täglich darauf hingewiesen werden, dass sie als Frauen zwar vor dem Gesetz gleichberechtigte Bürgerinnen sind – aber leider im Alltag sich nicht so frei und unbehelligt bewegen können wie die andere Hälfte der Menschheit und auf allen gesellschaftlichen Ebenen benachteiligt und diskriminiert werden. Das ist fast allen Frauen nur allzu bekannt, während die allermeisten Männer das vehement leugnen.

Deutlich wurde das wieder einmal bei einer an sich absolut lobenswerten und wichtigen Veranstaltung (ein Freiluftrave), die Ende Mai auf dem Tempelhofer Feld in Berlin stattfand.

Die meisten saßen in Grüppchen und/oder mit Abstand. Negativ fiel zum wiederholten Male ein Mann auf, der bereits des Öfteren im KitKatClub Frauen ungefragt und ohne Erlaubnis an die Brust gefasst hatte. Zudem ist er dafür bekannt andere zu verleumden. Er tanzte keine Sekunde, sondern war nur darauf bedacht, möglichst viele der anwesenden jungen Frauen möglichst oft anzufassen, sprich sexuell zu belästigen. Mehrmals war zu beobachten, wie er beispielsweise eine Frau am Arm packte und sie sich gegen seine Übergriffigkeit wehren musste.

Nachdem sich der Mann „scherzhaft" auf und an einer anderen Frau gewälzt und gerieben hatte, wurde sie gefragt, ob das ok gewesen sei. Sie versicherte, deutlich verunsichert und auffällig schnell: „Doch, doch, schon ok."

Glücklicherweise wurde es in der Folgezeit für ihn immer schwerer, an Frauen heranzukommen und diese zu belästigen. Immerhin. Aber auch merkwürdig, dass dieses sehr offensichtlich sexistische Verhalten von allen sonst Anwesenden zumindest toleriert und auch von den Betroffenen mehr oder weniger weggelacht wurde. Die potenzielle Gefährdung der von ihm betatschten Frauen durch Corona war ihm an diesem Sonntag Ende Mai, an dem die Totenzahlen zum Beispiel in den USA weiter stiegen, offenbar egal.

Toxische Männlichkeit?

Warum verhalten sich so viele Männer so toxisch, übergriffig, belästigend und gewalttätig?

Warum werden die Taten von Belästigern geduldet, relativiert und weggelächelt?

Und wieder muss ich meiner verstorbenen Mutter danken. Beim Aufräumen ihrer prall gefüllten Bücherschränke (Alles gelesen. Respekt!) stieß ich auf ein 40 Jahre altes Buch, das erstaunlich aktuell ist – leider: Cheryl Benard und Edit Schlaffer, „Der Mann auf der Straße". – Über das merkwürdige Verhalten von Männern in ganz alltäglichen Situationen. 3. Auflage Reinbek bei Hamburg Mai 1980.

Nie gehört? Ich davor auch nicht. Vermutlich ist das kein Zufall. Meine Beobachtung in der letzten Zeit ist, dass vielleicht nie so viel Geld und Energie wie aktuell in Gegenpropaganda gesteckt und investiert wurde – inklusive dem Verschwinden-Lassen von wirklicher Kritik in einem Meer von Pseudorebellion.

Dies gilt besonders bei Themen wie der Klimarettung & #metoo.

Ein Zusammenhang drängt sich mir hier auf: Nicht dumme, aber meist alte, fast immer weiße Männer kämpfen um ihre zwar nur langsam, aber doch merkbar schwindenden Privilegien.

Die Protestierenden gegen die Corona-bedingten Beschränkungen umweht im Mai 2020 oft mehr als nur ein Hauch von Masochismus mit ihrer Inszenierung als Opfer von bösen – meist nicht benannten – Mächten (wobei sie gern vergessen, dass sehr viele Menschen auf der Welt sehr viel mehr Opfer bringen mussten mit Extremlockdowns oder pandemiebeschleunigenden Nazistaatschefs).

Das würde auch die Anziehung der Pseudorebellierenden auf leider etliche Mitglieder der Techno- & Fetisch-Szene erklären.

Warum aber erdulden Frauen so viele Unverschämtheiten? Eine Erklärung – ähnlich wie Babsi Tollwut – bietet die Benard/Schlaffer-Untersuchung auf Club-Situationen übertragen: Es werde nach immer wiederkehrenden Belästigungs-Situationen *„… zur Gewohnheit, sich zu sammeln und weiter zu tanzen, Anquatschen freundlich versuchen abzuwenden … sich selbst übermäßige Empfindlichkeit vorwerfen. […] Irritierungen, manchmal auch ein momentaner Schock, wenn man aus einem ekstatischen Tanz oder einem konzentrierten Hören der Musik abrupt herausgeholt wird. Man gewöhnt sich daran.“*

Das passt zu Geschichten, wo Frauen aus Clubs geworfen wurden, weil Typen sich ihretwegen geschlagen haben. Bequemer für die bewirtenden Personen und eine typische Täter-Opfer-Umkehr.

Erschwerend kommt laut Studien von US-Forschenden der Sozialwissenschaften laut Benard/Schlaffer hinzu, dass, wenn jemand fragt: „Kann ich noch mitkommen auf'n Kaffee/Drink?" vor allem Frauen vielleicht denken, dass sie dann in der Wohnung allein mit dem Mann wären.

Nun gut – es muss nicht einmal ein ganzer Chor sein. Es reicht auch der Freund, der beim ersten Erblicken der neuen Freundin in Lachen ausbricht. Nicht selten folgt als Reaktion psychische Gewalt: Die (aufkeimende) Beziehung wird direkt – oft ohne jede Begründung und ohne jedes weitere Wort – beendet („Ghosting"). Übel!

Auf ein zusätzliches Problem bin ich im Kurzurlaub gestoßen. Auf der Suche nach angemessener Lektüre wurde ich mit Reni Eddo-Lodges „Warum ich nicht länger mit Weißen über Hautfarbe rede" schnell fündig. Sie erinnerte an die doppelte Diskriminierung S c h w a r z e r Frauen. Und das erinnert mich an genau so etwas im – leider – KitKatClub. Meine heutige gute Freundin S. aus Brüssel (die mir später von ihrer Doppel-Diskriminierung als vermeintlich „billiges" Opfer für ihre vor allem nicht schwarzen Macho-Mitschüler ab dem Alter von 12 in Belgien erzählte) tanzte mich an, gefolgt von einem Typen, der sie von hinten anquatschte, woraufhin sie die Schultern zuckte & weiter mit mir tanzte. Er ging offensichtlich wütend. Ich sagte zu ihr: „Pass auf, in fünf Minuten kommt ein Türsteher." Er kam nach d r e i Minuten, sah nichts Böses und zog sichtlich frustriert wieder ab. S. erzählte mir, der Typ hätte sie übelst belästigt („Hab Geburtstag. MUSST mich küssen etc.") und sei sehr froh, mich getroffen zu haben. – Nur ihre Dankes-SMS retteten mich vor einem Hausverbot eine Woche später. Denn der wütende weiße Mann konnte nicht verkraften, dass die Schwarze Frau ihm nicht untertan war. Und viele – weiße, männliche – Türsteher wollten offenbar dem – weißen – Belästiger glauben. Bis auf einen, der mich dann einließ. Der arbeitet dort nicht mehr.

Aber es geht immer noch übler: Eine Zugbekanntschaft verabschiedete sich verständlicherweise für immer von einem alten Kumpel, nachdem er über eine Bekannte auf einer Party folgenden Satz gesagt hatte: „Mit der will ich keinen Sex. Die hat schon mit zehn Männern geschlafen. Die ist verbraucht."

Die Beschäftigung mit diesem Thema bringt darüber hinaus wirklich bisher Unvorstellbares zutage. Benard und Schlaffer schildern – in mehr Gegenden der Welt als vermutlich erwartet – verbreitete Bräuche wie: sich am Penis ritzen, um die heilenden Monatsblutungen auch zu erleben ... wobei bereits in den 80ern an einer Berliner Hauswand zu lesen war: „Männer leiden unter Menstruationsneid. Deshalb müssen sie in Kriegen Blut vergießen."

Fun fact: Virginia Woolf kann nur zugestimmt werden, wenn sie historisch ähnlich wichtig wie die Kreuzzüge die Tatsache einordnet, dass gegen Ende des 18. Jahrhunderts die Mittelstands-Frau begann zu schreiben.

Heißt ja nicht, dass wir Anderen damit Schreibverbot hätten. Im Gegenteil. Auch, damit es nicht immer wieder zu Situationen kommt, wie Christine Dankbar sie am Beispiel einer Redaktionssitzung der Berliner Zeitung beschrieb (Kurzform): „#metoo? Frauenthema! Christine ...?"

Und kleiner Tipp am Ende – wir sind ja unter uns: Es ist erstaunlich erfrischend, sich zumindest ab und zu mit der weiblichen Perspektive zu beschäftigen, Männer! Hat mir schon des Öfteren das Leben erleichtert und bereichert.

Und: Tut gar nicht weh!

Sebastian Tippe

Kampfsport und toxische Männlichkeit

Toxische Männlichkeit und Kampfsport sind eng miteinander verknüpft. Patriarchale Strukturen und männliche Stereotype werden im Kampfsport produziert und reproduziert. Ich möchte diese Zusammenhänge im Folgenden beschreiben und exemplarisch meine Erfahrungen als ehemaliger Leistungssportler und Trainer dieser höchst problematischen und toxischen Welt mit allen Lesenden teilen.

Der Weg in die Kampfsportwelt

Mit sieben Jahren betrat ich zum ersten Mal eine Kampfsportmatte. Meine Eltern hielten es für eine gute Idee. Ich würde so selbstbewusster werden. Ich begann mit Judo und sollte das auch weitere 30 Jahre ausüben – mit gravierenden Folgen und einer Einsicht: Pädagogische (Jungen-) Arbeit und Kampfsport sind nicht vereinbar. Ganz im Gegenteil wirken sich Kampfsportarten toxisch auf die männlichen Sportler aus.

Zunächst begann ich mit dem Training ein bis zwei Mal die Woche. Dem stetig steigenden Erfolg folgte auch ein erhöhtes Trainingspensum. Ich wechselte nach Hannover an das Bundesleistungszentrum. Im Jugendalter trainierte ich fünf Mal die Woche Judo, zwei bis drei Mal Ausdauertraining, drei Mal die Woche Krafttraining und als Ausgleich begann ich mit diversen anderen Kampfsportarten. Ich wurde Kaderathlet und Bundesligakämpfer. Am Wochenende befand ich mich in Sporthallen bei Turnieren oder in Trainingslagern. Wenn Bekannte schwimmen oder auf Partys gingen, hatte ich Judo. Die Konsequenz war nicht nur wenig Freizeit, sondern auch wenig FreundInnen.

(Männliche) Gewalt im Kampfsport

Unabhängig davon, ob es sich um Breitensport oder Leistungssport handelt, ist Judo und Kampfsport im Allgemeinen durch einen Aspekt gekennzeichnet: die Formen männlicher Gewalt. Sehr schnell wurde mir klar, dass Judo – auf Deutsch der sanfte Weg – nichts mit Sanftheit zu tun hat. Der Kern des Sportes besteht darin, den eigenen Körper bis über die eigenen Grenzen hinaus zu trainieren und GegnerInnen durch physische Überlegenheit auf brutale Weise auf den Boden zu werfen (es wird in der Szene vom „auf die Matte klatschen" gesprochen). Darüber hinaus werden GegnerInnen am Boden mit körperlicher Gewalt bewegungsunfähig gemacht, es werden Armgelenke gehebelt, bis GegnerInnen aufgrund unerträglicher Schmerzen aufgeben (oder der Arm bricht), oder GegnerInnen werden gewürgt, bis ebenfalls aufgegeben wird (oder GegnerInnen bewusstlos werden).

Ich habe weder in meiner eigenen Sportlerlaufbahn noch als Trainer auch nur ein einziges Turnier erlebt, bei dem nicht Kinder (ab acht Jahren) und Jugendliche mit dem Krankenwagen oder mit gebrochenen Knochen oder offenen, stark blutenden Wunden in die nächstgelegene Klinik gefahren werden mussten. Jugendliche und Erwachsene, die beim Würgen ohnmächtig wurden, waren keine Seltenheit. Die SanitäterInnen konnten oft nicht alle verletzten Kinder behandeln, da es zu viele waren. Daher wurden regelmäßig per Mikrofon Eltern als Unterstützung gesucht, die selber eine fachärztliche Ausbildung besaßen, um überhaupt auf die Situation reagieren zu können und die medizinische Versorgung bei Brüchen, Ohnmacht, blutenden Stellen, eingerissenen Nägeln etc. zu gewährleisten. Es gab kein Turnier, bei dem ich nicht vor Schmerzen weinende Kinder gesehen habe, die bewegungsunfähig von der Matte getragen wurden. Einige haben große Schäden für ihr Leben zurückbehalten. Der Judosport hatte bei mir selber zur Folge: zwei gebrochene Zehen, ein Ohr, an dem operativ der Knorpel entfernt werden musste, einen Schildkrötenrücken, permanente Rückenbeschwerden, kaputte Kapseln an den Händen, eine gebrochene Nase, die mit 36 Jahren noch einmal operiert werden musste, eine langanhaltende gefährliche Entzündung unter dem Schienbein, ein gezerrtes Band am Fuß, Knieprobleme sowie Bänderprobleme an den Knien, geschädigte Knochen im Ellenbogenbereich und an den Handgelenken sowie zwei große Verletzungen an der Wirbelsäule.

Toxische männliche Trainer

Im Training wurden zudem beispielsweise „geheime Kniffe" gelehrt, um Gegnerinnen und Gegner so sehr wehzutun, dass der Kampf gewonnen wird, dies aber nicht bemerkt wird – was illegal ist. Diese Trainingsmethoden habe ich in meiner gesamten Judo-Laufbahn ausschließlich bei männlichen Trainern erlebt. Im Training und auch auf Turnieren habe ich außerdem immer wieder Jungen, männliche Jugendliche und Männer ausrasten sehen. Diese haben dann unter dem Deckmantel der sportlichen Regeln Gegnern bewusst Schmerzen zugefügt. Aber auch unabhängig dieser Formen von Gewalt: Allein tausende Male mit unglaublicher Wucht auf harte Matten geschmissen zu werden und dies erdulden zu müssen, sich würgen, hebeln und die Schmerzen über sich ergehen zu lassen, ist Teil der gewalttätigen Kultur im Kampfsport.

In den Blick genommen werden müssen auch diejenigen, die weniger erfolgreich sind und somit mehr Gewalterfahrungen und Ohnmachtserfahrungen als andere haben. Problematisch ist außerdem die Art und Weise, wie Training gegeben wird: Trainer und Trainerinnen schreien Sportlerinnen und Sportler an, beleidigen sie, führen sie vor, verhalten sich grenzüberschreitend, machen sie klein und demonstrieren ihre Macht.

Rückblickend kann ich nur sagen, dass die Judo-Welt eine toxische Welt ist. Das war mir damals nicht bewusst, jedoch habe ich mich dort immer unwohl und fehl am Platz gefühlt – zwischen all den Maskulisten, von denen enorm viele höchst aggressiv und gewalttätig waren. Dabei ist zu bedenken, dass es nicht ums Boxen oder ähnliche Vollkontaktsportarten handelt, bei denen es primär um die bewusste Schädigung der körperlichen Unversehrtheit geht. Die Formen und das Ausmaß von Gewalt steigen bei diesen Sportarten in schwindelerregende Höhe.

Auffällig ist die hohe Anzahl an männlichen Judo-Sportlern. Umso älter die Sporttreibenden werden, desto weniger Mädchen und Frauen finden sich in den Vereinen. Dafür ist der Anteil männlicher Sportler im Jugendbereich sowie im Erwachsenenbereich dominierend. Während sich Frauen oft im Vereinstraining treffen, um soziale Kontakte zu pflegen, geht es zwischen den Männern um den Wettkampf, ums Konkurrieren und ums Dominieren mit dem Ziel, der Beste zu sein. Über die vielen Jahre im Judosport war für mich sehr auffällig, dass Jungen und Männer viel gewalttätiger, rücksichtsloser und aggressiver als Mädchen und Frauen im Training, aber auch im Turnier waren. Das Argument, dass Jungen dort ihre Aggressionen kanalisieren können, steht ja schon lange in der Kritik. Ich stelle die Sinnhaftigkeit in Frage, Jungen, die in ihrer Sozialisation Gewaltanwendung als Lösungsmittel gelernt haben, darin zu bestärken, ihre aggressiven Anteile mit Aggression und Gewalt zu bekämpfen – wodurch sie lernen, nur noch effizienter zuzuschlagen. Dies führt allerhöchstens zu einer Verstärkung, jedoch nicht dazu, dass Jungen lernen besser mit sich, mit den an sie gestellten Rollenerwartungen, patriarchalem Denken und ihren Unsicherheiten umzugehen. Die Problematik hinter ihren Aggressionen muss aufgearbeitet und reflektiert werden. Es muss ihre Rolle im hierarchischen Geschlechterverhältnis betrachtet werden.

Abwertung von Weiblichkeit und Frauenhass im Judo

Im Trainingsalltag begegneten mir permanent sexistische Sprüche, die vor allem das Ziel hatten, männliche Macht darzustellen und weibliche Fähigkeiten als minderwertig darzustellen.

Es wird ähnlich wie im Fußball verächtlich vom „Frauen-Judo" gesprochen. Ich war sehr schockiert, als ich bei einem Kinderturnier als Betreuer dabei war, bei dem Jungen und Mädchen gegeneinander kämpften: Ich erlebte reihenweise Väter, die vom Rand aus ihre Söhne anschrien, dass sie ja wohl nicht gegen ein Mädchen verlieren würden oder sie vor versammelter Elternschaft, Betreuenden, anderen Judoka und Freundinnen und Freunden öffentlich anbrüllten: *„Du bist so ein Schlappschwanz, dass du gegen ein Mädchen verlierst. Geh mir bloß aus den Augen!"* oder *„Du wirst was erleben, wenn wir nach Hause kommen"*.

Kampfsport legt Finger in die Wunde verunsicherter Männlichkeitsbilder

Jungen laufen einem männlichen Geschlechterbild hinterher, welches sie nicht erreichen können. In diese Wunde legt der Kampfsport seine Finger, um zu sagen: Wenn du nur genug trainierst, stark genug wirst, dich über Andere erhebst, nur dann kannst du mit deinen Unsicherheiten umgehen und diese überwinden. Damit produziert Kampfsport toxische Männlichkeitsbilder. Aber auch pädagogische Jungenarbeiter produzieren, wie ich es immer wieder erlebe, genau jene problematischen Kontexte, wenn sie der Meinung sind, dass es für die Jungen gut wäre, sich „mal im Ring ordentlich einen auf die Glocke zu hauen".

Ein Judotraining jenseits toxischer Männlichkeit?

Was wäre also im Judo eine mögliche Lösung? Eine Möglichkeit wäre, den Wettkampfcharakter aus dem Judosport zu entfernen – den Fokus auf motorische und die Gesundheit fördernde Aspekte zu legen, das soziale Miteinander zu stärken und das bewusste Auseinandersetzen mit Ohnmachtsgefühlen zu ermöglichen. Ich habe das probiert und mein Fazit ist ernüchternd. Dafür gibt es einen ganz einfachen Grund: Der Kampfsport ist starr an feste Regeln geknüpft. Diese sind eng verwoben mit dem Wettkampf, mit Prüfungen mit Wettkampfinhalten und somit mit gewalttätigem Handeln. Daher ist im Vereinssport und schon gar nicht im Leistungssport eine pädagogische Arbeit nicht umsetzbar. Jedenfalls keine, die männliche Geschlechterrollen dekonstruiert. Als Projekt unabhängig von Judovereinen und Verbänden, wäre so eine Idee umsetzbar. Nicht zu vernachlässigen ist, dass die Meisten, die Judo unterrichten, nicht pädagogisch ausgebildet sind. Ich habe daher meinen Gürtel an den Nagel gehängt. Ich werde meine Kinder darin bestärken, dass für eine gesunde Psyche, für ein gutes Selbstbewusstsein, für eine positive Geschlechterrolle, kein Kampfsport nötig ist.

Wo können Kinder hingehen, um selbstbewusster zu werden?

Es gibt viele Möglichkeiten, Kinder zu stärken und zu fördern. Das beginnt im Elternhaus mit einer feministischen, angstfreien und gewaltfreien Erziehung, durch die Jungen einen Zugang zu ihren Gefühlen und positive Lösungsstrategien jenseits von Gewalt erlernen können. Sportangebote sind per se nicht schlecht. Im Kinderturnen beispielsweise können sie unter guter fachlicher Anleitung neben sportlichen Fertigkeiten viel Positives mit nach Hause nehmen: Das Erlernen und Einhalten von Grenzen, ein respektvoller gewaltfreier Umgang, ein gleichberechtigtes Miteinander auf Augenhöhe, individuelle Bestärkung und Förderung.

5. Perspektive

Aktuell leben wir weiterhin in einer patriarchalen kapitalistischen Welt, in der Frauen durch Männer benachteiligt werden, in der fast ausschließlich Männer, bedingt durch ihre männliche Sozialisation, ihre gesellschaftliche Stellung und ihre damit einhergehenden toxischen Entscheidungen und Handlungen Täter von Gewalttaten und Vergewaltigungen sind. Dabei schaden sie nicht nur anderen, meist Frauen, sondern auch sich selbst massiv.

Geschlecht ist ein soziales Konstrukt – das gibt Hoffnung! Da toxische Männlichkeit eben nicht auf biologische Ursprünge zurückzuführen ist, ist diese auch veränderbar. Momentan kämpfen fast ausschließlich Frauen für Gleichberechtigung. Parallel organisieren sich Menschen, die unter dem Deckmantel des Feminismus diesen von innen bedrohen und sabotieren, da sie patriarchale Strukturen reproduzieren und versuchen, die Gewalt an Frauen unsichtbar zu machen. Zudem erstarken rechte, rechtsextreme und rechtspopulistische Bewegungen mehr und mehr und führen einen Kampf gegen Gleichberechtigung, bei dem sich Antifeminismus, Antisemitismus und Rassismus verschränken.

Projekten gegen eben diese Bewegungen und als Unterstützung für Betroffene werden die finanziellen Mittel gestrichen oder sie werden erst gar nicht bewilligt, sodass viele Projekte eingestellt werden müssen oder die hier Engagierten permanent um ihre Weiterführung bangen, obwohl sie ohnehin über viel zu geringe Ressourcen verfügen. Der Frauenhass ist aber nicht nur ein Phänomen von rechts, er ist in allen gesellschaftlichen Bildungsschichten und politischen Positionierungen angekommen und verseucht das Denken der Menschen.

Betreiber sozialer Netzwerke gehen trotz gesetzlicher Auflagen nicht ihrer Aufgabe nach, sich um Bedrohungen gegen Frauen und Sexismus auf ihren Plattformen zu kümmern – ganz im Gegenteil werden Meldungen, beispielsweise bei Facebook, regelmäßig mit den Worten „entspricht den Gemeinschaftsstandards“ abgetan.

Und doch regt sich etwas. Ein Widerstand. Die Frauenbewegung ist keine neue – aber seit #metoo positionieren sich mehr und mehr Frauen für einen Kampf um Gleichberechtigung. Es werden on- wie offline Gruppen und Vereine wie SHESPECT e. V. gegründet, die sich gegen Sexismus, Hate Speech und Frauenhass einsetzen. Im Juni 2020 urteilte das Oberlandesgericht (OLG) Köln, dass pauschale Verunglimpfungen/Angriffe auf die Menschenwürde von Frauen unter dem Paragrafen 130 der Volksverhetzung des Strafgesetzbuches geahndet werden können – und hob den Freispruch eines Mannes des Landgerichts Bonn wieder auf – der Mann hatte Frauen auf seiner Webseite als „Mensch zweiter Klasse“, „den Tieren näherstehend“ und als „minderwertige Menschen“ bezeichnet (vgl. Ross 2020). Die Stimmen, die das Nordische Modell fordern, werden lauter, vereinzelt gibt es geschlechtersensible Angebote und Projekte wie die feministische Jungenarbeit. Der Ruf nach der Dekonstruktion von toxischer Männlichkeit ist mittlerweile unüberhörbar. Und: Das Thema erreicht nach und nach die Öffentlichkeit – und die Männer.

Bisher sind es nur wenige, aber mit jedem Mann, der für den Feminismus gewonnen werden kann, der dann wiederum weitere Männer sensibilisiert, wird die Solidarität für Frauen, für eine gleichberechtigte Gesellschaft und gegen Sexismus sowie gegen Frauenhass größer. Es ist ein langer Weg, bis die

Benachteiligung von Frauen abgeschafft ist, bis die Gewalt gegen Frauen aufhört, bis feministische Theorien und das Sichtbarmachen von Frauen und ihrer Leistungen in sozialen Ausbildungsstätten und Berufen, in Therapiekontexten, in der Justiz und allen Behörden und Einrichtungen, in Kitas, Horten und Schulen, in der Politik und allgemein in der Gesellschaft angekommen sind.

Am Ende wird es ein Gewinn für alle Menschen sein: für Männer, die gesünder und länger leben werden, die einen Zugang zu ihren Gefühlen erlernen und sich nicht mehr in stereotype Geschlechterbilder pressen lassen müssen. Für Frauen, die nicht mehr permanent in Sorge leben müssen, weil sie Gewalt durch Männer erleben und strukturell benachteiligt werden könnten, für Frauen, die nicht mehr objektiviert, sexualisiert und wie eine Ware gehandelt werden, für Männer und Frauen, die endlich Beziehungen auf Augenhöhe führen können. Für Kinder, die nicht in ein binäres Geschlechterkonstrukt gepresst werden und sich (gewalt-)frei entfalten können; für Familien und Partnerschaften bis hin zu jedem Menschen dieser Gesellschaft. Es werden alle davon profitieren.

Ich bedanke mich, dass Sie das vorliegende Buch zum Thema toxische Männlichkeit durchgelesen haben. Vielleicht nehmen Sie einiges davon mit, reflektieren das Gelesene, verändern Ihr Denken und Handeln und erreichen weitere Männer, die dies ebenfalls tun werden – für Sie selbst, für unsere Kinder und für alle Frauen!

Ich wünsche Ihnen alles Gute und viel Erfolg auf diesem Weg!

Sebastian Tippe

6. Literaturverzeichnis

Abolition 2014 (2014): Das Nordische Modell – Über Mythen, blinde Flecken und Realität. 29.04.2014 http://abolition2014.blogspot.com/2014/04/das-nordische-modell-uber-mythen-blinde.html Abgerufen am 29.05.2020

Abolition 2014 (2017): Mythbusting: Wenn man Sexkauf verbietet, wandert die Prostitution in den Untergrund. 25.01.2017 http://abolition2014.blogspot.com/2017/01/mythbusting-wenn-man-sexkauf-verbietet.html Abgerufen am 29.05.2020

*AK FE.IN (2019): Frauen*rechte und Frauen*hass. Antifeminismus und die Ethnisierung von Gewalt. Verbrecher Verlag, Berlin.*

Antidiskriminierungsstelle des Bundes (2015): Forschung der ADS auf einen Blick: Sexuelle Belästigung am Arbeitsplatz – Vorkommen, Wissensstand und Umgangsstrategien. https://www.antidiskriminierungsstelle.de/SharedDocs/Downloads/DE/publikationen/Factsheets/factsheet_sexuelle_Belaestigung_am_Arbeitsplatz.pdf?__blob=publicationFile&v=3 Abgerufen am 05.05.2020

Antidiskriminierungsstelle des Bundes (2019): Studie zu sexueller Belästigung am Arbeitsplatz. 25.10.2019 https://www.antidiskriminierungsstelle.de/SharedDocs/Pressemitteilungen/DE/2019/20191025_Studie_Sexuelle_Belaestigung.html Abgerufen am 06.05.2020

APA (2018): Guidelines for Psychological Practice with Boys and Men. 2018 https://www.apa.org/about/policy/boys-men-practice-guidelines.pdf Abgerufen am 26.05.2020

Armbruster, Kirsten (2010): Das Muttertabu oder der Beginn von Religion. Edition courage, Riedenburg.

Armbruster, Kirsten (2013): Gott die Mutter. Eine Streitschrift wider den patriarchalen Monotheismus. BoD, Norderstedt. 2. Auflage.

Augustin, Alisa (2015): Warum Frauen das Leben von Männern verlängern. 12.06.2015 https://www.welt.de/gesundheit/article142386938/Warum-Frauen-das-Leben-von-Maennern-verlaengern.html Abgerufen am 22.06.2020

Ayyadi, Kira (2018): „Incel". Der tödliche Wahn der Frauenhasser. 11.05.2018 https://www.belltower.news/incel-der-toedliche-wahn-der-frauenhasser-47732/ Abgerufen am 30.04.2020

Baacke, Dieter/Böhnisch, Lothar/Winter, Reinhard (1993): Männliche Sozialisation. Bewältigungsprobleme männlicher Geschlechtsidentität im Lebenslauf. Juventa Verlag, Weinheim und München.

Bandar, Miriam (2018): Mehr Hochschulabschlüsse. Akademikerinnen-Anteil doppelt so hoch wie vor 30 Jahren. 07.09.2018 https://www.fr.de/ratgeber/karriere/akademikerinnen-anteil-doppelt-hoch-jahren-10972506.html Abgerufen am 21.06.2020

Becker-Hinrichs, Dietrich/Wanie, Renate (1991): Sexismus in politischen Gruppen. Gewaltfrei Leben Lernen.

Berggren, Max/Prommer, Elisabeth/Stüwe, Julia (2020): Wer wird gefragt? Geschlechterverteilung in der Corona-Berichterstattung. Zentrale Ergebnisse einer Analyse zur Geschlechterverteilung in der Corona-Berichterstattung im Fernsehen und in Online-Auftritten deutscher Printmedien im Auftrag der MaLisaStiftung. 05.2020. https://malisastiftung.org/wp-content/uploads/Studie_MaLisa_Geschlechterverteilung_in_der_Corona_Berichterstattung.pdf Abgerufen am 05.06.2020

Bernhard, Henry (2019): Rechtsextreme Ideologie. Männlichkeit, Gewalt und weißer Machtanspruch. 03.10.2019 https://www.deutschlandfunk.de/rechtsextreme-ideologie-maennlichkeit-gewalt-und-weisser.1148.de.html?dram:article_id=460266 Abgerufen am 30.04.2020

*Berufsverband Sexarbeit (2020): Corona-Virus: Das sollten Sexarbeiter*innen (und alle anderen) jetzt beachten. 09.04.2020 https://berufsverband-sexarbeit.de/index.php/2020/03/04/corona-virus-das-sollten-sexarbeiterinnen-und-alle-anderen-jetzt-beachten/ Abgerufen am 10.04.2020*

Bilden, Helga (1991): Geschlechtsspezifische Sozialisation. In: Hurrelmann, Ulrich (Hrsg.): Neues Handbuch der Sozialisationsforschung. Beltz Verlag. Weinheim/Basel, S. 279–301.

Böing, Susanne (2009): Grundlagen zur Geschlechts- und Genderproblematik in Unternehmen. Eul Verlag, Lohmar.

Bongen, Robert/Schiele, Katharina (2019): Rechte Terroristen: Hass auf Frauen. 31.10.2019 https://daserste.ndr.de/panorama/archiv/2019/Rechte-Terroristen-Hass-auf-Frauen,frauenhass100.html Abgerufen am 30.04.2020

Bourdieu, Pierre (1997): Die männliche Herrschaft, in: Dölling, Irene/Krais, Beate (Hrsg.): Ein alltägliches Spiel. Geschlechterkonstruktion in der sozialen Praxis. Frankfurt/M., S. 153–217.

Britzelmeier, Elisa (2016): Die sieben wichtigsten Fakten zu sexueller Gewalt. 27.04.2016 https://www.sueddeutsche.de/panorama/vergewaltigung-die-7-wichtigsten-fakten-zu-sexueller-gewalt-1.2937498 Stand: 19.11.2019

Brodda/Wellner, Uli (1979): Zur Biologie der Geschlechtsdifferenz. In: Keller, Heide (Hrsg.): Geschlechtsunterschiede. Weinheim. S. 93–126.

Brunschweiger, Verena (2013): Fuck Porn! Wider die Pornografisierung des Alltags. Tectum Verlag, Marburg.

Bundeskriminalamt (2015): Menschenhandel. Bundeslagebericht 2015. BKA, Wiesbaden.

Bundeskriminalamt (2018): Partnerschaftsgewalt. Kriminalstatistische Auswertung – Berichtsjahr 2017. Bundeskriminalamt. Wiesbaden.

Bundesministerium für Familie, Senioren, Frauen und Jugend (2004): Lebenssituation, Sicherheit und Gesundheit von Frauen in Deutschland. Kurzfassung der Untersuchung von Schröttle und Müller.

Bundesministerium für Familie, Senioren, Frauen und Jugend (2018a): Häusliche Gewalt: 21.11.2018 https://www.bmfsfj.de/bmfsfj/themen/gleichstellung/frauen-vor-gewalt-schuetzen/haeusliche-gewalt/haeusliche-gewalt/80642 Abgerufen am 19.11.2019

Bundesministerium für Familie, Senioren, Frauen und Jugend (2018b): Kriminalstatistische Auswertung. Dr. Franziska Giffey stellt neue Zahlen zur Partnerschaftsgewalt 2017 vor. 20.11.2018 https://www.bmfsfj.de/bmfsfj/dr--franziska-giffey-stellt-neue-zahlen-zur-partnerschaftsgewalt-2017-vor/130802 Abgerufen am 20.11.2019

Bundesministerium für Familie, Senioren, Frauen und Jugend (2020): Sexuelle Belästigung. Frauen vor Gewalt schützen. 03.03.2020 https://www.bmfsfj.de/bmfsfj/themen/gleichstellung/frauen-vor-gewalt-schuetzen/sexuelle-belaestigung Abgerufen am 05.05.2020

Bundesministerium für Gesundheit (2011): Männer in Bewegung! Auswirkungen von Bewegung auf die psychische Gesundheit von Männern. Berlin, S. 10f.

Bundesverband Intersexuelle Menschen e. V.: Intersexualität, was ist das? http://www.im-ev.de/intersexualitaet/ Abgerufen am 22.11.2019

Bundesministerium der Verteidigung (2020): Personalzahlen der Bundeswehr. April 2020. https://www.bundeswehr.de/de/ueber-die-bundeswehr/zahlen-daten-fakten/personalzahlen-bundeswehr Abgerufen am 29.05.2020

Cho, Seo-Young/Dreher, Axel/Neumayer, Eric (2013): Does Legalized Prostitution Increase Human Trafficking? In: World Development. Volume 41.

Connell, Robert W. (1995): The big picture. Formen der Männlichkeit in der neuen Weltgeschichte. In: Widersprüche. Männlichkeiten. Heft 56/57. Offenbach am Main.

Connell, Raewyn W. (2000): Der gemachte Mann: Konstruktion und Krise von Männlichkeiten, 2. Auflage, Opladen, Leske + Budrich.

De Beauvoir, Simone (2000 [1949]): Das andere Geschlecht. Rowohlt Verlag, Hamburg.

Desert Flower Foundation: Was ist FGM? https://www.desertflowerfoundation.org/de/was-ist-fgm.html Abgerufen am 03.06.2020

DER STANDARD (2019): Wiener Linien zeigen, wie es auch ohne Manspreading geht. 04.11.2019 https://www.derstandard.at/story/2000110642990/wiener-linien-zeigen-wie-es-auch-ohne-manspreading-geht Abgerufen am 28.05.2020

Derler, Katrin (2017): 8 überraschende Fakten über die Klitoris. https://www.netdoktor.at/gesundheit/frauen/8-ueberraschende-fakten-ueber-die-klitoris-6908292 Abgerufen am 26.06.2020

Die unsichtbaren Männer: Freier. https://dieunsichtbarenmaenner.wordpress.com/tag/freier/ Abgerufen am 29.04.2020

Die unsichtbaren Männer: Statistiken zu Frauen in der Prostitution. https://dieunsichtbarenmaenner.wordpress.com/statistiken-ueber-freier/ Abgerufen am 25.07.2020

Diemer, Matthew A./Freitas, Gary/Gottfried, Michael/Locke, Benjamin D./Ludlow, Larry H./Mahalik, James R./Scott, Ryan P. J. (2003): Development of the Conformity to Masculine Norms Inventory. In: Psychology of Men & Masculinity. Educational Publishing Foundation, Vol. 4, No. 1, S. 3–25.

Diversitymine (2015): Studie: Geschlechtergerechte Sprache beeinflusst Wahrnehmung von Berufen. 08.07.2015 http://de.diversitymine.eu/studie-geschlechtergerechte-sprache-beeinflusst-wahrnehmung-von-berufen/ Abgerufen am 13.05.2020

Döge, Peter/Meuser, Michael (2001): Geschlechterverhältnisse und Männlichkeit. Entwicklungen und Perspektiven sozialwissenschaftlicher Männlichkeitsforschung. In: Döge, Peter/Meuser, Michael (Hrsg.): Männlichkeit und soziale Ordnung: neuere Beiträge zur Geschlechterforschung. Leske + Budrich, Opladen, S. 7–26.

Dönges, Jan (2020): Mann am Steuer. Vielfach gefährlicher als eine Frau. 07.04.2020 https://www.spektrum.de/news/maenner-loesen-deutlich-mehr-toedliche-unfaelle-aus-als-frauen/1720486?fbclid=IwAR0MgM5l26mZZnh8QMDTLioppNdYVgVEl0C9II_OaAJsBiVAAXmSE9F2ZRU Abgerufen am 29.04.2020

Dörr, Julian (2019): Ja, alle Männer. 07.03.2019 https://www.sueddeutsche.de/kultur/mansplaining-feminismus-maennlichkeit-1.4357864 Abgerufen am 26.05.2020

Ebert, Cara/Steinert, Janina (2020): Gewalt an Frauen und Kindern in Deutschland während COVID-19-bedingten Ausgangsbeschränkungen: Zusammenfassung der Ergebnisse. Hochschule für Politik München, TUM School of Governance. https://drive.google.com/file/d/19Wqpby9nwMNjdgO4_FCqqlfYyLJmBn7y/view Abgerufen am 03.06.2020

Emma (2019): Dick Pics im Internet? Wehrt euch! 07.10.2019 https://www.emma.de/artikel/dick-pics-im-netz-wehrt-euch-337157 Abgerufen am 24.05.2020

EuGH (2000): Abteilung Presse und Informationen. Urteil des Gerichtshofes in der Rechtssache C-285/98. Tanja Kreil / Bundesrepublik Deutschland. FRAUEN HABEN IN DEUTSCHLAND ZUGANG ZUM DIENST MIT DER WAFFE. 11.01.2000 https://curia.europa.eu/de/actu/communiques/cp00/aff/cp0001de.htm Abgerufen am 29.05.2020

Farley, Melissa (2003): Prostitution and Trafficking in Nine Countries: An Update on Violence and Posttraumatic Stress Disorder. In: Journal of Trauma Practice, Vol. 2. No. 3/4, 2003, Seiten 33–74.

Feige, Marcel (2009): Alles über Porno! Die Szene zwischen Internet, High End, Reality und Alternative. Schwarzkopf & Schwarzkopf, Berlin.

Fem (2019a): Milchmänner: Männer können stillen. 18.02.2019 https://www.fem.com/leben-familie/milchmaenner-maenner-koennen-stillen Abgerufen am 22.04.2020

Fem (2019b): 4 Tipps, damit du beim Deep Throat nicht übergibst. 11.04.2019. https://www.fem.com/videos/liebe-lust/4-tipps-damit-du-dich-beim-deep-throat-nicht-uebergibst?fbclid=IwAR18xXgTzp-9KA8vFIHPcRACFrdvIn1qO_Hn76TyY-xb64SsOat4fW6dRneM Abgerufen am 22.11.2019

Fischer, Linda (2019): „Das hier ist kein Sieg. Weder für mich noch für Frauenrechte“ 05.07.2019 https://www.zeit.de/wissen/gesundheit/2019-07/kristina-haenel-schwangerschaftsabbruch-paragraf-219a-abtreibung-urteil Abgerufen am 30.05.2020

FID Gesundheit (2008): Die Akte Adam. Alles was Männer über Gesundheit wissen müssen. FID Verlag GmbH, Bonn, S. 5.

Flitner, Bettina (2013): Freier. Männer, die sich Sex kaufen, was sind das für Typen? 27.06.2013 http://www.bettinaflitner.de/fileadmin/img/Press_Artikel/Freier_STERN.pdf Abgerufen am 29.04.2020

Focus Money Online (2019): Neue Studie des Familienministeriums. Mit drastischen Folgen für die Altersvorsorge: Kaum eine Frau verdient 2000 Euro netto. 23.05.2019 https://www.focus.de/finanzen/altersvorsorge/rente/rente-viele-frauen-sind-unterbezahlt_id_10749042.html Abgerufen am 06.06.2020

Frauen Macht Politik: Zahlen und Fakten. https://www.frauen-macht-politik.de/index.php?id=299 Abgerufen am 28.04.2020

Frauensicht.CH (2020): „Ein Beziehungsdrama ist jetzt Mord“. 23.01.2020 http://www.frauensicht.ch/Artikel/KulturKirche/Ein-Beziehungsdrama-ist-jetzt-Mord?fbclid=IwAR2Q2PNEd1Ljm0gEGHac2KCsejfNyUz3BoAsxIctNtxhPJHdt0fIssYlUkI Abgerufen am 11.02.2020

Fröhlich, Susanne (2004): Bridget Jones und das Moppel-Ich. 02.12.2004 https://www.welt.de/print-welt/article355903/Bridget-Jones-und-das-Moppel-Ich.html. Abgerufen am 17.11.2019

GfdS (2018): Familiennamen bei der Heirat und Vornamenprognose 2018. 19.12.2018 https://gfds.de/familiennamen-bei-der-heirat-und-vornamenprognose-2018/ Abgerufen am 05.05.2020

Goslar Institut 2020: „Männliche" Crash-Test-Dummies gefährden weibliche Autofahrer. 14.01.2020 https://www.goslar-institut.de/recherche-tipps/verkehrs-sicherheit/maennliche-crash-test-dummies-gefaehrden-weibliche-autofahrer/ Abgerufen am 25.07.2020

Groll, Tina (2017): Stillstand bei der Gleichberechtigung. 02.11.2017 https://www.zeit.de/wirtschaft/2017-10/gleichberechtigung-gender-gap-report-weltwirtschaftsforum/seite-2 Abgerufen am 12.11.2019

Groll, Tina (2020): Equal Care Day. Es ist nicht nur das bisschen Haushalt. 12.02.2020 https://www.zeit.de/wirtschaft/2020-01/equal-care-day-fuersorgearbeit-ungleichheit Abgerufen am 24.02.2020

Gunkel, Ralf (2019): „90 Prozent der Frauen machen das nicht freiwillig". 10.09.2019 https://www.stuttgarter-zeitung.de/inhalt.prostitution-90-prozent-der-frauen-machen-das-nicht-freiwillig.f2660871-28a2-4717-bef6-e27db395d0e4.html Aufgerufen am 24.11.2019

Hänel, Kristina (2019): Das Politische ist persönlich. Tagebuch einer „Abtreibungsärztin". Argument Verlag, Hamburg.

Hagemann-White, Carol (1988): Wir werden nicht zweigeschlechtlich geboren. In: Carol Hagemann-White/Maria S. Rerrich (Hrsg): FrauenMännerBilder. Männer und Männlichkeit in der feministischen Diskussion. AJZ Druck und Verlag GmbH, Bielefeld, S. 229.

Hartmann, Bastian (2014): Deutsches Institut für Wirtschaftsforschung (DIW): Unterhaltsansprüche und deren Wirklichkeit. Wie groß ist das Problem nicht gezahlten Kindesunterhalts? DIW Berlin.

Heimvolkshochschule (1988): Alte Molkerei Frille. Parteiliche Mädchenarbeit & antisexistische Jungenarbeit. Abschlussbericht des Modellprojektes „Was Hänschen nicht lernt ... Verändert Clara nimmer mehr!".

Heine, Matthias (2011): Als richtige Jungen noch Rosa trugen. 21.04.2011 https://www.welt.de/print/die_welt/politik/article13232160/Als-richtige-Jungen-noch-Rosa-trugen.html Abgerufen am 22.04.2020

Hennemann, Laura (2012): Der Sohn im OP-Saal – oder – die Geschichte, die mich überzeugt hat. 20.11.2012. https://watch-salon.blogspot.com/2012/11/der-sohn-im-op-saal-oder-die-geschichte.html Abgerufen am 20.02.2020

Heuschkel, Diana: Der Durchschnitt. Diese Kleidergröße tragen die meisten Frauen. 10.07.2017 https://www.desired.de/fashion/diese-kleidergroesse-tragen-die-meisten-frauen/ Abgerufen am 14.06.2020

Hummel, Katrin (2012): „Pick-Up-Artists“. Du bist ja ein ganz kleines Mädchen. 29.09.2012. https://www.faz.net/aktuell/gesellschaft/pick-up-artists-du-bist-ja-ein-ganz-kleines-maedchen-11908961.html Abgerufen am 24.05.2020

Instagram (2019): https://www.instagram.com/p/B5LTN5-iTVA/?utm_source=ig_embed Abgerufen am 23.11.2019

Jagdverband e. V. (2019): Zahl der Jägerinnen in Deutschland rasant gestiegen. 11.12.2019 https://www.jagdverband.de/zahl-der-jaegerinnen-deutschland-rasant-gestiegen Abgerufen am 08.06.2020

Jensen, Robert (2017): Die End of Patriarchy. Radical Feminism for Men. Victoria: Spinifex Press.

Koch-Priewe, Barbara/Niederbacher, Arne/Textor, Annette/Zimmermann, Peter (2009): Jungen – Sorgenkinder oder Sieger? Ergebnisse einer quantitativen Studie und ihre pädagogischen Implikationen. Springer VS Verlag, Wiesbaden.

König, Jochen (2015): Mama, Papa, Kind? Von Singles, Co-Eltern und anderen Familien. Verlag Herder GmbH, Freiburg im Breisgau.

Kramer, Bernd (2016): Mythos und Wahrheit. Sind Jungen die neuen Verlierer? 04.01.2016 https://www.spiegel.de/lebenundlernen/schule/schlechtere-noten-als-maedchen-sind-jungen-schulverlierer-a-1059134.html Abgerufen am 21.06.2020

Kupers, Terry A. (2005): Toxic Masculinity as a Barrier to Mental Health Treatment in Prison. In: Journal of Clinical Psychology. Volume 61 (6), Wiley Periodicals, Inc., S. 713–724.

Laenderdaten.info: https://www.laenderdaten.info/durchschnittliche-koerpergroessen.php Abgerufen am 21.11.2019

Likes, Lu (2018): „Sichtbar sein“. 11.10.2018 https://www.youtube.com/watch?v=e4KQLwtgycM Abgerufen am 11.02.2020

Louis, Chantal (2016): „Prostitution ist Seelenmord!“ 07.06.2016 https://www.emma.de/artikel/prostitution-ist-seelenmord-332639 Abgerufen am 08.06.2020

Louis, Chantal (2019): Sie träumen von einer Welt ohne Prostitution. In: EMMA. Sandra war sechs Jahre lang in der Prostitution. Heute kämpft sie um Menschenwürde. Mai/Juni. Nr. 3 (344).

Louis, Chantal/Schwarzer, Alice (2011): Der Traum vom Porno-Star. 01.01.2011 https://www.emma.de/artikel/der-traum-vom-porno-star-265351 Abgerufen am 11.11.2019 manager magazin (2019): Wo Frauen im Topmanagement gefragt sind – und wo nicht. 01.08.2019 https://www.manager-magazin.de/unternehmen/artikel/dax-konzerne-61-frauen-und-640-maenner-als-vorstaende-a-1279965.html Abgerufen am 28.04.2020

Mannigfaltig e. V. (2007): Jungen stärken. Selbstbehauptungskurse: Konzeption, Haltung, Ziele und Durchführung. Hannover.

Mau, Huschke (2016): Der Freier. Warum Männer zu Prostituierten gehen, und was sie über diese denken. Zuerst erschienen am 09. September 2016 auf https://huschkemau.de/2016/09/09/der-freier-warum-maenner-zu-prostituierten-gehen-und-was-sie-ueber-diese-denken/ Abgerufen am 08.12.2019
Vielen Dank an Huschke Mau, dass ihr Blog-Beitrag hier erscheinen darf!

Mau, Huschke (2020): Der Staat als Zuhälter. 26.02.2020 https://www.kontextwochenzeitung.de/debatte/465/der-staat-als-zuhaelter-6533.html Abgerufen am 15.05.2020

Meuser, Michael (2001): „Ganze Kerle" und „Anti-Helden" und andere Typen: zum Männlichkeitsdiskurs in neuen Männerzeitschriften. In: Döge, Peter/Meuser, Michael (Hrsg.): Männlichkeit und soziale Ordnung: neuere Beiträge zur Geschlechterforschung. Leske + Budrich, Opladen, S. 219–236.

Mihai, Eva-Marie: Wenn Prostituierte aussteigen wollen: Solwodi betreut Aussteigerinnenwohnung in Gmünd. 24.04.2020 https://remszeitung.de/2020/4/24/wenn-prostituierte-aussteigen-wollen-solwodi-betreut-austeigerinnenwohnung-in-gmuend/?fbclid=IwAR3p0Eg1gPbuqIF20Tp0bfonpk8AtCslKncajaVIrdbdkF4LKzVYl05e020 Abgerufen am 26.05.2020

Ministerium der Justiz des Landes Nordrhein-Westphalen (2018): Gesamtkosten des Vollzuges. https://www.justiz.nrw.de/Gerichte_Behoerden/zahlen_fakten/statistiken/justizvollzug/kosten.pdf Abgerufen am 29.04.2020

Moran, Rachel (2013): Was vom Menschen übrig bleibt. Die Wahrheit über Prostitution. Tectum Verlag, Marburg.

Mundlos, Christina (2013): Mütterterror. Angst, Neid und Aggressionen unter Müttern. 2. Auflage. Tectum Verlag, Marburg.

Mundlos, Christina (2015): Gewalt unter der Geburt. Der alltägliche Skandal. Tectum Verlag, Marburg.

Mundlos, Christina (2015): Wenn Mutter sein nicht glücklich macht. Das Phänomen Regretting Motherhood. Mvg Verlag, München.

Mundlos, Christina (2017a): Dann mache ich es halt allein. Wenn Singlefrauen sich für ein Kind entscheiden und so ihr Glück selbst in die Hand nehmen. Mvg Verlag, München.

Mundlos, Christina (2017b): Mütter unerwünscht – Mobbing, Sexismus und Diskriminierung am Arbeitsplatz. Ein Report und Ratgeber. Tectum Verlag, Marburg.

Mundlos, Christina (2018): Gender Pay Gap und Equal Pay Day falsch berechnet! 07.09 2018. http://christina-mundlos.de/frauen-werden-um-1-million-euro-betrogen/ Abgerufen am 11.02.2020

Mundlos, Christina (2019): Brandbrief an den Bundespräsidenten zum Tag gegen Gewalt an Frauen & unter der Geburt Roses Revolution Day 2019. 24.11.2019 http://christina-mundlos.de/brandbrief/ Abgerufen am 15.05.2020

Naghavi, Mohsen (2018): Global, regional, and national burden of suicide mortality 1990 to 2016: systematic analysis for the Global Burden of Disease Study 2016. 06.02.2019 https://www.bmj.com/content/bmj/364/bmj.l94.full.pdf Abgerufen am 29.05.2020

Neuerer, Dietmar (2018): Frauen in Spitzenpositionen bei der Polizei bleiben die Ausnahme. 26.08.2018 https://www.handelsblatt.com/politik/deutschland/zahlen-des-innenministeriums-frauen-in-spitzenpositionen-bei-der-polizei-bleiben-die-ausnahme/22952186.html?ticket=ST-6659926-TGGp6ADCeC0cu0PfKg3d-ap5 Abgerufen am 29.05.2020

Neuerer, Dietmar (2019): Mehr Frauen sind bei der Bundespolizei in Führungspositionen. 30.05.2019 https://www.handelsblatt.com/politik/deutschland/zahlen-des-innenministeriums-mehr-frauen-sind-bei-der-bundespolizei-in-fuehrungspositionen/24403182.html?ticket=ST-7091568-s56Oj5aNTgGAbZZGPAfn-ap5 Abgerufen am 29.05.2020

Nieder-Entgelmeier, Carolin (2019): Männer leben länger, wenn Frauen und Männer gleichgestellt sind. 16.08.2019 https://www.lz.de/owl/22535960_Maenner-leben-laenger-wenn-Frauen-und-Maenner-gleichgestellt-sind.html Abgerufen am 06.05.2020

Novak, Sandra (2020): 02.06.2020 https://www.facebook.com/sandra.norak89/posts/3064612206918584?__tn__=K-R Abgerufen am 03.06.2020

Ogette, Tupoka (2017): Exit Racism. Rassismuskritisch denken lernen. UNRAST-Verlag, Münster.

One Billion Rising (2019): Femizid – Opfer–Meldungen 2019. http://www.onebillionrising.de/femizid-opfer-meldungen-2019/ Abgerufen am 16.04.2020

Patalong, Frank (2017): Berühmter Wikinger-Krieger war eine Frau. 10.09.2017 https://www.spiegel.de/wissenschaft/mensch/schweden-wikinger-krieger-von-birka-war-eine-frau-a-1166985.html Abgerufen am 22.04.2020

Paulus, Manfred (2020): Menschenhandel und Sexsklaverei. Organisierte Kriminalität im Rotlichtmilieu. Promedia Druck- und Verlagsgesellschaft m.b.H, Wien.

Pourriat, Eleonore (2014): Oppressed Majority ((Majorité Opprimée English) 05.02.2014 https://www.youtube.com/watch?v=V4UWxlVvT1A Abgerufen am 11.02.2020

Raithel, Jürgen (2003): Risikobezogenes Verhalten und Geschlechtsrollenorientierung im Jugendalter. Zeitschrift für Gesundheitspsychologie, 11 (1), Hogrefe-Verlag.

Rippon, Gina (2019): The Gendered Brain: The new neuroscience that shatters the myth of the female brain. Bodley Head.

Röttgerkamp, Anne (2018): Internet Pornografie – Zahlen, Statistiken, Fakten. 12.05.2018 https://www.netzsieger.de/ratgeber/internet-pornografie-statistiken Abgerufen am 22.11.2019

Roloff, Kristof Sebastian/Theophil, Lisa (2016): Prostitution und gesellschaftliche Unterdrückung. Antrag vom 23.01.2016 https://www.linksjugend-solid.de/2018/01/22/4169/ Abgerufen am 27.05.2020

Ross, Annika (2020): Frauenhass ist Volksverhetzung. 16.06.2020 https://www.emma.de/artikel/sexismus-ist-volksverhetzung-337793 Abgerufen am 12.08.2020

Salzborn, Samuel (2015): Rechtsextremismus. Erscheinungsformen und Erklärungsansätze. 2. Auflage. Nomos Verlagsgesellschaft, Baden-Baden.

Schlapeit-Beck, Dagmar (2018): Zu wenig Plätze. Situation der Frauenhäuser bundesweit alarmierend. 21.08.2018 http://www.zwd.info/situation-der-frauenhaeuser-bundesweit-alarmierend.html Abgerufen am 25.05.2020

Schnerring, Almut/Verlan, Sascha (2014): Die Rosa-Hellblau-Falle: Für eine Kindheit ohne Rollenklischees. Antje Kunstmann Verlag.

Schnerring, Almut/Verlan, Sascha (2020): Equal Care. Über Fürsorge und Gesellschaft. Verbrecher Verlag.

Schwarzer, Alice (2013): Freiwillig? Es reicht! 06.12.2013 https://www.emma.de/artikel/editorial-312913 Abgerufen am 22.04.2020

Schwarzer, Alice (2019): Jetzt muss die Fristenlösung her. In: EMMA. Grau ist sexy. Darum sind Glenn Close und Lady Gaga voll im Trend. März/April. Nr. 2 (343).

Schweppes (2018) – The Dress for Respect. 09.05.2018 https://www.youtube.com/watch?v=Lljf3C0KzH0 Abgerufen am 21.12.2019

Seelig, Jana: Können Männer stillen – und wollen wir Frauen das überhaupt? https://www.beziehungsweise-magazin.de/ratgeber/familie-kinder/koennen-maenner-stillen-und-wollen-wir-frauen-das-ueberhaupt/2/ Abgerufen am 22.04.2020

Setzwein, Monika (2001) in: UGBforum (2001): Essen: Typisch männlich. Ausgabe 6.

Sigel, Mira (2018): Pornografie: die visuelle Entmenschlichung von Frauenkörpern. In: Mira Sigel, Manuela Schon, Ariane Panther, Caroline Werner, Huschke Mau (Hrsg.): Störenfriedas. Feminismus radikal gedacht. Books on Demand.

Simmel, Georg (1985): Schriften zur Philosophie und Soziologie der Geschlechter. Suhrkamp, Frankfurt a. M.

Simons, Stefan (2016): Internationaler Report zu käuflichem Sex Das schäbigste Gewerbe der Welt. 08.06.2016 https://www.spiegel.de/panorama/prostitution-scelles-weltreport-prangert-missbrauch-an-a-1096450.html Abgerufen am 08.06.2020

Songtextemania: Farid Bang. http://www.songtextemania.com/farid_bang_and_kollegah_songtexte.html Abgerufen am 11.08.2020

*Spencer, Alex (2019): The neuroscientist shattering the myth of the gendered brain. 16.10.2019 https://www.cambridgeindependent.co.uk/whats-on/the-neuroscientist-shattering-the-myth-of-the-gendered-brain-9086242/?fbclid=IwAR3HHQgaZNOP-376YiHq1anZLSW9Vd1s7s_-74ieh2PKcmgjfLpVONTlCT8k
Abgerufen am 22.11.2019*

Spiegel Gesundheit (2019): Schwangerschaftsabbruch. Spahns Abtreibungsstudie bricht Kostenrekord. 08.03.2019 https://www.spiegel.de/gesundheit/schwangerschaft/jens-spahn-umstrittene-studie-zu-abtreibungen-bricht-kostenrekord-a-1256900.html Abgerufen am 22.06.2020

Spiegel Panorama (2019): Werbeverbot für Abtreibungen. Ärztin Kristina Hänel erneut zu Geldstrafe verurteilt. 12.12.2019 https://www.spiegel.de/panorama/justiz/kristina-haenel-wegen-werbung-fuer-abtreibungen-erneut-zu-geldstrafe-verurteilt-a-1300986.html Abgerufen am 22.06.2020

statista (2009): Wie haben Sie sich die Familienarbeit mit ihrem Partner/ ihrer Partnerin aufgeteilt: Wie viel machen Sie selbst bei der Familienarbeit? 24.08.2009 https://de.statista.com/statistik/daten/studie/163457/umfrage/aufteilung-der-familienarbeit-mit-dem-partner/ Abgerufen am 02.05.2020

statista (2019a): Anzahl der Brustvergrößerungen in ausgewählten Ländern im Jahr 2018. 04.12.2019 https://de.statista.com/statistik/daten/studie/258341/umfrage/laender-mit-den-meisten-brustvergroesserungen/ Abgerufen am 09.06.2020

statista (2019b): So ungleich ist Hausarbeit verteilt. 08.03.2019 https://de.statista.com/infografik/15857/verteilung-von-hausarbeit-bei-maennern-und-frauen/ Abgerufen am 02.05.2020

statista (2020): Frauenanteil in Vorständen der DAX-Unternehmen (DAX-30) in Deutschland von 2011 bis 2019. 23.01.2020 https://de.statista.com/statistik/daten/studie/409010/umfrage/frauenanteil-in-dax-vorstaenden/ Abgerufen am 28.04.2020*

Statistisches Bundesamt: Kinderbetreuung und Hausarbeit. https://service.destatis.de/DE/FrauenMaennerEuropa/DE_DE_womenmen_core/bloc-3d.html?lang=de Abgerufen am 02.05.2020

Statistisches Bundesamt (2017): Öffentliche Sozialleistungen. Statistik zum Elterngeld. Leistungsbezüge. Wiesbaden.

Statistisches Bundesamt (2019a): Justiz und Rechtspflege. Strafvollzug. 24.10.2019 https://www.destatis.de/DE/Themen/Staat/Justiz-Rechtspflege/Tabellen/strafgefangene.html Abgerufen am 29.04.2020

Statistisches Bundesamt (2019b): Prostitution in Deutschland. Knapp 33.000 gemeldete Prostituierte. 26.11.2019 https://de.statista.com/infografik/20104/in-deutschland-gemeldete-prostituierte/ Abgerufen am 02.06.2020

Statistisches Bundesamt (2019c): Verkehrsunfälle. Unfälle von Frauen und Männern im Straßenverkehr 2018. 09.12.2019 https://www.destatis.de/DE/Themen/Gesellschaft-Umwelt/Verkehrsunfaelle/Publikationen/Downloads-Verkehrsunfaelle/unfaelle-frauen-maenner-5462407187004.pdf?__blob=publicationFile Abgerufen am 29.04.2020

Steffny, Herbert (2007): Gewichtige Argumente gegen Untergewichtige? 09.02.2007 http://www.herbertsteffny.de/artikel/magersucht.htm Abgerufen am 26.11.2019

Stender, Wolfram/Follert, Guido/Özdogan, Mihri (Hrsg.) (2010): Konstellationen des Antisemitismus: Antisemitismusforschung und Sozialpädagogische Praxis (Perspektiven kritischer Sozialer Arbeit (8), Band 8), VS Verlag für Sozialwissenschaften/GWV Fachverlage GmbH, Wiesbaden.

Stern.de (2019): Suizig – warum töten sich so viel mehr Männer als Frauen? 05.04.2019 https://www.stern.de/gesundheit/suizid---warum-toeten-sich-so-viel-mehr-maenner-als-frauen--8652722.html Abgerufen am 21.11.2019

stern TV (2019): Gewalt im Kreißsaal. Hebammen schlagen Alarm. 22.05.2019 https://www.sterntv.de/hebammen-schlagen-alarm Abgerufen am 11.02.2020

Steuer, Helmut (2018): Island verbietet ungleiche Löhne von Frauen und Männern. 03.01.2018 https://www.handelsblatt.com/politik/international/gesetz-gegen-gender-pay-gap-island-verbietet-ungleiche-loehne-von-frauen-und-maennern/20809742.html?ticket=ST-6620477-bwqh0di6KW2xEGAjDvPT-ap5 Abgerufen am 28.05.2020

Stock, Kathleen (2018): 24.10.2018 https://twitter.com/docstockk/status/1055145665758707712 Abgerufen am 08.06.2020

Stock, Kathleen (2019): Ignoring Differences Between Men and Women Is the Wrong Way to Address Gender Dysphoria. 11.04.2019 https://quillette.com/2019/04/11/ignoring-differences-between-men-and-women-is-the-wrong-way-to-address-gender-dysphoria/ Abgerufen am 08.06.2020

Stocker, Frank (2018) in: Süddeutsche Zeitung: Geld oder Leben. Ausgabe vom 21.10.

Strafgesetzbuch §218: §218 Schwangerschaftsabbruch. https://dejure.org/gesetze/StGB/218.html Abgerufen am 29.05.2020

Strafgesetzbuch §219: §219 Beratung der Schwangeren in einer Not- und Konfliktlage. https://www.gesetze-im-internet.de/stgb/__219.html Abgerufen am 29.05.2020

Strafgesetzbuch §219a: §219a Werbung für den Abbruch der Schwangerschaft. https://www.gesetze-im-internet.de/stgb/__219a.html Abgerufen am 29.05.2020

Süddeutsche Zeitung (2012): Rosa war mal Jungensache. 26.04.2012 https://www.sueddeutsche.de/leben/sz-kinderzeitung-geschlechterklischees-typisch-maedchen-typisch-junge-1.1104307-2 Abgerufen am 22.04.2020

Suhr, Frauke (2019): So viele Frauen werden Opfer von häuslicher Gewalt. 25.11.2019 https://de.statista.com/infografik/6915/weibliche-opfer-von-partnerschaftlicher-gewalt/ Abgerufen am 16.04.2020

Tagesspiegel (2019): Studie zur Genitalverstümmelung. Immer mehr Frauen in Deutschland beschnitten. 10.10.2019 https://www.tagesspiegel.de/berlin/studie-zur-genitalverstuemmelung-immer-mehr-frauen-in-deutschland-beschnitten/25103576.html Abgerufen am 03.06.2020

Tazi-Preve, Dr. Mariam Irene (2007) : Scheidung vom Kind? – Warum Scheidungsväter keinen Kontakt mehr zu ihren Kindern haben. In Österreichisches Institut für Familienforschung: beziehungsweise, Ausgabe 13, Wien.

TERRE DES FEMMES (a): Das Jungfernhäutchen. Fakten und falsche Vorstellungen. https://www.frauenrechte.de/unsere-arbeit/themen/gewalt-im-namen-der-ehre/mythos-jungfraeulichkeit/informationen-fuer-maedchen Abgerufen am 22.06.2020

TERRE DES FEMMES (b): Sexuelle Gewalt in Deutschland. https://www.frauenrechte.de/images/downloads/hgewalt/Sexuelle-Gewalt-in-Deutschland.pdf Abgerufen am 19.11.2019

TERRE DES FEMMES (c): Sieben Mythen der Prostitution. https://www.frauenrechte.de/images/downloads/prostitution/7-Mythen-der-Prostitution.pdf Abgerufen am 22.04.2020

TERRE DES FEMMES (2016): Brustbügeln – eine wenig bekannte harmful practice. 04/2016 https://www.frauenrechte.de/unsere-arbeit/themen/weibliche-genitalverstuemmelung/aktuelles/archiv/2043-brustbuegeln-eine-wenig-bekannte-harmful-practice Abgerufen am 05.06.2020

Theweleit, Klaus (2015): Das Lachen der Täter. Breivik u. a. Psychogramm der Tötungslust. Residenz Verlag GmbH, Salzburg – Wien.

Theweleit, Klaus (2019 [1977]): Männerphantasien. Matthes & Seitz, Berlin.

Tippe, Sebastian (2019a): „Die drei ???-Kids“: Sexismus und Frauenverachtung im Männerclub. 11.08.2019 http://feministinprogress.de/die-drei-fragezeichen-kids-sexismus-und-frauenverachtung-im-maennerclub/ Abgerufen am 21.04.2020

Tippe, Sebastian (2019b): Die drei !!!: Selbstbewusste Mädchen oder Mager-Barbie im Ermittlungswahn? 09.04.2019 https://feministinprogress.de/diedreiausrufezeichen/ Abgerufen am 13.05.2020

Tippe, Sebastian (2019c): Wie feministisch ist Bibi Blocksberg? Interview mit der Erfinderin Elfie Donnelly und Gabriele Salomon (KIDDINX). 08.12.2019 http://feministinprogress.de/wie-feministisch-ist-bibi-blocksberg-interview-mit-der-erfinderin-elfie-donnelly-und-gabriele-salomon-kiddinx/ Abgerufen am 11.02.2020

Tippe, Sebastian (2019d): Vereinbarkeit(-spflicht) von Jungenarbeit und Feminismus“ Erschienen in: Forum für Kinder- und Jugendarbeit. Hamburg Nr. 1. S. 27.

Tippe, Sebastian (2020): Toxische Männlichkeit: Entstehung von rechter Gewalt. In: Rosmarie Barwinski/Michaela Kirmes (Hrsg.): Trauma. Zeitschrift für Psychotraumatologie und ihre Anwendungen. Schwerpunkt: Opfer rechter Gewalt. Jg. 18. Heft 1. Asanger Verlag GmbH, Köln. S. 55.

T-Online.de: Frauen sprechen erstmals über Bedrohung durch Rapper. 05.03.2020 https://www.t-online.de/unterhaltung/tv/id_87462972/rapper-fler-entschuldigt-sich-fuer-kopfgeld-forderung.html Abgerufen am 12.08.2020

Tunk, Carola (2018): Was kostet eigentlich ein Häftling? 11.09.2018 https://www.zaster-magazin.de/was-kostet-eigentlich-ein-h%C3%A4ftling Abgerufen am 29.04.2020

Unhate-women: https://www.unhate-women.com/de/ Abgerufen am 12.08.2020

Van Aaken, Vera (2001): Männliche Gewalt. Ihre Wurzeln und ihre Auswirkungen. 19.03.2001 https://www.deutschlandfunk.de/vera-van-aaken-maennliche-gewalt-ihre-wurzeln-und-ihre.730.de.html?dram:article_id=101549 Abgerufen am 19.11.2019

Vahabzadeh, Susan (2018): Nur ein Drittel aller Filmrollen ist weiblich. 02.08.2018 https://www.sueddeutsche.de/kultur/frauen-in-hollywood-nur-ein-drittel-aller-filmrollen-in-hollywood-ist-weiblich-1.4079038 Abgerufen am 17.11.2019

Van Tricht, Jens (2019): Warum Feminismus gut für Männer ist. Christoph Links Verlag GmbH, Berlin.

Vervecken, Dries/Hannover, Bettina (2015): Yes I can! Effects of gender fair job descriptions on children’s perceptions of job status, job difficulty, and vocational self-efficacy. In: Social Psychology, 46(2), 76–92.

Vieweg, Christof: Verkehrssicherheit. Maßstab Mann. 21.03.2016 https://www.zeit.de/mobilitaet/2016-03/verkehrssicherheit-autounfall-frau/komplettansicht Abgerufen am 25.07.2020

Wilems, Walter (2019): Weltweite Suizidrate rückläufig. 11.02.2019 https://www.spiegel.de/gesundheit/diagnose/suizid-weltweit-nehmen-sich-800-000-menschen-pro-jahr-das-leben-a-1252666.html Abgerufen am 29.05.2020

West, Candace/Zimmermann, Don H. (1987): Doing Gender. In: Gender and Society. Band 1, Nr. 2, S. 125–151.

Wieselberg, Lukas (2016): Sexisten sind depressiver als andere. 22.11.2016 https://science.orf.at/v2/stories/2810434/ Abgerufen am 30.05.2020

Wikipedia: Frauen im Militär. https://de.wikipedia.org/wiki/Frauen_im_Milit%C3%A4r#Deutschland Abgerufen am 29.05.2020

Wikipedia: Kristina Hänel. https://de.wikipedia.org/wiki/Kristina_H%C3%A4nel Abgerufen am 07.06.2020

Wikipedia: Smegma. https://de.wikipedia.org/wiki/Smegma Abgerufen am 25.06.2020

Windmüller, Gunda: So heißt es, wenn Männer den Ruhm von Frauen einheimsen. 02.10.2017 https://www.welt.de/kmpkt/article169166383/So-heisst-es-wenn-Maenner-den-Ruhm-von-Frauen-einheimsen.html Abgerufen am 22.05.2020

Wong, Y. Joel (2017): Keino Miller, I. S./Ringo Ho, Moon-Ho/Wang, Shu-Yi/Wong, Y. Joel: Meta-Analyses of the Relationship Between Conformity to MasculineNorms and Mental Health-Related Outcomes. In: Journal of Counseling Psychology, Vol. 64, No. 1, 80–93.

Zurstiege, Guido (2001): Im Reich der großen Metapher – Männlichkeit und Werbung. In: Döge, Peter/Meuser, Michael (Hrsg.): Männlichkeit und soziale Ordnung: neuere Beiträge zur Geschlechterforschung. Leske + Budrich, Opladen, S. 201–217.